Kohlhammer

Lehren und Lernen

Herausgegeben von Andreas Gold, Uta Klusmann, Cornelia Rosebrock und Rose Vogel

Begründet von Andreas Gold, Cornelia Rosebrock, Renate Valtin und Rose Vogel

Eine Übersicht aller lieferbaren und im Buchhandel angekündigten Bände der Reihe finden Sie unter:

 https://shop.kohlhammer.de/lehren+lernen

Der Autor

 Dr. Frank Borsch (†) war Dozent am Institut für Psychologie an der Goethe-Universität Frankfurt am Main mit den Schwerpunkten Kooperatives Lernen und Inklusion.

Prof. Dr. Andreas Gold hat die Aktualisierung der 4. Auflage übernommen.

Frank Borsch

Kooperatives Lernen

Theorie – Anwendung – Wirksamkeit

4., aktualisierte Auflage

bearbeitet von Andreas Gold

Verlag W. Kohlhammer

Pharmakologische Daten, d. h. u. a. Angaben von Medikamenten, ihren Dosierungen und Applikationen, verändern sich fortlaufend durch klinische Erfahrung, pharmakologische Forschung und Änderung von Produktionsverfahren. Verlag und Autoren haben große Sorgfalt darauf gelegt, dass alle in diesem Buch gemachten Angaben dem derzeitigen Wissensstand entsprechen. Da jedoch die Medizin als Wissenschaft ständig im Fluss ist, da menschliche Irrtümer und Druckfehler nie völlig auszuschließen sind, können Verlag und Autoren hierfür jedoch keine Gewähr und Haftung übernehmen. Jeder Benutzer ist daher dringend angehalten, die gemachten Angaben, insbesondere in Hinsicht auf Arzneimittelnamen, enthaltene Wirkstoffe, spezifische Anwendungsbereiche und Dosierungen anhand des Medikamentenbeipackzettels und der entsprechenden Fachinformationen zu überprüfen und in eigener Verantwortung im Bereich der Patientenversorgung zu handeln. Aufgrund der Auswahl häufig angewendeter Arzneimittel besteht kein Anspruch auf Vollständigkeit.

Die Abbildungen 2.1, 2.2, 2.3, 3.1, 4.1 und 4.6 wurden von Moritz Grimm, Absolvent der Städelschule Frankfurt, gezeichnet.

4., aktualisierte Auflage 2023

Alle Rechte vorbehalten
© W. Kohlhammer GmbH, Stuttgart
Gesamtherstellung: W. Kohlhammer GmbH, Stuttgart

Print:
ISBN 978-3-17-043087-7

E-Book-Formate:
pdf: ISBN 978-3-17-043088-4
epub: ISBN 978-3-17-043089-1

Geleitwort

Die nationalen und internationalen Schulleistungsstudien haben die unterrichtsbezogene Lehr-Lern-Forschung in hohem Maße stimuliert und spürbare Innovationen im gesamten Bildungssystem bis hinein in die konkreten unterrichtlichen Praktiken mit sich gebracht. Rund um das Lehren und Lernen hat sich eine interdisziplinär verstandene Empirische Bildungsforschung etabliert, die zu einem besseren Verständnis der Lehr-Lern-Prozesse und zu einer nachhaltigen Förderung individueller Lernpotenziale beizutragen vermag. Die Erziehungswissenschaft, die Fachdidaktiken und die Pädagogische Psychologie sind daran beteiligt. Nun geht es darum, die wissenschaftlichen Erkenntnisse empirischer Forschung für die pädagogische Praxis nutzbar zu machen.

Lehren und Lernen, wissenschaftlich basiert betrieben, kann nur durch das Zusammenspiel pädagogischer, psychologischer, fachwissenschaftlicher und fachdidaktischer Theorien und Befunde befriedigend erklärt, gesteuert und optimiert werden. In der pädagogischen Praxis kann keine Lerntheorie ohne Bezug auf eine konkrete Inhaltsdomäne und keine Lehrmethode ohne Bezug auf ein Curriculum und jeweils individuelle Lernvoraussetzungen erfolgreich sein.

Die je eigenen Perspektiven und Erkenntnisse der Psychologie, der Pädagogik und der beiden schulisch zentralen Fachdidaktiken Mathematik und Deutsch sollen in den einzelnen Bänden dieser Reihe verständlich und kompakt zu einem kohärenten Gesamtbild zusammengeführt werden. Neben der Interdisziplinarität liegt ein besonderer Wert auf einer empirischen Fundierung: Erfahrungswissenschaftlich gewonnene Erkenntnisse zum Lehren und Lernen liegen den jeweiligen Darstellungen zugrunde. Schließlich fokussieren alle Bände der Reihe den Anwendungsbezug: Die entfalteten Themen, Diskurse und Fachgebiete sind jeweils unmittelbar bedeutend für Kindergarten, Schule und Unterricht.

Die vorliegende Reihe adressiert das Lehren und Lernen vom Vorschul- bis zum jungen Erwachsenenalter. Konzipiert ist sie für (zukünftige) Lehrende, aber auch für Pädagoginnen und Pädagogen sowie Psychologinnen und Psychologen in weiteren Anwendungsfeldern im Bildungssystem. Auch für die Fort- und Weiterbildung von Lehrerinnen und Lehrern sind die Bände gedacht.

Nach mehr als 10 Jahren Mitherausgeberschaft ist Renate Valtin (Berlin) im Dezember 2021 ausgeschieden. Die Herausgeber bedanken sich bei ihr und begrüßen Uta Klusmann (Kiel), die ihren Platz eingenommen hat.

Andreas Gold, Uta Klusmann, Cornelia Rosebrock & Rose Vogel

Inhalt

Vorwort zur dritten Auflage

Mittlerweile sind acht Jahre seit der ersten Auflage vergangen, die im Jahr 2015 grundlegend überarbeitet wurde. Die Überarbeitung war zum einen notwendig geworden, weil neuere Erkenntnisse der wissenschaftlichen Forschung den Blick auf das Lehren und Lernen verändert haben. Zudem sind die Anforderungen an Schulen und Hochschulen einem steten Wandel unterworfen. Insbesondere bei der Diskussion über die schulische Inklusion geht es immer wieder um die Frage, wie ein effizienter Unterricht in stark heterogenen Lerngruppen gestaltet werden kann und auch Kinder und Jugendliche mit Schwierigkeiten beim Lernen bestmögliche Förderung erfahren. Bildungswissenschaftlerinnen und Bildungswissenschaftler verweisen dabei nach wie vor auf die Potenziale des kooperativen Lernens, um die Basis für effektive Lernprozesse zu schaffen. Kooperatives Lernen wirkt aber auch sozialintegrativ und unterstützt so gleichzeitig ein friedliches Miteinander im inklusiven Klassenzimmer. Deshalb wurde die zweite Auflage vor allen Dingen um Ausführungen zur Unterrichtsqualität, zur Leseförderung und zur schulischen Inklusion erweitert. Die erste Auflage war zudem stark am schulischen Unterricht ausgerichtet und es fehlten Hinweise auf Möglichkeiten, Hochschulseminare kooperativ zu organisieren. Dem wurde in der zweiten Auflage ebenfalls durch ein eigenes Kapitel abgeholfen. Ich selbst nutze das Buch als Literaturgrundlage in – selbstverständlich kooperativ organisierten – bildungswissenschaftlichen Seminaren für angehende Lehrerinnen und Lehrer und auch als Prüfungsliteratur für das Erste Staatsexamen. So erfahre ich durch die Rückmeldungen der Studierenden unmittelbar, wo und wie ich die Inhalte anders darstellen könnte, um die Lesefreundlichkeit und das Textverständnis zu erhöhen. Neben weiteren Aktualisierungen wurden deshalb für die dritte Auflage an der einen oder anderen Stelle Textteile neu formuliert oder angeordnet. Die grundlegende Struktur des Buches ist jedoch gleichgeblieben. Danken möchte ich Andreas Gold für die vielfältige Unterstützung.

Frankfurt am Main im Oktober 2018 *Frank Borsch*

Vorwort zur vierten Auflage

Mein enger Mitarbeiter und Freund Dr. Frank Borsch ist im Sommer 2019 verstorben. Sein *Kooperatives Lernen* erfährt weiterhin große Wertschätzung unter den Studierenden der Lehrämter und der Psychologie. Für die hier vorgelegte 4. Auflage habe ich die in seinem Sinne notwendigen Korrekturen und Aktualisierungen vorgenommen.

Frankfurt am Main im März 2023   Andreas Gold

1 Einleitung

Dieses Buch beschäftigt sich mit kooperativem Lernen in wissenschaftlicher Theorie und unterrichtlicher Praxis aus Sicht der Pädagogischen Psychologie. Es richtet sich sowohl an Lehrerinnen und Lehrer in Schule und Hochschule, die an einer wissenschaftlichen Fundierung ihres pädagogischen Handelns interessiert sind, als auch an Studentinnen und Studenten, die theoretische Kenntnisse erwerben und in der pädagogischen Praxis anwenden möchten. Es richtet sich selbstverständlich auch an alle anderen Personen, die an Bildungsfragen interessiert sind und erkannt haben, dass Erziehungsprogramme und -praktiken auf wissenschaftlichen Kenntnissen beruhen müssen. Der Spagat zwischen praktischer Anleitung und wissenschaftlicher Auseinandersetzung ist in der Darstellung nicht immer leicht. Dieses Buch wählt einen Mittelweg, der im Zweifelsfall eher zugunsten der leichteren Verständlichkeit für die nicht in der Wissenschaft Tätigen, die an der praktischen Umsetzung interessierten Pädagogen, beschritten wurde. Detaillierte Anleitungen zur Umsetzung kooperativen Lernens, praktische Unterrichtsbeispiele und zusätzliche Erläuterungen zu einem neuen Rollenverhalten der Lehrenden beim kooperativen Unterrichten sind Beispiele dafür.

Alle in diesem Buch vorgestellten kooperativen Methoden sind wissenschaftlich erprobt. Wissenschaftliche Erprobung bedeutet aus Sicht der Pädagogischen Psychologie, dass systematische Beobachtungen und kontrollierte Untersuchungsanordnungen zum Einsatz kommen, um mit objektiven und angemessenen Erhebungs- und Auswertungsverfahren zu replizierbaren Aussagen über die Effektivität von Prozessen des Lehrens und Lernens zu gelangen. Die meisten in diesem Buch zitierten Forschungsarbeiten stammen aus den USA und aus Israel, aus Ländern, in denen kooperative Methoden bereits weit verbreitet sind. Sie belegen die Effektivität kooperativen Lernens. Sowohl Schülerinnen und Schüler als auch Erwachsene lernen mehr als im herkömmlichen, lehrergeleiteten Unterricht, wenn sie kooperativ lernen. Zudem hat kooperatives Lernen auch positive Auswirkungen auf die sozialen Beziehungen zwischen den Lernenden und steigert sogar deren Wohlbefinden. Im deutschen Sprachraum sind kooperative Methoden, obwohl heutzutage nicht unbekannt, noch nicht weit verbreitet. Doch nach dem mäßigen Abschneiden deutscher Jugendlicher in internationalen Schulvergleichsstudien wird auch bei uns eine Bildungsdebatte geführt, welche die Unterrichtspraxis miteinbezieht. Die Erfordernisse eines inklusiven Schulsystems beleben die Debatte erneut. Es wird nach innovativen Unterrichtsansätzen verlangt, in denen Lernen nicht bloße Belehrung, sondern aktive Auseinandersetzung mit den Lerninhalten bedeutet und wo Lernfreude und Interesse gefördert werden und in denen die Heterogenität der Schülerinnen und Schüler nicht als Hindernis, sondern als Ressource verstanden wird.

Kooperatives Lernen ist eine Antwort darauf. Die Schülerinnen und Schüler lernen sich gegenseitig zu respektieren, einander zuzuhören, Kritik zu üben, ohne sich dabei zu verletzen, und Kompromisse einzugehen. Dabei ist es auch nötig, Perspektivwechsel vornehmen zu können, sich in die Lage des Mitschülers bzw. der Mitschülerin zu versetzen und Empathie zu verspüren. Das sind wichtige Voraussetzungen für die Gewährleistung eines friedlichen Miteinanders im Klassenzimmer. Der Anspruch an kooperatives Lernen ist demnach hoch. Kooperatives Lernen ist jedoch kein Patentrezept für einen gelingenden Unterricht. Mit dem vorliegenden Buch sollen interessierte Leserinnen und Leser angeregt werden, über Lehren und Lernen nachzudenken, und sie sollen dazu motiviert werden, die eine oder andere kooperative Methode auch im eigenen Unterricht einzusetzen. Manche der beschriebenen Methoden sind in erster Linie auf den Grundschulbereich ausgerichtet, einige Methoden sind – wenn nicht sogar besser – für die weiterführende Schule oder für das Lernen in der Hochschule geeignet.

Die Suche nach innovativen Unterrichtskonzepten für die Hochschule war für uns, eine Arbeitsgruppe zum kooperativen Lernen an der Goethe-Universität Frankfurt, der Ausgangspunkt für die Beschäftigung mit kooperativen Lernformen. Als Lehrende selbst unzufrieden mit der Situation in überfüllten Seminaren, in denen sich nur wenige Studierende an Diskussionen beteiligten, und in Kenntnis der empirischen Belege zu den besseren Lernleistungen beim kooperativen Lernen haben wir vor mehr als 20 Jahren damit begonnen, Seminare der Pädagogischen Psychologie, die überwiegend von Lehramtsstudierenden besucht werden, nach einer kooperativen Methode, dem Gruppenpuzzle, zu organisieren. Das war anfangs gar nicht so leicht. Wir kannten die Methode zwar aus der Theorie, waren mit der organisatorisch-praktischen Umsetzung jedoch nicht vertraut und mussten im Laufe der Zeit eine Vielzahl an neuen Erfahrungen sammeln. Letztlich bestätigte jedoch der Erfolg, dass sich die Mühen gelohnt haben. Die Studierenden schätzten die kooperativen Seminare am Ende positiver und interessanter ein und sagten von sich selbst, dass sie dort mehr gearbeitet und sich häufiger an Diskussionen beteiligt hätten und auch, dass sie sich insgesamt mehr zum Nachdenken angeregt fühlten als in herkömmlich organisierten Seminaren, in denen (nur) Referate vorgetragen werden. Mit einigen Studierenden der kooperativen Seminare entstand so eine fruchtbare Zusammenarbeit über das Seminar hinaus. Gemeinsam entwarfen wir kooperative Unterrichtseinheiten für den Sach- und Mathematikunterricht der Grundschule und erprobten diese in verschiedenen Schulen. So konnten wir neben empirischen Daten vor allem auch praktische Erfahrungen zum kooperativen Lernen sammeln, die in diesem Buch weitergegeben werden sollen – wohl wissend, dass aller Anfang schwer ist und dass die Umsetzung neuer Methoden viel Engagement und einen langen Atem der Lehrerinnen und Lehrer erfordert. Gelegentlich bedarf es tatsächlich einigen Durchhaltevermögens, bis sich die ersten Erfolge einstellen und die Potenziale kooperativen Lernens voll ausgeschöpft werden können. Für die Lernenden sind kooperative Methoden eine neue Chance, sich zu beweisen. Und für die Lehrenden auch eine Herausforderung, die nicht immer leicht zu bewältigen ist. Aber: Seien wir ins Gelingen verliebt.

Warum Kooperation?

Sicherlich haben Sie es selbst schon einmal erlebt: Sie haben ein Problem, z. B. finden Sie partout nicht den richtigen Weg, einen Text mit Ihrem Textverarbeitungsprogramm in einer bestimmten Weise zu formatieren, und bitten eine Kollegin oder einen Kollegen um Hilfe. Doch schon während Sie das Problem beschreiben, kommen Sie selbst auf die richtige Lösung. War es die Beschreibung bzw. Erklärung Ihrer Problemlage, die Sie auf den richtigen Weg gebracht hat? Manchmal ist es jedoch nicht so einfach und Sie müssen noch weitere Personen miteinbeziehen. Gemeinsam finden Sie dann vielleicht die richtige Lösung. Wieso, werden Sie sich in diesem Fall fragen, bin ich nicht selbst darauf gekommen? Wissen drei Personen mehr als eine?

Ein anderes Beispiel: Eigentlich haben Sie sich vorgenommen, im Park zu joggen. Ein Blick in den wolkenverhangenen Himmel genügt und Sie beschließen, zu Hause zu bleiben. Eine Woche später befinden Sie sich in derselben Situation, nur diesmal sind Sie mit Freunden zum Laufen verabredet. Werden Sie wieder zu Hause bleiben? Vermutlich nicht und letztlich haben Sie wahrscheinlich großen Spaß am gemeinsamen Laufen, obwohl es tatsächlich angefangen hat zu regnen. Und mehr noch, trotz Regens war die Zeit, die Sie für die gelaufene Runde benötigten, möglicherweise sogar besser, als wenn Sie alleine gelaufen wären. Lag das alles am Laufen in der Gruppe? Diese Beispiele zeigen, dass gemeinsames Problemlösen und Handeln Spaß machen und zu besseren Leistungen führen können. Das soll nicht heißen, dass es nicht auch Situationen gibt, in denen es besser ist, sich alleine mit einem Problem auseinanderzusetzen und eigenständig eine Lösung zu suchen. Aber kooperatives Handeln birgt große Potenziale. Wahrscheinlich fallen Ihnen aber auch Beispiele ein, bei denen die Bilanz nicht so positiv ausfällt. Wie beispielsweise bei der Gruppenarbeit in einem Seminar an der Universität: Die meisten Kommilitonen Ihrer Gruppe haben gut mitgearbeitet, andere sind aber erst zur Präsentation der Gruppenarbeit wieder aufgetaucht. Die engagierten Studierenden waren verärgert über die mangelnde Mitarbeit der anderen und auch enttäuscht, weil am Ende auch diese ihre Credit Points bekommen haben. Auch wenn es solche Probleme gibt, ist kooperatives Lernen und Arbeiten ein wichtiges, ja zentrales Prinzip unserer Gesellschaft, in unseren Familien und in der Arbeitswelt. Wie Gruppenarbeit auch in Schule und Hochschule fruchtbar und zur erfolgreichen Kooperation werden kann, soll in diesem Buch vermittelt werden.

Kooperation bedeutet zusammenzuarbeiten, um gemeinsam Ziele zu erreichen und ein zufriedenes Leben zu führen. Gerade in wirtschaftlich und politisch schwierigen und konfliktreichen Zeiten kommt der Kooperationsfähigkeit und der Bereitschaft zur Verständigung eine besondere Bedeutung zu – sie sollten deshalb in besonderem Maße gefördert werden. Die Schule scheint dafür der richtige Ort zu sein, kommen hier doch die Kinder aus den unterschiedlichsten Familien und mit den unterschiedlichsten Voraussetzungen zusammen. Aufgabe der Schule ist es, alle Kinder zu fördern, um ihnen die bestmöglichen Bildungschancen zu eröffnen. Aufgabe der Schule ist es deshalb auch, den Kindern kooperative Kompetenzen zu vermitteln, um trotz oder gerade wegen ihrer Unterschiedlichkeit ein friedliches und erfolgreiches Miteinander zu ermöglichen. Das mag nach pädagogischem

Idealismus klingen, der die empirisch abgesicherte Erkenntniswelt der Pädagogischen Psychologie verlässt. Gleichwohl spielen solche Bildungsziele neben der notwendigerweise nachzuweisenden Effektivität auch eine wichtige Rolle bei der Entscheidung für die Anwendung kooperativer Unterrichtsmethoden. Entscheidend ist, dass die Methoden der Zielerreichung einer empirischen Überprüfung unterzogen werden.

Kooperatives Lernen ist keine neue Erfindung, sondern war schon in verschiedenen reformpädagogischen Ansätzen zu Beginn des 20. Jahrhunderts und noch viel früher ein Thema, wie beispielsweise bei Johann Amos Comenius (1592–1670). Die neuerlichen Begründungen für den verstärkten Einsatz kooperativen Lernens setzen nach Hasselhorn und Gold (2022, S. 296) auf drei Ebenen an:

1. Das kooperative Lernen soll helfen, dass im Unterricht nicht nur kognitive, sondern auch motivationale und emotionale Lernziele erreicht werden.
2. Durch kooperative Lehr-Lern-Formen sollen die Qualität und die Anwendbarkeit des erworbenen Wissens verbessert werden.
3. Der Einsatz kooperativer Lehr-Lern-Formen soll sozialintegrative Wirkungen entfalten.

Der Aufbau dieses Buches

Ob sich Schülerinnen und Schüler oder Studierende kooperativ verhalten und wechselseitig beim Lernen unterstützen, hängt in erster Linie von der Organisationsform des Unterrichts ab. Welche unterschiedlichen Organisationsformen des Unterrichts es gibt, wird in Kapitel 2 anhand der Theorie zur sozialen Interdependenz erläutert. Damit wird der Boden für eine theoretische Einbettung kooperativen Lernens bereitet.

In Kapitel 3 wird kooperatives Lernen näher beschrieben und deutlich gemacht, dass nicht jede Form der Gruppenarbeit mit kooperativem Lernen gleichgesetzt werden kann. Gruppenarbeit enthält nämlich viele Fallstricke, die dazu führen können, dass sich nicht alle Gruppenmitglieder in gleicher Weise für das Lernen verantwortlich fühlen. Dies kann zu Motivationsproblemen und zu schlechten Lernergebnissen führen sowie ein schlechtes Gruppenklima und eine Abneigung gegen Formen des gemeinsamen Lernens nach sich ziehen. Echtes kooperatives Lernen hingegen basiert auf den zwei zentralen Elementen einer kooperativen Organisationsform – auf der wechselseitigen Abhängigkeit und auf der individuellen Verantwortlichkeit unter den Lernenden. Damit schließt sich der Kreis zur Theorie der sozialen Interdependenz, in der diese beiden kooperativen Kernelemente definiert wurden. Es kommt jedoch auch darauf an, dass die Lehrperson die Arbeitsaufträge und Zielsetzungen des Unterrichts wohlüberlegt plant, den Lernenden verständlich vermittelt und ihre Erfüllung auch nachdrücklich einfordert. Damit dies gelingt, muss sie für einen störungsfreien Ablauf des Unterrichts sorgen. Dies alles gehört zu einer effizienten Klassenführung, die für einen erfolgreichen Unterricht unabdingbar ist. Ebenso müssen sich die Lernenden von den zu bewältigenden Aufgaben kognitiv herausgefordert fühlen und bei Problemen zuverlässig mit der konstruktiven Unterstützung durch die Lehrperson rechnen können. Nur wenn diese drei Dimensionen der Unterrichtsqualität berücksichtigt werden, kann kooperatives Lernen sein Potenzial voll entfalten. Deshalb wird der kognitiven Aktivierung, der konstruktiven Unterstützung und der Klassenführung ein eigener Gliederungspunkt (▶ Kap. 3.3) gewidmet. Zwei weitere Gliederungspunkte beziehen sich auf das kooperative Lernen im inklusiven Unterricht und in der Hochschule. Das ist notwendig, um auf einige Besonderheiten des kooperativen Lernens in diesen Bereichen hinzuweisen.

Von der Theorie (▶ Kap. 3) zur Praxis (▶ Kap. 4). Nach den theoretischen Grundlagen zum kooperativen Lernen werden in Kapitel 4 spezifische Methoden kooperativen Lernens für die unterrichtliche Praxis beschrieben. Allen vorgestellten Methoden ist gemeinsam, dass sie auf den Basiselementen kooperativen Lernens beruhen und wissenschaftlich erprobt sind. Die Methoden unterscheiden sich jedoch in der Art ihrer praktischen Umsetzung und hinsichtlich ihrer Eignung in den unterschiedlichen Anwendungsbereichen. Lehrerinnen und Lehrer an Schule und Hochschule finden hier die nötigen Informationen, um zu entscheiden, welche Methode für ihre Lerngruppe und die intendierten Unterrichtsziele die jeweils geeignete ist. Deshalb wird auch an manchen Stellen von Schülerinnen und Schülern und an anderen eher von Studierenden gesprochen und es werden entsprechende Beispiele angeführt. Damit ist jedoch nicht gemeint, dass die Methode für die jeweils andere Zielgruppe gänzlich ungeeignet ist. Darum wird auch häufig einfach von den Lernenden oder Gruppenmitgliedern gesprochen. In gewissem Sinne sind somit alle Personenbezeichnungen mehr oder weniger synonym zu verstehen. Mit Unterricht ist sowohl der schulische als auch der Unterricht an der Hochschule gemeint. Die praktische Vorgehensweise bei der Umsetzung der Methoden im Unterricht wird systematisch beschrieben und anhand von Unterrichtsbeispielen veranschaulicht. Auch wenn die Methoden in einzelnen Schritten wie in einem Skript beschrieben sind, lassen sie sich nicht immer genauso für die eigene Lerngruppe und die eigenen Unterrichtsinhalte umsetzen. Hier sind Eigenleistungen und Kreativität der Lehrerinnen und Lehrer gefordert, die kooperatives Lernen aufwendiger machen als herkömmlichen, lehrergeleiteten Unterricht. Um diesen Lehrerinnen und Lehrern Mut zu machen und ihnen Argumente für die Anwendung kooperativer Methoden an die Hand zu geben, werden Forschungsergebnisse zur Effektivität der jeweiligen Methode leicht verständlich beschrieben. Methoden, die nachweislich wirksam sind, werden eher den (anfänglichen) Mehraufwand rechtfertigen, der mit dem kooperativen Lernen meist verbunden ist.

Empirische Forschungsergebnisse sind auch Gegenstand des fünften Kapitels. Es wird über den Lernzuwachs (▶ Kap. 5.1) und über die Wirkung auf soziale, motivationale und emotionale Erlebens- und Verhaltensweisen (▶ Kap. 5.2) beim kooperativen Lernen berichtet. Zwei Dinge sind in diesem Kapitel ungewöhnlich und damit erklärungsbedürftig. Zum einen wird zunächst dargelegt, wie kooperatives Lernen in empirischen Studien überhaupt untersucht wird und wie die gewonnenen Daten verständlich dargestellt und interpretiert werden können. Wissenschaftliche Methoden und Statistik sollen jedoch nicht abschrecken, sondern es Lehrerinnen und Lehrern ermöglichen, ihr eigenes praktisches Handeln auf wissenschaftlicher Basis zu reflektieren. Zum anderen wird noch einmal auf die

Theorien zum kooperativen Lernen Bezug genommen, um die Lernerfolge beim kooperativen Lernen zu erklären. Diese Theorien sind aufgrund des im vorherigen Kapitel gewonnenen Wissens über die verschiedenen kooperativen Methoden nun leichter einzuordnen.

Kooperatives Unterrichten bedeutet nicht nur die Anwendung bestimmter Methoden – es weist auch der Lehrerin bzw. dem Lehrer eine gänzlich andere Rolle im Unterricht zu. Steht die Lehrperson im herkömmlichen Unterricht gewöhnlich im Mittelpunkt des Geschehens und ist auch ständig aktiv, indem sie erklärt, anleitet und unterstützt, muss sie sich im kooperativen Unterricht eher zurücknehmen und einen großen Teil der Verantwortung an die Lernenden übertragen. Welche Aufgaben sie stattdessen übernehmen muss, wird in Kapitel 6 beschrieben.

Obwohl sich die Kapitel stark aufeinander beziehen, können sie je nach Interesse und Vorkenntnissen der Leserinnen und Leser durchaus auch für sich oder in anderer Reihenfolge gelesen werden. Um das Leseverständnis zu erleichtern, sind die inhaltlichen Ausführungen innerhalb der Kapitel einheitlich strukturiert. Jedes Kapitel der ersten Gliederungsebene beginnt mit einer kurzen, kursiv formatierten Vorausschau über die behandelten Themen und endet mit einer grau unterlegten Zusammenfassung der zentralen inhaltlichen Aussagen. Neben der Vorschau und der Zusammenfassung gibt es insgesamt vier weitere, strukturierende Elemente:

Theoretischer Hintergrund

Eine grundlegende psychologische Theorie wird erläutert.

Im Unterricht

Ein anschauliches Beispiel aus dem Unterricht wird gegeben.

Forschungsergebnisse

Exemplarisch wird eine empirische Untersuchung vorgestellt.

Merke: Eine inhaltliche Kernaussage wird beschrieben.

Selbstverständlich kann und will dieses Buch nicht alle Fragen zum kooperativen Lernen erschöpfend klären. Wenn Ihr Interesse am kooperativen Lernen geweckt werden konnte und wenn Sie weitere Informationen zum kooperativen Lernen wünschen, sei Ihnen das Literaturverzeichnis mit weiterführender Literatur am Ende des Buches empfohlen.

2   Soziale Interdependenzen beim schulischen Lernen

Wichtigste Grundlage echter Kooperation ist, dass unter den Mitgliedern einer Gruppe, die ein gemeinsames Ziel verfolgen, eine positive wechselseitige Abhängigkeit, auch positive Interdependenz genannt, besteht. Das gilt nicht nur für das Lernen in Schule und Hochschule, sondern auch für alle anderen Lebensbereiche, in denen Menschen zusammenkommen, um gemeinsam Ziele zu erreichen oder Probleme zu lösen. Dass Schülerinnen und Schüler bzw. Studierende erfolgreich gemeinsam lernen und sich wechselseitig unterstützen, setzt voraus, dass der Unterricht in einer Form organisiert wird, die Kooperation überhaupt möglich, ja sogar notwendig macht. Auf Grundlage der Theorie der sozialen Interdependenz werden verschiedene Organisationsformen des Unterrichts beschrieben und die besonderen Potenziale einer kooperativen Organisationsform erläutert.

Positive Interdependenz ist das grundlegende Prinzip jeglicher Kooperation, auf dem auch alle im Folgenden beschriebenen spezifischen kooperativen Unterrichtsmethoden aufbauen. Man kann die positive Interdependenz mit der wechselseitigen Abhängigkeit und dem »Aufeinander-Angewiesen-Sein« einer Seilschaft beim Bergsteigen vergleichen: Der Einzelne einer Seilschaft kann den Gipfel nur erreichen, wenn es allen anderen auch gelingt.

Abb. 2.1: Aufeinander-Angewiesen-Sein

Es gibt aber auch Situationen, in denen Mitglieder einer Gruppe nicht in einem positiven Sinne voneinander abhängig sind, so beispielsweise Wettbewerbssituationen. Bei einem 100-Meter-Lauf, den man gewinnen möchte, herrscht *negative Interdependenz*. Um mein persönliches Ziel zu erreichen, muss ich alle anderen hinter mir lassen. Der Erfolg des einen bedeutet zugleich den Misserfolg der anderen.

Abb. 2.2: Miteinander-Konkurrieren

Organisationsformen des Unterrichts

Was hat das alles mit dem Unterricht zu tun? Nach der *Theorie der sozialen Interdependenz* lassen sich im Unterricht grundsätzlich drei *Organisationsformen* unterscheiden, die die Art und die Richtung der sozialen Interdependenz zwischen den Schülerinnen und Schülern bestimmen:

1. kompetitive,
2. individualistische,
3. kooperative.

Wenn Sie sich in Ihre Schulzeit zurückversetzen, können Sie sich vielleicht erinnern, wie man mit unerlaubtem Fingerschnipsen nach einer Lehrerfrage auf sich aufmerksam macht, weil man sicher ist, die richtige Antwort zu wissen. Man möchte die eigene Leistung aufzeigen, selbst wenn es mit dem Risiko verbunden ist, als Streber zu gelten. Mit der richtigen Antwort nimmt man allen anderen die Möglichkeit, ebenfalls ihre Leistungen und Kenntnisse zu demonstrieren. Solche Unterrichtssituationen unterliegen einer *kompetitiven Organisationsform*. Die Schülerinnen und Schüler konkurrieren um die Aufmerksamkeit und um die positive

Bewertung durch die Lehrperson und jeder Einzelne kann sein Ziel nur erreichen, wenn er alle anderen wie bei einem 100-Meter-Sprint, den es zu gewinnen gilt, hinter sich lässt. Hier besteht demnach eine *negative Interdependenz*: Der Erfolg des einen bedeutet den Misserfolg der anderen. Im herkömmlichen Unterricht ist eine kompetitive Organisationsform häufig zu beobachten. Das verwundert, kann es doch nach Johnson und Johnson (1999) zu erheblichen Nachteilen und Problemen führen: Bei den leistungsschwachen Schülerinnen und Schülern kommt es – wenn sie in ihrem Bemühen erfolglos bleiben – nicht selten zu Resignation und zur Verringerung der Lernmotivation. Bei den Leistungsstarken besteht die Gefahr, dass sie sich nicht mehr anstrengen, da ihr Erfolg ohnehin gesichert erscheint. Die durch den Wettbewerb induzierte Konkurrenzsituation in der Klasse verschlechtert zudem die sozialen Beziehungen zwischen den Schülerinnen und Schülern.

Anders verhält es sich bei einem Unterricht mit *individualistischer Organisationsform*, wenn die Lehrerin z.B. eine Stillarbeit vergibt, die alle Schülerinnen und Schüler unabhängig voneinander für sich bearbeiten sollen. Für das Ergebnis eines Lernenden spielen die Ergebnisse der anderen keine Rolle. Jede und jeder kann zeigen, was sie oder er kann, da die Konkurrenz innerhalb der Lerngruppe nicht mehr gegeben ist.

Abb. 2.3: Unabhängig-Voneinander-Arbeiten

Die Bewertung schulischer Leistungen erfolgt hier üblicherweise anhand eines absoluten Gütemaßstabs. Beispielsweise sollen im Mathematikunterricht mindestens fünf von acht Aufgaben eines Arbeitsblatts selbstständig richtig bearbeitet werden oder im Sachunterricht soll mit einem Experimentierkasten ein funktionierender Stromkreis aufgebaut werden. Zwischen den Schülerinnen und Schülern besteht keine Interdependenz. Es gibt keine Notwendigkeit, miteinander zu interagieren, ganz im Gegenteil, dies würde eher als störend empfunden werden. In der Hochschule finden individualisierte Formen des Unterrichts beispielsweise auf E-Learning-Plattformen statt, wenn die Studierenden Arbeitsaufträge individuell bearbeiten und die Ergebnisse hochladen.

In einem Unterricht mit *kooperativer Organisationsform* ist den einzelnen Lernenden hingegen bewusst, dass sie ihr individuelles Ziel nur erreichen, wenn auch alle anderen das Ziel erreichen. Im schulischen Unterricht kann positive Interdependenz beispielsweise durch eine Aufgabenverteilung realisiert und erzwungen werden. Jedes Kind bearbeitet z. B. für das Rahmenthema »Wetter« nur einen Teilbereich des Themas, wie etwa Niederschläge, Wolken oder Gewitter. Anschließend tauschen sich die Kinder über die verschiedenen Teilbereiche aus, die sie sich arbeitsteilig erarbeitet haben, um so alle Aspekte zum Thema »Wetter« kennenzulernen. Nach dem gleichen Prinzip kann auch mit erwachsenen Lernern gearbeitet werden. Es gibt neben der arbeitsteiligen Aufgabenzuweisung auch noch andere Möglichkeiten, um positive Interdependenz im Unterricht zu erzeugen. Sie werden im dritten Kapitel, beziehungsweise bei der Beschreibung der verschiedenen kooperativen Methoden in Kapitel 4, näher erläutert.

Zentrales Merkmal eines Unterrichts mit kooperativer Organisationsform ist also eine positive Interdependenz unter den Lernenden, bei der sich eine Atmosphäre gegenseitiger Unterstützung und Verantwortung bei der Bewältigung der gemeinsamen Aufgabe entwickeln kann. Mit der positiven Interdependenz ist es aber nicht getan. Hinzu kommt notwendigerweise das Erzeugen einer *individuellen Verantwortlichkeit* der Lernenden. Individuelle Verantwortlichkeit bedeutet, dass die Lernenden sowohl für ihr eigenes Lernverhalten als auch für die Lernprozesse ihrer Mitschülerinnen und Mitschüler bzw. Kommilitoninnen und Kommilitonen verantwortlich sind (▶ Kap. 3.1 Basiselemente kooperativen Lernens). In Tabelle 2.1 sind die zentralen Aspekte der drei Organisationsformen zusammengefasst.

Tab. 2.1: Organisationsformen schulischen Unterrichts nach Johnson und Johnson (1999)

	Organisationsformen von Unterricht		
	kooperativ	**kompetitiv**	**individualistisch**
Verantwortlichkeit	Individuum und Gruppe	Individuum	Individuum
Interdependenz	positiv	negativ	keine
Interaktion	miteinander	gegeneinander	keine
soziale Fertigkeiten	notwendig	nicht notwendig	nicht notwendig

Für die Lehrpersonen ist es wichtig zu beachten, dass es sich bei Lerngruppen immer um soziale Gefüge handelt und dass immer eine Form der sozialen Interdependenz im Unterricht besteht. Sie sollten sich der verschiedenen Formen der sozialen Interdependenz und ihrer Effekte bewusst sein, um die Folgen für das soziale Miteinander einschätzen zu können. Natürlich macht es Kindern auch Spaß, sich untereinander zu messen und zu zeigen, was sie im Wettbewerb leisten können. In anderen Situationen und zur Erreichung anderer Lernziele mag es auch hilfreich sein, dass die Schülerinnen und Schüler eine Aufgabe still für sich alleine bearbeiten, um ihre individuellen Fähigkeiten und Lernfortschritte zu erkennen. Aber in den beiden unterrichtlichen Situationen mit einer kompetitiven bzw. mit einer individualistischen Organisationsform bleiben die sozialen Lernziele auf der Strecke. Unterricht mit kooperativer Zielsetzung beansprucht hingegen soziale, kognitive, motivationale und emotionale Lernziele gleichermaßen zu erreichen.

Merke: Ob Lernende im Unterricht kooperieren, hängt entscheidend von der Organisationsform des schulischen Unterrichts ab. Wichtigste Kennzeichen einer kooperativen Organisationsform sind die positive Interdependenz und die individuelle Verantwortlichkeit.

Theoretischer Hintergrund

Die Theorie der sozialen Interdependenz baut auf den gestalttheoretischen Arbeiten von Kurt Koffka und Kurt Lewin aus der ersten Hälfte des 20. Jahrhunderts auf (vgl. Johnson, 2003). Eine Grundannahme der Gestalttheorie, zu deren Mitbegründern Koffka zählt, besagt, dass das Ganze stets mehr ist als die Summe seiner Teile. Gegenstand gestaltpsychologischer Untersuchungen waren zunächst die Qualitäten sensorischer Erfahrungen – später wurden gestaltpsychologische Prinzipien auch auf andere Aspekte menschlichen Verhaltens und Erlebens bezogen. Ein Beispiel der Gestaltbildung ist, dass im Zusammenwirken einzelner Töne eine Melodie als Ganzheit wahrgenommen wird. Lewin hat gestalttheoretische Prinzipien im Rahmen seiner sogenannten Feldtheorie auf die Dynamik und das Verhalten von Mitgliedern in Gruppen ausgeweitet. Die Gruppe (z. B. eine Lerngruppe) wird von Lewin als Gestalt aufgefasst, die dem Einfluss verschiedener äußerer und innerer Kräfte ausgesetzt ist. Die Mitglieder einer Gruppe sind in einer Weise wechselseitig voneinander abhängig, dass eine Veränderung des Status oder des Verhaltens eines einzelnen Gruppenmitglieds immer auch eine Veränderung bei allen anderen nach sich zieht, was als soziale Interdependenz bezeichnet wird. Morton Deutsch erweiterte Lewins Theorie und beschrieb zwei unterschiedliche Formen der sozialen Interdependenz in Gruppen – eine positive und eine negative.

Zur Theorie der sozialen Interdependenz liegt mittlerweile eine Vielzahl von Untersuchungen aus ganz unterschiedlichen Anwendungsfeldern vor. Johnson (2003) fasst in einer Metaanalyse insgesamt 754 wissenschaftliche Studien zum Arbeiten und Lernen in Gruppen zusammen (zum besseren Verständnis der methodologischen Terminologie wird auf Kapitel 5 verwiesen). Er stellt dabei kooperative Arbeits- und Lernbedingungen den kompetitiven bzw. individualistischen gegenüber und berücksichtigt nur Studien, die in Sozial- und Bildungseinrichtungen sowie in Betrieben durchgeführt wurden. Untersucht wurden Effekte (1) auf die Lern- und Arbeitsleistungen, (2) auf die sozialen Beziehungen in der Gruppe und (3) auf die psychische Gesundheit der Gruppenmitglieder. Es hat sich gezeigt, dass kooperative Bedingungen zu besseren Lernleistungen führen, einen positiven Effekt auf die interpersonalen Beziehungen und auf das soziale Unterstützungsverhalten haben und sich positiv auf die psychische Gesundheit auswirken. In kompetitiven Lernsituationen gab es sowohl negative als auch positive Zusammenhänge mit der psychischen Gesundheit, in individualistischen Lernsituationen überwiegend negative. Ein wichtiger Aspekt der psychischen Gesundheit ist das Selbstwertgefühl. Kooperative Lernsituationen führen häufiger zu einem höheren Selbstwertgefühl als kompetitive oder individualistische Situationen.

Zusammenfassung

Es gibt drei mögliche Organisationsformen von Unterricht. Besser als die kompetitive und die individualistische Organisationsform ist die kooperative Organisationsform geeignet, Lernerfolge auf unterschiedlichen Ebenen zu gewährleisten. Wenn kompetitive Organisationsformen im Unterricht überwiegen, kann sich das ungünstig auf die Lernmotivation und auf das soziale Klima in der Lerngruppe auswirken. Von einer kooperativen Organisationsform erhofft man sich hingegen positive Auswirkungen auf die kognitive, motivationale und emotionale Entwicklung der Lernenden. Die Realisierung kooperativer Organisationsformen setzt auf die Elemente der individuellen Verantwortlichkeit und der wechselseitigen (positiven) Interdependenz. Damit die sozialen Interaktionen in einer Lerngruppe gelingen, bedarf es besonderer sozialer Fähigkeiten.

3 Kooperatives Lernen

Was ist kooperatives Lernen? Um diese Frage zu beantworten, werden zunächst verschiedene Auffassungen vom Lehren und Lernen vorgestellt und gezeigt, dass es nicht genügt, die Schülerinnen und Schüler oder die Studierenden anzuweisen, in Gruppen zu arbeiten und sich kooperativ zu verhalten. Damit in Gruppenarbeit tatsächlich kooperativ gelernt wird, müssen positive Interdependenz und individuelle Verantwortlichkeit sichergestellt werden. Beide Prinzipien sind als grundlegende Basiselemente kooperativen Lernens unerlässlich. Weitere fördernde Elemente sind die unterstützenden Interaktionen, die Reflexionen über den Gruppenprozess und die kooperativen Fertigkeiten.

Eine typische Situation beim Blick in ein Klassenzimmer: Die Lehrperson steht vor der Klasse und erläutert Unterrichtsinhalte oder diskutiert mit den Schülerinnen und Schülern. Ein solch lehrergeleiteter Unterricht, folgt meist einer *kognitiv-rationalistischen* Auffassung vom Lehren und Lernen. Hier stehen die Lehrerin bzw. der Lehrer im Mittelpunkt des Geschehens. Unterrichten wird hier in erster Linie als ein Darbieten und Erklären eines im Wesentlichen klar eingegrenzten Lerngegenstands durch die Lehrperson verstanden (Gold & Borsch, 2015). Den Lernenden bleibt in erster Linie eine passiv-rezeptive Rolle vorbehalten. Sie müssen den Darbietungen folgen, den Lernstoff aufnehmen, ihn kognitiv verarbeiten und behalten, damit sie ihn später, beispielsweise in Klassenarbeiten oder Klausuren, wiedergeben können. Dass auf diese Weise erfolgreich gelernt werden kann, ist unstrittig.

Franz Weinert hat mit Blick auf die große Münchner SCHOLASTIK-Studie zu Recht darauf hingewiesen, dass man sowohl guten als auch schlechten Unterricht auf sehr unterschiedliche Weise gestalten kann (Weinert & Helmke, 1997). Deshalb kann auch ein lehrergeleiteter Unterricht anregend, herausfordernd und durchaus effektiv sein. Allerdings wird nicht selten »träges«, also nicht anwendbares und kaum transferierbares Wissen die Folge solchen Unterrichtens sein. Wahrscheinlich haben Sie selbst schon die Erfahrung gemacht, dass man einem systematisch aufgebauten, leicht verständlichen und interessant gestalteten Vortrag zu einem neuen pädagogischen Konzept mit Gewinn folgen kann. Die Präsentation war gelungen, der Aufbau kohärent und die Schlussfolgerungen waren leicht nachzuvollziehen. Sie haben sich wirklich gefreut, etwas verstanden zu haben, alles hörte sich so plausibel an. Einige Zeit später, als Sie die neuen Erkenntnisse den Kolleginnen und Kollegen erläuterten und die praktische Umsetzung planen wollten, mussten Sie aber feststellen, dass Sie vieles von dem Gehörten bereits wieder vergessen hatten. Während Sie anderen erklären wollten, was Sie so beeindruckt hatte, kamen Ihnen selbst viele Fragen und Sie merkten, dass sich das neu erworbene Wissen gar nicht so einfach in Anwendungswissen übersetzen lässt. Noch schwieriger gestaltet sich der Wissenstransfer, wenn Sie einem Vortrag ohne Struktur zugehört haben und einer Vielzahl von neuen Informationen ausgesetzt waren, die Sie in der Kürze der Zeit gar nicht verarbeiten konnten. Nachzufragen haben Sie sich nicht getraut, weil Sie den Dozenten nicht aufhalten wollten und weil es Ihnen peinlich war, vor so vielen Kolleginnen und Kollegen zuzugeben, dass Sie etwas nicht verstanden hatten. Schülerinnen und Schülern oder Studierenden ergeht es in einem lehrergeleiteten Unterricht häufig nicht anders.

Kooperativer Unterricht folgt einer *sozio-konstruktivistische*n Auffassung vom Lehren und Lernen. Darunter wird in der Pädagogischen Psychologie die Auffassung verstanden, dass Wissen nicht einfach von einer Lehrperson an einen Lernenden vermittelt, sondern von Individuen in gemeinsamen Aushandlungsprozessen aktiv konstruiert wird (Gold & Borsch, 2015). Der Einbezug früherer Erfahrungen und des bereits vorhandenen Vorwissens, das Zulassen und Abwägen verschiedener Sichtweisen und der Wunsch, Neues zu entdecken, spielen dabei eine wichtige Rolle. Der Lerngegenstand weitet sich dadurch aus und wird von den Lernenden mitbestimmt. In einer solchen Lernsituation tritt die Lehrperson scheinbar in den Hintergrund. Verantwortlich bleibt sie doch. Sie gestaltet die Lernumgebungen, die die Wissenskonstruktion ermöglichen, sie unterstützt und berät die Schülerinnen und Schüler bzw. die Studierenden beim Lernen. Unweigerlich aktiv sind jedoch die Lernenden selbst, die in einem selbstgesteuerten Prozess neues Wissen konstruieren. Gearbeitet wird in Partnerarbeit oder in Kleingruppen, wo es mehr Raum für Fragen und Diskussionen gibt und wo es weniger peinlich ist, Rückfragen zu stellen als vor der gesamten Klasse oder im Seminar und gegenüber der Lehrperson.

»Beim kooperativen (kollaborativen) Lernen arbeiten Schülerinnen und Schüler in kleinen Gruppen, um sich beim Aufbau von Kenntnissen und beim Erwerb von Fertigkeiten gegenseitig zu unterstützen. Das kooperative ist ein aktives, selbstständiges und soziales Lernen. Kooperative Lehrformen sind lernerzentriert, denn während des Lernprozesses tritt die Lehrperson im Allgemeinen in den Hintergrund. Mindestens zwei, meist aber drei bis fünf Lernende konstituieren eine Lerngruppe. Einige Methoden sind speziell für das dyadische, tutorielle Lernen entwickelt worden. Gelegentlich werden auch die Begriffe des ›Peer-Assisted Learning‹ (PAL), des Peer Learning (PL) oder des Peer Tutoring (PT) verwendet, um das dyadische und das Lernen in (meist heterogenen) Kleingruppen thematisch zusammenzufassen« (Hasselhorn & Gold, 2022, S. 295).

Die Definition von Hasselhorn und Gold schließt viele verschiedene Formen des gemeinsamen Lernens ein. So zählen Formen der Partnerarbeit genauso zum kooperativen Lernen wie die Gruppenarbeit mit mehr als zwei Lernenden. Verbindendes Element ist der Anspruch, dass die Schülerinnen und Schüler bzw. die Studierenden aktiv werden und in eine soziale Interaktion treten. Sie müssen sich aktiv mit dem Lernstoff auseinandersetzen und sich wechselseitig beim Lernen helfen. Damit unterscheidet sich das kooperative Lernen wesentlich vom lehrergeleiteten Unterricht, bei dem vor allem die Lehrerinnen und Lehrer sichtbar aktiv sind.

So kontrastierend, wie in den beiden Positionen geschildert, findet Unterricht in der Praxis nicht durchgängig statt. Die pointierte Gegenüberstellung sollte vielmehr auf zwei grundsätzlich unterschiedliche Auffassungen von Lehren und Lernen aufmerksam machen. Es ist auch nicht ganz korrekt, das kooperative Lernen ausschließlich der konstruktivistischen Sichtweise des Lehrens und Lernens zuzuordnen. Sicherlich ist ein zentrales Merkmal kooperativen Lernens die eigene Aktivität der Lernenden. Aber bei vielen der in diesem Buch dargestellten kooperativen Methoden wird der Lerngegenstand maßgeblich von der Lehrperson bestimmt, indem sie die Themen und Materialien für die Partner- oder Gruppenarbeit vorgibt oder indem sie wichtige Elemente des kooperativen Lernens in ihren nicht-kooperativen Unterricht einfügt, damit die Lernenden die erklärend vermittelten Inhalte vertiefen können. Statt das kooperative Lernen also dem einen oder anderen ideologischen Lager des Unterrichtens zuzuordnen, erscheint es sehr viel ergiebiger, Formen der Partner- und Gruppenarbeit daraufhin zu prüfen, in welchem Maße sie positive Interdependenzen und individuelle Verantwortlichkeiten realisieren. Denn nicht jede Partner- oder Gruppenarbeit ist als kooperatives Lernen zu bezeichnen, wie das folgende Unterrichtsbeispiel zeigt.

Im Unterricht

Die Klasse 10a beschäftigt sich im Unterrichtsfach Politik und Wirtschaft mit dem Thema »Soziale Marktwirtschaft«. Die neue Fachlehrerin hat in den vergangenen Stunden in die Thematik eingeführt. Nun instruiert sie die Klasse: »Bitte findet euch in Fünfergruppen zusammen. Jede Gruppe soll eine Mind-Map zum Thema ›Wirtschaftskreislauf‹ erstellen. Mind-Maps beginnen mit dem zentralen Hauptthema, in der Mitte eines Posters. Weitere Informationen zum Thema notiert ihr in Stichworten auf Ästen und Zweigen, die vom Hauptthema abzweigen. Ihr habt diese und die nächste Stunde Zeit für Recherchen in der Bibliothek sowie für die Erstellung der Mind-Map. Am Freitag sollt ihr die Ergebnisse vor der gesamten Klasse vorstellen.«

Die Beobachtung der nun folgenden Gruppenarbeit, die Präsentationen der Gruppen und die abschließende Ergebnissicherung waren für die junge Lehrerin sehr frustrierend. Was war geschehen? Schon zu Beginn gab es Schwierigkeiten bei der Gruppeneinteilung. Es fanden sich jeweils nur die befreundeten Schülerinnen und Schüler zusammen, die sich dann prompt mehr über private Dinge austauschten als über die gestellte Aufgabe. Ausgerechnet die Jugendlichen mit den größten Lernproblemen blieben außen vor. Die Lehrerin war überrascht von der mangelnden sozialen Kompetenz der Schülerinnen und Schüler. Während der Gruppenarbeit war zu beobachten, dass manche Schülerinnen und Schüler gar nicht mitarbeiteten, sich mit ganz anderen Dingen beschäftigten und teilweise ihre Gruppenmitglieder auch noch bei der Arbeit störten. Nur bei der gemeinsamen Präsentation drängelten sich die »Störenfriede« in die vorderste Reihe, ohne jedoch Wesentliches beizutragen. Als besonders ungerecht empfanden es die Schülerinnen und Schüler, dass alle Gruppenmitglieder am Ende dieselbe Note für die Gruppenpräsentation bekamen. Einige beschwerten sich: »Dann werde ich mich das nächste Mal nicht mehr anstrengen, wenn ohnehin alle dieselbe Note bekommen«. Andere verkündeten, dass sie nun keine Lust mehr auf Gruppenarbeit hätten und lieber wieder »normalen« Unterricht machen würden. In einer Gruppe war zu beobachten, dass sich ein leistungsschwächerer Schüler zwar mehrfach bemühte, etwas zum Gruppenprodukt beizutragen – die richtigen Antworten wurden jedoch von den leistungsstärkeren einfach vorgesagt. In einer weiteren Gruppe nahm die Lehrerin wahr, dass sich die Gruppenmitglieder die Arbeit aufteilten, still vor sich hinarbeiteten und bei der Präsentation die einzelnen Teile zusammenhangslos präsentierten. Bei der Ergebnissicherung in Form einer Klassenarbeit musste die Lehrerin feststellen, dass die meisten Schülerinnen und Schüler dieser und auch anderer Gruppen den Zusammenhang des Themas gar nicht verstanden hatten oder nur über sehr partielles Wissen zu jenem Teilbereich des Themas verfügten, das sie selbst in ihrer Teilgruppe bearbeitet hatten.

Das Unterrichtsbeispiel beschreibt einen Gruppenunterricht, wie er nicht selten im Schulalltag zu beobachten ist (Antil, Jenkins, Wayne & Vadasy, 1998). Es braucht nicht viel Fantasie, um sich ein ähnliches Szenario in einem Hochschulseminar vorzustellen. Was ist hier schiefgelaufen? Der Reihe nach:

- Die hier gewählte Form, eine Lerngruppe zusammenzusetzen (über Freundschaftsbeziehungen), ist ungünstig. Die Lehrerin überschätzt die sozialen Kompetenzen der Schülerinnen und Schüler. In aller Regel sind sie von sich aus nicht in der Lage, auch die Lernschwachen und Unbeliebten in die Gruppen zu integrieren.
- Es fehlt die positive Interdependenz. Die Aufgabenstellung und das Lernziel machen es gar nicht notwendig, dass sich alle Lernenden am Arbeitsprozess beteiligten. So ist es dazu gekommen, dass viele entweder für sich alleine arbeiteten oder die Arbeit von anderen erledigen ließen. Dabei handelt es sich um ein in der Sozialpsychologie wohl bekanntes und häufig untersuchtes Phänomen: den sogenannten *Trittbrettfahrereffekt* (Kerr & Bruun, 1983). Bei jenen, welche die Arbeit erledigt hatten, führte der Ärger darüber, dass die anderen nichts beigetragen hatten, fortschreitend zu einem Gefühl des »Ausgenutzt-Werdens«, dem sogenannten »sucker effect« (Kerr, 1983).
- Es gibt keine individuelle Verantwortlichkeit für das eigene Lernverhalten und die Lernprozesse in der Gruppe. Die Gruppen konnten auch, oder vielleicht sogar deshalb, erfolgreich sein, weil sie keine Rücksicht darauf nahmen, ob es inaktive Gruppenmitglieder gab oder Lernschwächere, die den Lernprozess gar nicht mit vollziehen konnten.
- Nachteilig ist auch, dass häufig die Schülerinnen und Schüler mit einer höheren Lernmotivation und mit besseren Lernvoraussetzungen die Arbeit in ihrer Gruppe übernehmen und dadurch mehr lernen. So wird es zu einem kontinuierlich wachsenden Schereneffekt zwischen den aktiven Lernenden und den passiven Trittbrettfahrern kommen, ganz nach dem Motto: »Wer hat, dem wird gegeben«.
- Eine inhaltliche Ergebnissicherung, bei der die verschiedenen Aspekte des Themas in der Gesamtgruppe diskutiert, bewertet und integriert werden, findet nicht statt.

- Wahrscheinlich war die Aufgabe nicht für alle Lernenden interessant und spannend genug, um sich aktiv am Gruppengeschehen beteiligen zu wollen.

Das Beispiel hat gezeigt, dass ohne eine gründliche Planung des Arbeitsauftrags, ohne die Formulierung von Gruppenzielen sowie ohne eine angemessene Strukturierung und Unterstützung des Arbeitsprozesses Gruppenarbeit durchaus ineffektiv sein und das Lernen sogar behindern kann. Nach McCaslin und Good (1996) ist das Lernen in Gruppen vor allem dann ineffektiv:

- Wenn die Gruppe mehr Aufmerksamkeit auf eine rasche Aufgabenerledigung richtet, als darauf, dass alle Mitglieder am Lernprozess beteiligt sind.
- Wenn fehlerhafte Ansichten nicht korrigiert, sondern von den Gruppenmitgliedern wechselseitig verstärkt werden.
- Wenn die Gruppe mehr Aufmerksamkeit auf den Gruppenprozess (z. B. auf den Umgang mit Konflikten) richtet als auf die Lerninhalte selbst.
- Wenn die klassische Form der Lehrer-Schüler-Interaktionen durch ähnlich asymmetrische Interaktionsformen in der Gruppe ersetzt werden und wenn sich ein gemeinsames Problemlösen nicht initiieren lässt.
- Wenn in leistungsheterogenen Gruppen nur die guten Schülerinnen und Schüler von den Gruppendiskussionen profitieren und wenn sich diese dem Druck ausgesetzt fühlen, die Arbeit für die gesamte Gruppe erledigen zu müssen.
- Wenn Lernende merken, dass ihre Beiträge zur Gruppenarbeit von den anderen Gruppenmitgliedern nicht angenommen werden und sie ihre Bemühungen deshalb einstellen.
- Wenn Schülerinnen und Schüler glauben, dass ihre Fähigkeiten nicht ausreichen, um etwas zur Gruppenleistung beitragen zu können. Dann fühlen sie sich schuldig und schämen sich, weil sie auf die Hilfe der anderen angewiesen sind, die für sie die Arbeit übernehmen müssen.
- Wenn Lernende die Gruppenarbeit bzw. den Arbeitsauftrag nicht ernst nehmen und nicht als zu bewertende Leistung betrachten.

Es ist wichtig, die potenziellen Schwierigkeiten des gemeinsamen Lernens zu kennen. Es mag Lerngruppen geben, in denen die Gruppenarbeit problemlos funktioniert: Die Schülerinnen und Schüler bzw. die Studierenden sind an der gestellten Aufgabe interessiert und helfen sich wechselseitig beim Lernen. Sie wissen, dass ihre individuelle Leistung genauso zählt und beachtet wird wie ihre Unterstützung der anderen Lernenden. So erklären sie, statt einfach nur Antworten vorzusagen, und sie achten darauf, dass alle das Problem und seine Lösung verstanden haben. Andere Lerngruppen stehen hingegen erst am Anfang dieses Prozesses. In diesen Lerngruppen ist es wichtig, die Schwierigkeiten zu erkennen und durch gezielte Maßnahmen bzw. strukturierende Elemente die positive Interdependenz zunächst einmal herzustellen und die individuelle Verantwortlichkeit bei den Lernenden zu fördern. Nur so wird aus herkömmlicher Gruppenarbeit kooperatives Lernen, von dem wirklich alle Lernenden profitieren können. Echte kooperative Unterrichtsformen begegnen diesen Schwierigkeiten durch eine sorgfältige Strukturierung der Gruppenarbeit.

Merke: Nicht jede Gruppenarbeit ist kooperativ. Nur wenn die Gruppenmitglieder positive Interdependenz erleben und individuelle Verantwortlichkeit wahrnehmen, kann sich Kooperation entwickeln.

Wie das Negativbeispiel zu Beginn dieses Abschnitts gezeigt hat, reicht es nicht aus, Schülerinnen und Schüler oder Studierende in Gruppen zusammenzusetzen und sie aufzufordern, kooperativ zusammenzuarbeiten. Die Lernenden akzeptieren zwar, dass sie gemeinsam arbeiten müssen, es besteht aber die Gefahr, dass sie die Potenziale der gemeinsamen Arbeit nicht erkennen und auch nicht nutzen. Das primäre Ziel herkömmlicher Gruppenarbeit ist die Aufgabenerfüllung. Stillschweigend gehen die Lehrenden meist davon aus, dass die Lernenden über die kooperativen Fähigkeiten verfügen, die zur Zusammenarbeit notwendig sind. Über den Gruppenprozess wird meist gar nicht reflektiert. Kooperativer Unterricht ist hingegen in spezifischer Weise durch die Bereitstellung geeigneter Aufgaben und durch die Formulierung von Gruppenzielen vorstrukturiert, um so sicherzustellen, dass alle Lernenden individuelle Verantwortung übernehmen, erstens für die Bearbeitung der ihnen zugewiesenen Teilaufgabe und zweitens im Bemühen, die Mitschülerinnen und Mitschüler zu unterstützen. Jüngere und auch ältere Kinder müssen jedoch häufig erst lernen, wie sie ihre Mitschülerinnen und Mitschüler unterstützen können, damit diese erfolgreich sind. In Tabelle 3.1 sind die zentralen Merkmale kooperativer und herkömmlicher Gruppenarbeit gegenübergestellt.

Tab. 3.1: Kooperativ und nicht-kooperativ strukturierte Gruppenarbeit nach Johnson und Johnson (1999, S. 73)

kooperativ strukturierte Gruppenarbeit	herkömmliche Gruppenarbeit
• positive Interdependenzen zwischen den Mitgliedern	• keine Interdependenzen zwischen den Mitgliedern
• individuelle Verantwortlichkeit für die eigene und die Leistungen aller Mitglieder	• Verantwortlichkeit nur für die eigene Leistung
• Mitglieder profitieren von den Erfolgen der anderen / echte Zusammenarbeit und gegenseitige Hilfen, um den Lernerfolg der anderen zu unterstützen	• Mitglieder bearbeiten die Aufgaben ohne wechselseitige Verantwortung für die Lernerfolge der anderen
• Betonung von Aufgabenerfüllung *und* guten sozialen Beziehungen	• Betonung von Aufgabenerfüllung
• Lehrperson achtet auf soziales Verhalten	• Sozialverhalten kein Thema
• Förderung sozialer Fertigkeiten	• soziale Fertigkeiten werden vorausgesetzt
• alle übernehmen Führungsaufgaben	• Ernennung einer Führungsperson
• Gruppen beobachten ihre Wirksamkeit	• Gruppenprozesse werden nicht thematisiert

Johnson und Johnson (1999) richten den Fokus auf die wichtigsten Elemente, die bei der Implementierung kooperativen Lernens zu berücksichtigen sind. Besondere Aufmerksamkeit kommt dabei den zentralen Elementen kooperativer Organisationsformen zu, der positiven Interdependenz und der individuellen Verantwortlichkeit.

Kooperatives Lernen ist komplexer als kompetitiv oder individualistisch angelegtes Lernen, denn die Lernenden müssen sich zur selben Zeit mit den kognitiven Anforderungen einer Aufgabe und mit den Erfordernissen der kooperativen Zusammenarbeit auseinandersetzen. Um die Zusammenarbeit zu fördern, können den Gruppenmitgliedern unterschiedliche Rollen oder Aufträge zugewiesen werden. Zusätzlich sind aber auch kooperative Fähigkeiten zur Führung, Entscheidungsfindung, Vertrauensbildung, Kommunikation und zum Konfliktmanagement notwendig, um erfolgreich zu kooperieren.

Zudem benötigen die Gruppen ausreichend Zeit, um über die Gruppenarbeit zu reflektieren und um zu überlegen, welche Korrekturen ggf. vorgenommen werden müssen, um die gemeinsame Arbeit erfolgreich fortsetzen zu können. Auf lange Sicht hängt der Erfolg kooperativen Lernens von der Bereitschaft der Gruppenmitglieder ab, Probleme der Zusammenarbeit zu identifizieren und zu lösen.

3.1 Basiselemente kooperativen Lernens

Die folgenden fünf Basiselemente sind allen im vierten Kapitel beschriebenen spezifischen kooperativen Methoden gemein und bilden, wie der Name schon sagt, die Basis für jegliche Lernkooperation. Allerdings können sie, wie am Beispiel der positiven Interdependenz gleich ersichtlich wird, in ganz unterschiedlicher Weise realisiert werden.

Positive Interdependenz

Eine kooperative Organisationsstruktur beruht auf positiver Interdependenz. Nur: Wie lässt sich positive Interdependenz erzeugen? Johnson und Johnson (1999) beschreiben, wie sich positive Interdependenz unter den Mitgliedern einer Gruppe induzieren lässt. Denn es ist besonders wichtig, dass die Mitglieder einer Lerngruppe erkennen, dass sie ein gemeinsames Ziel verfolgen.

Um positive Interdependenz unter den Schülerinnen und Schülern in einer Klasse herzustellen bzw. zu fördern, wird man Aufgabenstellungen und Ziele vor allem so strukturieren, dass sie Kooperationen notwendig machen. Dies geschieht beispielsweise durch die (künstliche) Beschränkung von Ressourcen, durch die Zuweisung unterschiedlicher Rollen an unterschiedliche Personen oder durch die Zuweisung spezifischer Aufgaben oder Aufträge. Konkret bedeutet das:

- Einen eindeutigen Arbeitsauftrag erteilen.
- Eine positive *Zielinterdependenz* erzeugen, damit die Gruppenmitglieder begreifen, dass sie ihre persönlichen Ziele nur erreichen können, wenn auch alle anderen ihr Ziel erreichen. Eine positive Zielinterdependenz ist beispielsweise gegeben, wenn
  - alle Gruppenmitglieder eine Mindestpunktzahl in einem abschließenden individuellen Test erreichen müssen,
  - alle Gruppenmitglieder nach der Gruppenarbeit bessere Leistungen erbringen müssen als vor der Gruppenarbeit,
  - das Gruppenprodukt (als Summe der Einzelleistungen der Gruppenmitglieder) ein bestimmtes Niveau erreichen muss,
  - eine Problemstellung von der Gruppe erfolgreich bearbeitet werden muss.
- Die Zielinterdependenz mit weiteren Formen positiver Interdependenz verknüpfen.

In Tabelle 3.2 sind weitere Möglichkeiten beschrieben, wie positive Interdependenz realisiert werden kann (▶ Tab. 3.2).

Tab. 3.2: Formen positiver Interdependenz

Positive Interdependenz durch:	Beschreibung
Zielinterdependenz	Lernende realisieren, dass sie ihr Lernziel nur dann erreichen können, wenn es alle anderen Gruppenmitglieder auch erreichen.
Gruppenbelohnung	Alle Mitglieder einer Gruppe erhalten eine Belohnung für die erfolgreiche Gruppenarbeit.
Ressourcen	Jedes Gruppenmitglied verfügt nur über einen Teil der Informationen, Materialien oder Werkzeuge, die zur Aufgabenbearbeitung benötigt werden. Die Aufgabenlösung kann nur gelingen, wenn alle sich wechselseitig aushelfen.
Gruppenidentität	Gruppenmitglieder stiften durch einen Namen, ein Lied oder Motto eine eigene Gruppenidentität.
Rollen	Gruppenmitglieder übernehmen arbeitsteilig unterschiedliche Rollen (z.B. Gruppenleitung, Protokoll).
Aufgaben	Gruppenmitglieder übernehmen unterschiedliche Teilaufgaben und werden dadurch zu Experten für Teilbereiche.
Wettbewerb mit anderen Gruppen	Gruppen treten gegeneinander an. Die Mitglieder einer Gruppe strengen sich an, um besser als eine andere Gruppen zu sein.

Individuelle Verantwortlichkeit

Individuelle Verantwortlichkeit ist neben der positiven Interdependenz eine weitere essentielle Komponente eines Unterrichts mit kooperativer Organisationsform. Im

Abb. 3.1: Alle für einen, einer für alle.

kooperativen Unterricht gehen positive Interdependenz und individuelle Verantwortlichkeit Hand in Hand. Ein wichtiger Aspekt im Zusammenhang mit der
Förderung individueller Verantwortlichkeit ist die Art und Weise, wie das Gruppenprodukt bewertet wird. Individuelle Verantwortlichkeit entsteht, wenn die individuellen Leistungsanteile eines jeden Gruppenmitglieds registriert werden und
wenn diese Leistungsanteile sowohl an das Mitglied selbst als auch an die Gruppe
zurückgemeldet werden. Nur so ist ersichtlich, was der oder die Einzelne zur
Gruppenleistung beigetragen hat. Durch solches Feedback kann jedes Gruppenmitglied seinen Beitrag zum Lernerfolg der Gesamtgruppe erkennen und darauf
stolz sein. Er oder sie hat dann auch nicht das Gefühl, die eigene Leistung ginge in
der Anonymität der Gruppenleistung verloren. Gegebenenfalls können auch unmittelbar benötigte Hilfen oder Ermutigungen gegeben und Verantwortlichkeiten
neu verteilt werden, um überflüssige Anstrengungen zu vermeiden. Würde nur das
Gruppenprodukt bewertet, ohne die einzelnen Beiträge zu differenzieren, resultierte
daraus nicht selten eine sehr ungleiche Arbeitsbelastung unter den Gruppenmitgliedern. Die Gefahr des Trittbrettfahrens ist besonders groß, wenn das Gefühl
individueller Verantwortung verloren geht. Johnson und Johnson (1999) empfehlen
die folgenden Maßnahmen, um individuelle Verantwortlichkeit zu fördern:

- Kleine Gruppengrößen. Je kleiner die Gruppe, desto größer die individuelle
  Verantwortlichkeit.
- Individuelle Lernzuwächse feststellen.
- Unangekündigt mündliche Zusammenfassungen des aktuellen Arbeitsstandes in
  einer Gruppe von einem einzelnen Gruppenmitglied einfordern.
- Die Gruppenarbeit fortlaufend beobachten und die Anzahl der Beiträge der
  einzelnen Mitglieder zur Gruppenarbeit erfassen.

Auch durch Formen der *Aufgabenspezialisierung*, wie sie beispielsweise bei der Gruppenpuzzlemethode (▶ Kap. 4.3) realisiert werden, lassen sich individuelle Verantwortlichkeiten übertragen. Durch Aufgabenspezialisierung werden die einzelnen Gruppenmitglieder zu Experten in ihrem Teilbereich und vermitteln anschließend das eigene (Experten-)Wissen an die anderen Mitglieder. Positive Interdependenz und individuelle Verantwortlichkeit entstehen so zum einen durch die Aufgabenspezialisierung, aber auch dadurch, dass die Lernenden im Verlauf des Lernprozesses zwei ganz unterschiedliche Rollen einnehmen müssen: Einmal die Rolle des Wissensvermittlers, wenn sie anderen etwas über ihren Teilbereich erzählen, und zum anderen die Rolle des Zuhörers, wenn sie sich von anderen etwas erklären lassen (▶ Tab. 3.2).

Slavin (1995) favorisiert Gruppenbelohnungen, um individuelle Verantwortlichkeit zu gewährleisten. Basierend auf den individuellen Leistungsergebnissen der einzelnen Gruppenmitglieder werden aggregierte Gruppenbewertungen berechnet. Das beruht auf der Überlegung, dass sich alle in einer Gruppe beim Lernen wechselseitig helfen, damit die individuellen Testleistungen möglichst gut ausfallen. Weil die Einzelergebnisse der individuellen Leistungen für die gesamte Gruppe am Ende zusammengerechnet werden, wird eine gute Gesamtbewertung (und damit eine Gruppenbelohnung) dann umso wahrscheinlicher, wenn jeder einzelne möglichst gut abschneidet.

Slavins Argumentation baut auf motivationstheoretischen Überlegungen auf: Gelernt wird, weil man etwas dafür bekommt! Strittig ist allerdings, ob sich die Schülerinnen und Schüler im Falle der Gruppenbelohnungen nicht zu sehr an den extrinsisch gesetzten Anreizen orientieren und darüber die kooperativen Aspekte bei der Lösung des Problems oder der Aufgabe und den Lösungsprozess als solchen aus den Augen verlieren. Auf diese Kontroverse wird in Kapitel 5.1, im Rahmen der Beschreibung der motivationalen Perspektiven zur Erklärung der Lernleistungen beim kooperativen Lernen, ausführlicher eingegangen. Doch auch Johnson und Johnson (1999) bedienen sich nicht selten externer Anreize, um die kooperative Zusammenarbeit sicherzustellen. Gleichzeitig legen die Johnsons aber großen Wert auf die sozial-kohäsiven Aspekte der Gruppenarbeit, wie sie sich in den *unterstützenden Interaktionen*, in den *Reflexionen über den Gruppenprozess* und in den notwendigen *kooperativen Fähigkeiten* niederschlagen (siehe die folgenden Abschnitte).

Unterstützende Interaktionen

Damit kooperatives Lernen überhaupt stattfinden kann, müssen die Lernenden die Gelegenheit haben, direkt und frei miteinander zu interagieren. Johnson und Johnson (1994) halten es für besonders wichtig, dass sie dabei einander unterstützen, sich gegenseitig ermutigen und für Lernfortschritte loben. Das fördert die Lernmotivation und die Lernfreude. Weitere Verhaltensweisen tragen dazu bei, dass in einer Atmosphäre unterstützender Interaktionen gelernt wird, so etwa das Bemühen um eine offene und freie Diskussion von Konzepten, das gegenseitige und respektvolle Erklären und Zuhören sowie das gezielte Verknüpfen neuer Informationen mit dem bereits vorhandenen Wissen der Gruppenmitglieder.

Reflexionen über den Gruppenprozess

Im Anschluss an eine Gruppenarbeitsphase sollten die Gruppenmitglieder kurz innehalten und die Gruppenarbeit selbst zum Gegenstand ihrer Betrachtung werden lassen. Das entspricht einem kritischen Nachdenken über die Effektivität der bisherigen Arbeit, über die Qualität der Beziehungen in der Gruppe und über die Notwendigkeit von Verhaltensänderungen, um zu einer Verbesserung der Funktionsfähigkeit einer Gruppe zu gelangen. Die Befürworter kooperativer Unterrichtsmethoden sind sich allerdings nicht darüber einig, wie notwendig eine solche Reflexion über die Gruppenarbeit eigentlich ist und wie gründlich sie ausfallen sollte. Einige kooperative Unterrichtsmethoden enthalten deshalb gar keine explizit-reflexiven Elemente, bei anderen hingegen sind sie in den gemeinsamen Lernprozess integriert (Johnson & Johnson, 1999). Im Gruppenpuzzle schließt sich beispielsweise an die inhaltlichen Arbeitsphasen eine Phase der Evaluation und Reflexion an, in der die Lehrperson gemeinsam mit den Lernenden über positive und negative Aspekte der vorangegangenen Gruppenarbeit diskutiert. Johnson, Johnson, Stanne und Garibaldi (1990) haben Belege für die Effektivität des Nachdenkens über den Gruppenprozess in Bezug auf Leistungen und Problemlöseaktivitäten bei der kooperativen Arbeit angeführt. Allerdings sind solche Reflexionen nur dann hilfreich, wenn sie in einem persönlichen (und geschützten) Rahmen stattfinden und wenn den einzelnen Mitgliedern spezifische Rückmeldungen gegeben werden. Generalisierte und unspezifische Rückmeldungen an alle Schülerinnen und Schüler einer Schulklasse durch die Lehrperson sind hingegen weniger effektiv.

Kooperative Fähigkeiten

Das gemeinsame Arbeiten in einem Klima unterstützender Interaktion verlangt von den Lernenden ein hohes Maß an interpersonalen Kompetenzen. Um wirklich als Team zusammenzuarbeiten, reicht es eben nicht aus, wenn die Mitglieder einer Gruppe nur guten Willens sind. Sie müssen auch in der Lage sein, die auf sie zukommenden sozialen Herausforderungen zu bewältigen. Um sowohl die kognitiven als auch sozialen Zielsetzungen des kooperativen Unterrichts erreichen zu können, müssen die Schülerinnen und Schüler nach Johnson und Johnson (1987) besondere Fähigkeiten der *Kommunikation*, die Fähigkeit zum Aufbau eines *Vertrauensklimas*, die Bereitschaft zur Übernahme von *Gruppenführungsaufgaben* und Kompetenzen zum Umgang mit *Kontroversen* erwerben. Was ist darunter zu verstehen?

Kommunikative Fähigkeiten sind grundlegende Voraussetzung jeder kooperativen Zusammenarbeit. Theorien zwischenmenschlicher Kommunikation unterscheiden zwischen Aspekten, die den Sprecher (Sender), den Zuhörer (Empfänger) und den Inhalt einer Botschaft betreffen. Der Sprecher hat üblicherweise etwas mitzuteilen. Das gelingt besser, wenn er seine Ideen und Absichten möglichst klar, vollständig und eindeutig kommuniziert. Eine Botschaft ist kongruent, wenn sich verbale und nonverbale Informationen nicht widersprechen. Schließlich hat sich der Sprecher rückzuversichern, dass seine Botschaft so verstanden wurde, wie sie gemeint war.

Auf der anderen Seite ist es Aufgabe des Zuhörers, den Inhalt einer Botschaft zunächst ohne Wertung zu paraphrasieren, d. h. sie in seinen eigenen Worten wiederzugeben und sich beim Sprecher über die Richtigkeit des Verständnisses zu versichern. Schließlich sollte der Zuhörer seine Interpretation der Botschaft mitteilen, und Sprecher und Zuhörer sollten so lange verhandeln, bis eine Bedeutungsübereinstimmung erreicht ist. Erst dann hat man sich verstanden.

Der *Aufbau eines Vertrauensklimas* ist eine weitere bedeutsame Voraussetzung für die gelingende Kooperation. Grundlage für jede kooperative Zusammenarbeit ist die Bereitschaft aller Teilnehmenden, ihre Informationen und Ideen miteinander zu teilen. Damit offenes Darlegen und Teilen möglich ist, müssen sich alle auf Akzeptanz und Unterstützung und auf die kooperativen Zielsetzungen der Gruppe verlassen können. Muss ein Gruppenmitglied hingegen damit rechnen, dass ihm seine Ideen »weggenommen« oder dass seine Beiträge abwertend behandelt werden, so ist vertrauensvolles Teilen von Ideen und Meinungen unmöglich.

Fähigkeiten der Gruppenführung sollten möglichst alle Mitglieder besitzen, denn Führungsaufgaben gibt es auf ganz unterschiedlichen Ebenen. Auf der einen Seite muss die Bewältigung einer gemeinsamen Aufgabe sachorientiert vorangetrieben, auf der anderen Seite der Zusammenhalt der Gruppe sichergestellt werden. Daraus ergeben sich eine Reihe von aufgaben- und beziehungsbezogenen Führungsanforderungen, die je nach Situation mehr oder weniger vorherrschend sein können. Zu den wichtigsten Aufgaben der Gruppenführung gehören zunächst einmal die Diagnose und Festlegung der notwendigen Arbeitsschritte und die zielführende Bereitstellung und Verwendung der Ressourcen unterschiedlicher Gruppenmitglieder, je nach ihren Befähigungen. Führungsaufgaben können im Idealfall abwechselnd von allen Mitgliedern der Gruppe übernommen werden. Nur dadurch wird gewährleistet, dass sich alle aktiv am Gruppenprozess beteiligen und dass die Bindung des einzelnen an die Gruppe und an ihre Ziele wächst.

Ein *konstruktiver Umgang mit Kontroversen* ist ebenfalls wichtig, damit Kooperation funktionieren kann. Das Auftreten unterschiedlicher Meinungen und Ansichten ist nicht nur unvermeidlich, sondern geradezu konstitutiv und ein besonderer Vorteil des Arbeitens in Gruppen. Oft kommt es erst durch gegensätzliche Standpunkte überhaupt zu tieferen Einsichten oder zu komplexen Problemlöseprozessen (▶ Kap. 5.1). Damit Kontroversen zu Klärungsprozessen führen und nicht in Gewinn-Verlust-Bilanzen ausarten, sind allerdings bestimmte soziale Kompetenzen notwendig. Dazu gehört die Fähigkeit, vorübergehend die Perspektive eines Gegenübers einzunehmen, um so zu verstehen, wie er oder sie zu seinen/ihren Ansichten und Gefühlen kommt. Dazu gehört auch, dass Kritik stets ideen- und nicht personenbezogen geäußert wird. Bevor vorschnell nach Kohärenzen und Übereinstimmungen unterschiedlicher Sichtweisen geschaut wird, sollten zunächst möglichst alle Standpunkte exploriert werden. Unterschiedlichkeit und Integration von Ideen und Lösungsansätzen sind dabei als notwendige Prozessphasen auf dem Weg zu einer endgültigen Problemlösung aufzufassen und nicht als hinderliche Umwege.

In Tabelle 3.3 sind die kooperativen Fähigkeiten zusammenfassend dargestellt und beschrieben.

Tab. 3.3: Kooperative Fähigkeiten nach Johnson und Johnson (1987, S. 109ff.)

Dimension	Beschreibung
I. Kommunikation	• klare und eindeutige Mitteilung von Ideen und Gefühlen • vollständige und spezifizierte Botschaften • Kongruenz sprachlicher und nichtsprachlicher Botschaften • Rückmeldung über Empfang von Nachrichten einfordern • möglichst genaue Paraphrasierung des Nachrichteninhalts • Beschreibung des Eindrucks des Empfängers von den Gefühlen des Senders • Interpretation der Nachricht des Senders und Aushandeln der Bedeutungsübereinstimmung
II. Aufbau und Durchhalten eines Vertrauensklimas	• offenes Darlegen von Informationen • Ideen teilen • Akzeptanz • Unterstützung • kooperative Absichten
III. Gruppenführung	• Diagnose der notwendigen Arbeitsschritte • Flexibilität im Hinblick auf situative Anforderungen • Einsatz nach Stärken der Gruppenmitglieder • jeder kann Führungsaufgaben übernehmen
IV. Behandlung von Kontroversen	• Kontroversen als Klärungsprozesse, nicht als Gewinn-Verlust-Bilanzen • Kontroversen ideenbezogen, nicht personenbezogen • Prozesshaftigkeit von Problemlösungen • Perspektivwechsel – Übernahme der Sicht des anderen zum besseren Verständnis des anderen Bezugsrahmens

Forschungsergebnisse

Smith, Johnson und Johnson (1981) kritisieren, dass im traditionellen Schulunterricht Kontroversen oftmals vermieden und unterdrückt würden. In einer Untersuchung mit Schülerinnen und Schülern der sechsten Klassenstufe hat sich gezeigt, dass das Zulassen und Austragen von inhaltlichen Kontroversen in kooperativen Lerngruppen sowohl bei den leistungsstarken als auch bei den leistungsschwächeren Lernern zu besseren Leistungen führt als das vorschnelle Hinarbeiten auf einen Konsens. Weiterhin berichten die Autoren von einem positiven Effekt der (konstruktiven) Kontroversen auf die Entwicklung der Fähigkeit, sich gegenseitig akzeptieren und unterstützen zu können.

3.2 Förderung kooperativer Fähigkeiten

> »We are not born instinctively knowing how to interact effectively with others. Interpersonal and small group skills do not magically appear when they are needed. Students must be taught the social skills required for high quality collaboration and be motivated to use them if cooperative groups are to be productive«. (Johnson & Johnson, 1994, S. 90)

Johnson und Johnson machen auf eine besondere Herausforderung beim kooperativen Lernen aufmerksam. Kooperative Fähigkeiten sind sowohl Ziel als auch Voraussetzung erfolgreichen kooperativen Arbeitens. Daraus ergibt sich die Frage, ab welchem Alter Kinder kooperativ lernen können und welche kooperativen Fähigkeiten ihnen wie vermittelt werden sollten. Lehrkräfte höherer Klassenstufen schrecken vielleicht vor dem Einsatz kooperativer Methoden in ihrem Unterricht zurück, weil ihre Schülerinnen und Schüler noch nicht gelernt haben zu kooperieren. Die Lehrkräfte unterer Klassenstufen wiederum sind unsicher, ob ihre Kinder überhaupt schon in der Lage sind, selbstständig zu lernen und sich dabei wechselseitig zu helfen. Studien, die die Entwicklung kooperativer Fähigkeiten bei jungen Schülerinnen und Schülern untersuchen und Klärung bringen könnten, sind aber sehr selten (vgl. Slavin, 1995). Einige Forschungsergebnisse können jedoch belegen, dass die Entwicklung kooperativer Fähigkeiten bereits von der ersten Klassenstufe an unterstützt werden kann: Indem die Lehrpersonen ihre Wertschätzung kooperativen Verhaltens zum Ausdruck bringen und gezielt kooperative Methoden einsetzen.

Forschungsergebnisse

Solomon, Watson, Delucchi, Schaps und Battistich (1988) setzten in amerikanischen Grundschulen ein auf fünf Jahre angelegtes Förderprogramm ein, um die prosoziale Entwicklung der Kinder zu fördern. Dem kooperativen Lernen kam dabei eine besondere Bedeutung zu. Denn die Kinder sind in der Grundschule erstmals Teil einer größeren sozialen Gemeinschaft, in der soziale Werte vermittelt und gleichzeitig erlebt werden. So haben sie Gelegenheit, ihre sozialen Kompetenzen zu erproben, über deren Notwendigkeit zu reflektieren und ein Verständnis für Gefühle, Situationen und Perspektiven der Mitschülerinnen und Mitschüler zu gewinnen.

Das Förderprogramm setzte sich aus fünf Komponenten zusammen, und zwar (1) aus der Unterstützung hilfreicher Aktivitäten, (2) aus der Betonung prosozialer Werte, (3) aus einer gezielten Förderung sozialen Verstehens, (4) aus einer Förderung der individuellen Entwicklung sowie (5) aus einer Verwendung kooperativer Lernformen. Das Programm wurde in drei Grundschulen eingesetzt, in drei weiteren Schulen wurde die Entwicklung der prosozialen Kompetenzen der Schulkinder ebenfalls verfolgt – ohne dass die Kinder an einem solchen Programm teilgenommen hätten (Kontrollgruppen). Zur Überprüfung der Wirksamkeit des Förderprogramms wurden die Lehrkräfte und die Schulkinder über einen Zeitraum von fünf Jahren beobachtet und befragt.

Für die sozialen Interaktionen unter den Kindern, die an dem Förderprogramm teilnahmen, hat sich gezeigt, dass sie häufiger durch ein unterstützendes, freundliches und prosoziales Verhalten geprägt waren als in den Kontrollklassen. Aber nicht nur im beobachtbaren Sozialverhalten konnten Unterschiede zwischen den Kindern in den Programm- und Kontrollschulen festgestellt werden. Die Kinder der Programmschulen entwickelten auch ein größeres Bewusstsein für den Wert von Kooperation. Dies lässt sich aus den Befragungen der Kinder der dritten Klassenstufe folgern. Die Kinder der Programmschulen gaben viel häufiger an, mit anderen besser lernen zu können als allein, dass sie gerne mehr darüber lernen würden, wie man in Gruppen arbeitet, und dass es Spaß mache, sich gegenseitig bei Problemen oder beim Aufspüren und Korrigieren von Fehlern zu helfen. Befragt, warum man eigentlich in Gruppen arbeiten solle, gaben die Programmkinder häufiger an, dass man so besser »auf das spätere Leben« vorbereitet sei. Sowohl in den Programm- als auch in den Kontrollschulen schätzten die Schülerinnen und Schüler an der Gruppenarbeit die Gelegenheit zum miteinander Reden und die Möglichkeit, von den Ideen der Mitschülerinnen und Mitschüler profitieren zu können.

Keine Frage, neben der Wissensvermittlung ist die Förderung kooperativer Arbeits- und Verhaltensweisen der Schülerinnen und Schüler ein wichtiges Ziel des schulischen Unterrichts. Dabei sind fachliche und soziale Zielsetzungen des Unterrichts nicht voneinander unabhängig. Bereits im Grundschulalter ist es möglich, durch die Anwendung kooperativer Instruktionsformen die Entwicklung des kooperativen Arbeitens und des Miteinanders zu fördern und, wie in Kapitel 5.1 nachzulesen ist, gleichzeitig die Lernleistungen zu steigern. Für Lehrerinnen und Lehrer stellt sich nun die Frage nach geeigneten Methoden des kooperativen Lernens, um die positive Interdependenz und individuelle Verantwortlichkeit zu realisieren. Über kooperative Unterrichtsmethoden und wie diese im Unterricht eingesetzt werden können, informiert das vierte Kapitel. Zuvor wollen wir uns der Frage zuwenden, worauf es bei einem gelingenden Unterricht überhaupt ankommt – und zwar ganz unabhängig von den ausgewählten Unterrichtsmethoden.

3.3 Dimensionen der Unterrichtsqualität

Kooperatives Lernen ist kein Selbstläufer, um effektive Lernprozesse auszulösen. Vielmehr muss beim kooperativen Lernen, wie auch bei jedem anderen Unterricht, auf die Dimensionen der Unterrichtsqualität geachtet werden. Dazu zählen: (1) die kognitive Aktivierung und (2) die konstruktive Unterstützung der Schülerinnen und Schüler sowie (3) eine stringente Klassenführung (Gold, 2015).

Kognitive Aktivierung

Bei der kognitiven Aktivierung geht es um die Frage, in welchem Maße es der Lehrperson gelingt, durch ihr Handeln verständnisvolle Lernprozesse bei den Lernenden auszulösen. Nur ein Unterricht, der die Lernenden zum Denken herausfordert, ist erfolgreich. Gold (2015) bringt es in seiner Monographie »Guter Unterricht« auf den Punkt: Lernen ist Denken! Jedenfalls gilt dies für den weit überwiegenden Teil des schulischen Lernens, wobei die Aktivierung des Denkens auf sehr vielfältige Weise erreicht werden kann. Denn es gibt ganz unterschiedliche methodische Vorgehensweisen, um eine kognitive Aktivierung auszulösen. Um Missverständnissen vorzubeugen: Es geht hierbei um kognitive (mentale) Aktivitäten im Sinne einer gedanklich-aktiven Auseinandersetzung mit dem Lernstoff und nicht um die beim Lernen (oftmals ebenfalls) sichtbaren verhaltensbezogenen Aktivitäten, also etwa das konkrete Handeln beim selbsttätigen Experimentieren z. B. zum Thema »Sinken und Schwimmen« im Sachunterricht.

> **Merke:** Kognitive Aktivierung bedeutet, die Bereitschaft der Lernenden zu wecken, sich aktiv mit dem Lerngegenstand auseinanderzusetzen, selbstständig Verbindungen zu bereits bekanntem Wissen herzustellen und gedankliche Umstrukturierungen vorzunehmen. Je nach Thema kann dies durch ganz unterschiedliche methodische Vorgehensweisen erreicht werden (Kunter & Trautwein, 2013).

Ob eine Aufgabe kognitiv aktivierend ist, hängt von den Lernvoraussetzungen der Lernenden, wie z. B. ihrem Vorwissen, ab, von den kognitiven Grundfertigkeiten, den Interessen und dem Selbstkonzept eigener Fähigkeiten. Kognitiv anregende Lernaufgaben kann man sich jedoch für Lernende auf jedem Entwicklungstand ausdenken. Alles, was das eigenständige Denken in Gang setzt, ist kognitiv aktivierend. Kognitiv anregende Aufgaben sind nicht einfach »schwierigere« Aufgaben, sondern Aufgaben, die Nachdenken und (gedankliches) Ausprobieren erfordern, um sie zu lösen. »18 : 2 = ?« ist ein Beispiel für eine kognitiv wenig aktivierende Aufgabe auf Grundschulniveau. Stellt man hingegen die Aufgabe: »Wie kannst du einen Geldbetrag von genau 31 Cent hinlegen, wenn du nur 10-Cent-, 5-Cent- und 2-Cent-Münzen zur Verfügung hast? Gib alle Möglichkeiten an und erläutere dein Vorgehen«, ist das eine kognitive Herausforderung, obgleich wiederum die Kenntnis der Grundrechenarten ausreicht, um sie zu bewältigen (nach Kunter & Trautwein, 2013). Das Beispiel zeigt, dass eine kognitive Aktivierung auch bei Kindern in der Grundschule durch entsprechend formulierte Aufgaben ausgelöst werden kann. Je intensiver sich die Lernenden mental aktiv mit dem Lerngegenstand auseinandersetzen, desto besser werden Konzepte verstanden und umso nachhaltiger ist das Lernen. Die Aufgaben dürfen aber auch nicht zu schwer sein und die Möglichkeiten der Lernenden nicht zu weit überschreiten, sonst werden Denkprozesse nicht in Gang gesetzt und die Lernmotivation und das Selbstkonzept beschädigt. Kognitiv herausfordernd und für das Wohlbefinden förderlich sind Aufgaben dann, wenn sie in der nächsten Entwicklungszone liegen, ein Begriff den Lew Wygotski eingeführt hat (▶ Kap. 5.1). Oft können solche Aufgaben nicht auf Anhieb richtig gelöst werden. Wohl aber mit entsprechender Anleitung und Unterstützung durch die Lehrperson oder kompetentere Mitlernende. Routineaufgaben, Auswendiglernen und Übungsaufgaben, die immer nach dem gleichen Routineschema oder mit bereits vorhandenem Wissen gelöst werden können, sind für kognitiv aktivierende Unterrichtsphasen nicht geeignet. Sie sind zu leicht und setzen eigentlich gar keine Denkprozesse in Gang, sondern sind eher für Übungs- oder Konsolidierungsphasen geeignet. Ein hohes Potenzial zur kognitiven Aktivierung haben nach Kunter und Trautwein (2013) hingegen Aufgaben,

- die aus mehreren Komponenten bestehen (komplexe Aufgaben),
- die nicht einfach mit abrufbarem Wissen beantwortet werden können, sondern Problemlöseprozesse erfordern,
- die es erfordern, bekannte Sachverhalte neu miteinander zu verknüpfen oder auf neue Sachverhalte anzuwenden,
- die einen kognitiven Konflikt auslösen, weil neue Informationen im Widerspruch zu bereits Bekanntem stehen,
- bei denen mehrere Lösungen richtig sein können,
- bei denen die Lernenden ein mentales Bild aufbauen und einzelne Elemente des Bildes ergänzen müssen,
- die an eigene Erfahrungen anknüpfen,
- zu deren Lösung bereits vorhandene Konzepte nicht ausreichen und erweitert werden müssen,
- zu deren Lösung nicht alle Informationen vorliegen, sondern von den Lernenden selbst gefunden werden müssen.

Komplexe und herausfordernde Aufgabenstellungen müssen jedoch auch entsprechend implementiert werden, um die Denkprozesse bei den Lernenden anzustoßen. Es macht keinen Sinn, wenn eine komplexe Aufgabe in Teilaufgaben zerlegt und der Lösungsweg kleinschrittig und anschaulich von der Lehrperson an der Tafel dargestellt wird. Vielmehr sollen die Lernenden angeregt werden, sich selbstständig, engagiert und aktiv mit den Aufgaben auseinanderzusetzen. Einen geeigneten Rahmen dafür bieten die in Kapitel 4 beschriebenen kooperativen Instruktionsformen. Sie bieten, in unterschiedlichem Ausmaß, die Möglichkeit zur selbstständigen und aktiven Auseinandersetzung mit den Aufgaben: Durch das wechselseitige Erklären und Fragen, das Aufdecken und Beseitigen von Unklarheiten, durch das Begründen und Überprüfen von Aussagen und Meinungen und gegebenenfalls durch das Verwerfen und Erneuern von Lösungsvorschlägen und Meinungen und schließlich durch die gemeinsame Reflexion über den Lernprozess. Aber wie gesagt: Nicht nur die Instruktionsform muss kognitive Aktivitäten zulassen, sondern auch die Aufgabenstellungen müssen das nötige Potenzial zur kognitiven Aktivierung beinhalten! Und andersherum sind komplexe Aufgaben, die einfache Antworten nicht zulassen, ebenfalls eine unbedingte Voraussetzung für die produktive kooperative Arbeit. Sie sind notwendig, damit die Lernenden überhaupt in Interaktion treten, um Unklarheiten zu klären, Fragen zu beantworten und wechselseitig Informationen auszutauschen (Cohen, 1994). Solche Aufgabenstellungen für den kooperativen Unterricht zu entwerfen, ist anfangs sicher nicht ganz einfach. Viele Fragen müssen geklärt werden:

- Was sind spannende und herausfordernde Themen?
- Wie komplex darf die Aufgabenstellung sein?
- Wie können Teilaufgaben formuliert werden, ohne die Komplexität des Themas zu sehr zu reduzieren?
- Wie schwierig dürfen die Texte sein?
- Müssen die Materialien inhaltlich kohärent sein oder dürfen sie auch Widersprüche beinhalten?
- Wie genau muss die Arbeitsanweisung sein, ohne die Lernenden zu sehr zu gängeln?
- Wie spezifisch dürfen die Fragestellungen sein, um die Lernenden nicht unnötig einzuschränken?
- Wie viel Unterstützung brauchen die Lernenden bei der selbstständigen Arbeit?

Einige dieser Fragen können erfahrene Lehrpersonen sicherlich problemlos für sich klären. Andere Fragen müssen für den kooperativen Unterricht neu durchdacht werden. Bei den darbietenden Unterrichtsmethoden lassen sich Korrekturen bei der Unterrichtsplanung (Adaptationen) sehr viel leichter vornehmen als bei einer kooperativen Unterrichtseinheit. Hier hilft oft nur Ausprobieren und dabei Erfahrungen sammeln. Auch wenn es anfangs noch nicht ganz so funktioniert, wie Sie es sich vorstellen, bleiben Sie dran! Die empirischen Forschungsergebnisse bestätigen die Wirksamkeit kooperativen Lernens (▶ Kap. 5). Bei der kognitiven Aktivierung kommt es selbstverständlich auch auf das richtige Maß an. Lernende brauchen genügend Zeit zum Üben und Wiederholen, um neu Gelerntes zu festigen und um Wissenselemente langfristig im Langzeitgedächtnis zu speichern.

Unterrichtsbeispiel

Tom besucht die fünfte Klasse und hat sich in einer kooperativen Kleingruppe mit fünf anderen Kindern Expertenwissen zum Thema »Winkel messen« angeeignet. Nun kommt Tom mit anderen Kindern zusammen, die sich zuvor in anderen Kleingruppen auf anderen Teilgebieten der Geometrie (Orthogonalität, Parallelität, Abstand und Winkelzeichnen) Expertenwissen angeeignet haben. Er erklärt ihnen, was er über das Winkelmessen weiß, und bekommt dafür im Gegenzug die Inhalte der anderen Teilbereiche vermittelt. Zum Schluss bekommt Toms Gruppe eine komplexe Aufgabe vorgelegt, die nur mit dem gesamten Expertenwissen gelöst werden kann: *Wo ist die ISS?*

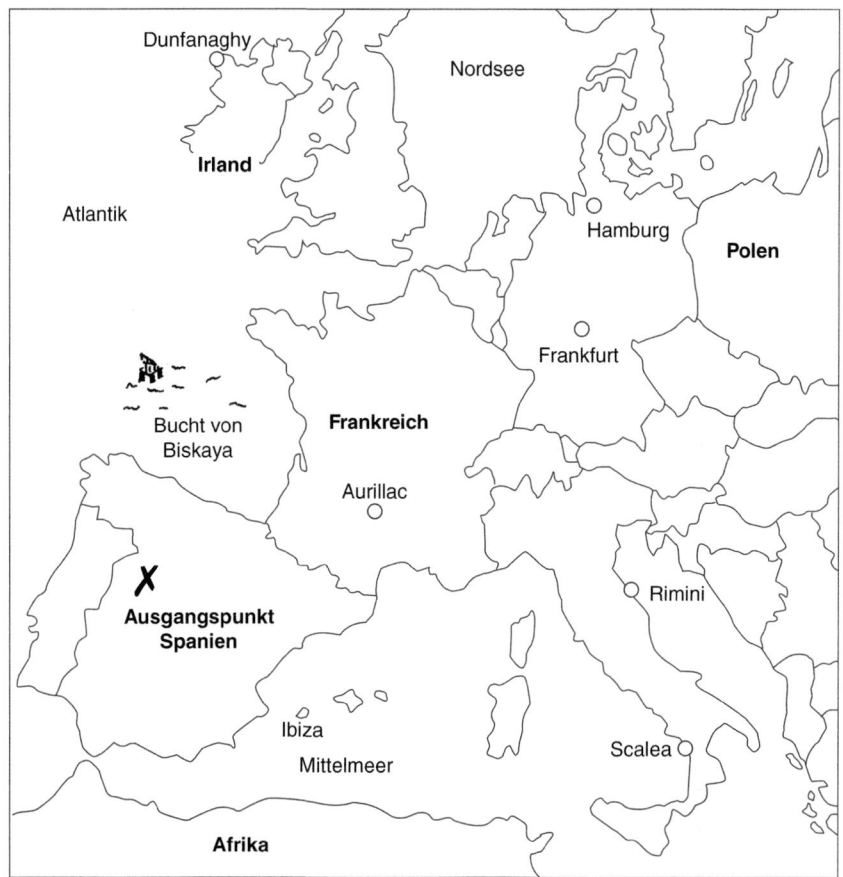

Abb. 3.2: Europakarte

Auf der Umrisskarte von Europa könnt ihr den Ort finden, von dem aus die Internationale Raumstation (ISS) am 14. Oktober 2014 um 19:32:12 MESZ zu sehen ist. Um den richtigen Ort zu finden, müsst ihr euch an folgende Anweisungen halten: Geht vom Ausgangspunkt in Spanien in Richtung Scalea, im Süden von Italien. Zieht hierzu eine Gerade, die durch beide genannten Punkte geht. Orthogonal zu dieser ersten Geraden müsst ihr eine zweite Gerade zeichnen, die genau durch Ibiza verläuft. Wenn ihr dieser Geraden Richtung Norden folgt, stoßt ihr auf einen Ort in Frankreich. Dort angelangt, zeichnet ihr eine Gerade senkrecht Richtung Südosten, bis ihr auf einen Ort an der italienischen Adriaküste stoßt. Am Ufer angekommen dreht ihr euch um 147° nach links und zieht eine Gerade in Richtung Nord-West. Sobald ihr auf diesem Weg den Punkt erreicht, der den geringsten Abstand zur Bohrinsel in der Bucht von Biskaya hat, müsst ihr eine neue Gerade zeichnen. Diese soll parallel zu der Geraden zwischen den Orten in Frankreich und der Adriaküste verlaufen. Zieht die Gerade in südöstliche Richtung, bis zu dem Punkt mit dem geringsten Abstand nach Hamburg. Nun müsst ihr eine Gerade, deren Länge diesem Abstand entspricht, einzeichnen, aber nicht in Richtung Hamburg. Die Richtung findet ihr, indem ihr den Winkel vom Ausgangspunkt, Hamburg (Scheitelpunkt) und Scalea messt und euch um genau so viel Grad nach rechts dreht. Dort ist der Beobachtungsort. Viel Erfolg!

Tom war ganz aufgeregt und hoch motiviert, als er die Aufgabe bekommen hat. Das Thema Raumfahrt interessiert ihn sehr. Vor allem seit der deutsche Geophysiker und Astronaut Alexander Gerst an Bord der ISS lebt. Er hat schon viele Berichte dazu im Fernsehen gesehen. Was er aber nicht wusste, war, dass man die ISS bei gutem Wetter auch von der Erde aus sehen kann. Nun war er gespannt, ob es ihm gelingen würde den Beobachtungsort zu finden. Die Erarbeitung seines Teilbereichs »Winkel messen« war für Tom nicht ganz leicht gewesen, aber die Möglichkeit zum Nachfragen und die Diskussionen innerhalb der Expertengruppe hatten ihm geholfen, die Inhalte letztendlich gut zu verstehen. Als er das »Winkel messen« den anderen Kindern vermitteln musste, kamen viele Nachfragen. Um sie zu beantworten, musste er immer wieder nach anderen Formulierungen und weiteren Beispielen suchen. Das hat ihm dabei geholfen, sein Expertenthema noch besser zu durchdringen und zu vertiefen. Auch er hatte viele Fragen an die anderen, bis er alle Teilbereiche der Geometrie verstanden hatte. Die Suche nach dem Ort war dann aber trotzdem noch ganz schön schwer. Hin und wieder musste er bei den anderen Experten seiner Gruppe noch einmal etwas nachfragen. Dann hat Tom mit seiner Gruppe den richtigen Ort aber endlich gefunden.

Das Beispiel zeigt, wie unterschiedlich kognitive Aktivierung realisiert werden kann, hier durch eine sinnvolle Kombination von Instruktionsform und Aufgabenstellung. Bei der Arbeit im Gruppenpuzzle (die Methode wird im 4. Kapitel im Detail beschrieben) werden die Lernenden bei der Problemklärung, bei der Beantwortung von Fragen, bei der Diskussion über unterschiedliche Sichtweisen und schließlich bei der wechselseitigen Vermittlung der Teilthemen herausgefordert, über die fachlichen Inhalte zu kommunizieren. Die Schülerinnen und Schüler setzen sich dabei viel intensiver und vielfältiger mit den Inhalten auseinander, als wenn es die Lehrperson (nur) erklärt und als wenn sie anschließend (nur) Arbeitsblätter bearbeiten. Sind die Lernenden unter sich, fällt es ihnen auch leichter nachzufragen, wenn sie etwas nicht verstanden haben. Sie müssen sich vor der Lehrperson keine Blöße geben. Die kooperative Arbeit kann erst dann ihr volles Potenzial entfalten, wenn ansprechende und herausfordernde Aufgaben gestellt werden. Können die Schülerinnen und Schüler die Aufgaben mit ihrer eigenen Lebenswelt verknüpfen, bleiben sie vermutlich auch viel eher bei der Sache, auch wenn es mal schwierig wird. Tom wollte auf jeden Fall den richtigen Ort finden, um die ISS vielleicht selbst beobachten zu können. Um das Ziel zu erreichen, musste er alle Teilaufgaben richtig lösen. Bei einem Arbeitsblatt mit unzusammenhängenden Teilaufgaben ist das nicht unbedingt nötig.

Konstruktive Unterstützung

Während Aspekte der kognitiven Aktivierung die Interaktion zwischen den Lernenden und dem Lernstoff beschreiben, behandelt die konstruktive Unterstützung die Art der Interaktionen zwischen den Lernenden und der Lehrperson. »So viel kognitive Aktivierung wie möglich – so viel konstruktive Unterstützung wie nötig!« ist in Bezug auf das Zusammenspiel dieser beiden Qualitätsdimensionen oftmals gefordert worden. Konstruktive Unterstützung umfasst die Aspekte

- Empathie,
- Wertschätzung und
- Anerkennung.

Das bedeutet, dass eine Lehrperson eine freundliche, geduldige und positive Beziehung zu den Lernenden pflegen, genügend Zeit bei der Bearbeitung der Aufgaben einräumen sowie Geduld und Toleranz bei Fehlern zeigen sollte. Sie sollte jederzeit aufmerksam und ansprechbar sein für die motivationalen, die emotionalen und die kognitiven Schwierigkeiten der Lernenden. Lernende, die diese Unterstützung erfahren, fühlen sich wohl und unterstützt und lernen leichter. Empathie, Wertschätzung und Anerkennung fördern das Autonomieerleben der Lernenden und sind damit Indikatoren für eine motivationsförderliche Lernumgebung im Sinne der Selbstbestimmungstheorie (▶ Kap. 5.1).

> **Merke:** Konstruktive Unterstützung beschreibt das Ausmaß und die Qualität, in denen die Lehrenden den Lernenden bei (Verständnis-) Schwierigkeiten helfen und die Lernprozesse begleiten. Die Unterstützung soll letzten Endes helfen, die Lernenden als selbstständige Personen zu stärken und das eigenständige Lernen zu fördern (Kunter & Trautwein, 2013).

Das alles mag auf den ersten Blick nur wenig konkret erscheinen, zielt es zu einem großen Teil doch auf die innere Einstellung der Lehrpersonen ab. An drei Aspekten wird jedoch deutlich gemacht, wie konstruktive Unterstützung im Unterricht konkret umgesetzt werden kann (Gold, 2015; Kunter & Trautwein, 2013):

- die Art, wie Rückmeldungen gegeben werden,
- der Umgang mit Fehlern und
- das Tempo des unterrichtlichen Vorgehens.

Rückmeldungen

Lehrpersonen geben im Unterricht ständig Rückmeldungen, entweder an die gesamte Lerngruppe oder an einzelne Lernende, um das Lernen zu unterstützen. Rückmeldungen haben aber nicht per se eine positive Auswirkung auf die Lernleistungen und die Lernmotivation. Es hängt viel von der Art der Rückmeldungen

45

ab, ob Lernprozesse mehr oder weniger gut durch die Rückmeldungen unterstützt werden. Es kommt eben nicht nur darauf an, *ob* sondern vor allem *wie* die Lernbemühungen und die erbrachten Leistungen der Lernenden kommentiert werden. Dabei spielen neben Merkmalen der Rückmeldung auch Merkmale des Kontexts und der Lernenden eine Rolle, um festzustellen, ob sich eine lernförderliche Wirkung einstellt oder eben nicht. Mit anderen Worten: Die Angelegenheit ist äußerst komplex und die empirischen Befunde sind nur auf den ersten Blick einheitlich (Gold, 2015; Lipowsky, 2015). Deshalb wird auf eine wissenschaftliche Vertiefung der Thematik an dieser Stelle verzichtet und einer pragmatischen Betrachtungsweise der Vorzug gegeben.

In der einfachsten Form enthält eine Rückmeldung die Information, ob eine Lösung richtig oder falsch war. In einer etwas anspruchsvolleren Form enthält eine Rückmeldung zusätzliche Erklärungen oder Hinweise auf grundlegende Prinzipien der Aufgabenlösung. Beide Formen der Rückmeldung führen im Idealfall zu weiteren Lernanstrengungen, geben aber nur Auskunft über das Lernergebnis und nicht über den Lernprozess, der zu einem Ergebnis geführt hat. Rückmeldungen, die sich auf die Qualität von Lernprozessen beziehen, sind im Allgemeinen anspruchsvoller und informationshaltiger. Sie sollten Anregungen zur Selbstregulation enthalten, damit sie auch auf der Ebene der Handlungssteuerung wirksam werden können, wie es z. B. bei Reflexionsgesprächen über den kooperativen Arbeitsprozess der Fall ist. Damit ist gemeint, dass die Lehrperson den Lernenden auch Hilfestellungen gibt, wie sie ihre zukünftige Arbeit gestalten können, um erfolgreich zu lernen.

Hilfreiche Rückmeldungen sind nach Hattie und Timperley (2007) möglichst informationshaltig und beziehen sich auf drei Aspekte:

1. Auf die Ziele einer Lernsituation (»Was ist das Ziel?«),
2. Auf den aktuellen Zustand und auf mögliche Diskrepanzen zur Zielvorstellung (»Was ist Stand der Dinge?«),
3. Auf die notwendigen Hilfestellungen zur Erreichung des Ziels (»Was ist als Nächstes zu tun?«).

Feedback sollte sich also auf Lösungsvorschläge und auf Lösungsprozesse beziehen und darauf, inwieweit diese für ein angestrebtes Lernziel funktional sind. Feedback über die Person selbst (also über den Lernenden) sollte man, wenn überhaupt, nur konstruktiv formulieren, das heißt, es sollten eher positive als negative Aspekte angesprochen werden und vor allem solche, die prinzipiell veränderbar sind.

• Geben Sie aufgabenbezogene Rückmeldungen!
• Loben sie nur die tatsächlichen Lernleistungen und -anstrengungen!
• Das Lob muss in Relation zu einem Lernziel, zu einem vorausgegangenen Leistungsstand und zu den individuellen Lernfähigkeiten eines Lernenden stehen!

Vermeiden Sie:

- Ein Lob ohne aufgabenbezogene Informationen (Beispiel: Super!),
- Allzu elaborierte Rückmeldungen nach der Bewältigung sehr einfacher Aufgaben,
- Selbstwertverletzende Rückmeldungen (»Das war jetzt aber nicht sehr schlau!«).

Der Umgang mit Fehlern

Rückmeldungen der Lehrpersonen an die Lernenden beziehen sich häufig auf unzureichende oder fehlerhafte Antworten. Fehler machen gehört zum Lernen – niemand macht immer gleich alles auf Anhieb richtig. Das gilt für das Erlernen motorischer Fertigkeiten wie dem Fahrrad- oder Autofahren genauso wie für das kognitive Lernen, z.B. den richtigen Grammatikgebrauch. Fehler sind nicht etwa unnütz, sondern enthalten wertvolle Informationen. Nämlich das Wissen darüber, wie etwas nicht funktioniert. Fritz Oser nennt dies »negatives Wissen« (Oser & Spychiger, 2005). Es hilft, um zu der Erkenntnis zu gelangen, wie etwas richtig geht, und trägt dazu bei, dass wir nicht in beschämender und vielleicht sogar schmerzhafter Weise dieselben Fehler immer wieder machen müssen. Wenn Sie beispielsweise bei einer steilen Abfahrt in einer Kurve mit dem Fahrrad stürzen, hilft Ihnen das so gewonnene Erfahrungswissen, die Kurve beim nächsten Mal etwas langsamer zu nehmen. Auch durch Fehler anderer, wenn z.B. der vorausfahrende Teampartner gestürzt ist, können Sie etwas lernen. Immer vorausgesetzt natürlich, dass Sie die Situation richtig analysieren und sich über das Zustandekommen des Fehlers Gedanken gemacht haben. Insofern stimmt die alte Weisheit: Aus Fehlern wird man klug!

Beim schulischen Lernen ist die Sache nicht ganz so eindeutig. Hier bietet es sich an, zwischen Lern- und Leistungssituationen zu unterscheiden, wenn man über die Funktionalität von Fehlern spricht (Weinert, 1999). Bei der Erarbeitung neuer Themen in kooperativen Arbeitsgruppen handelt es sich beispielsweise um eine Lernsituation. Fehler sind dort funktional, weil sie zum Erwerb neuen (negativen) Wissens beitragen können. Bei einer Klassenarbeit oder Klausur handelt es sich hingegen um eine Leistungssituation, bei der es darum geht, das eigene Wissen möglichst fehlerfrei dazustellen und unnötige Fehler zu vermeiden. Auch wenn es sich manchmal gar nicht so genau unterscheiden lässt, ob es sich um eine Lern- oder Leistungssituation handelt, sollte in Lernsituationen ein fehlerfreundliches Klima vorherrschen.

Forschungsergebnisse

In 50 Schulklassen wurden die unterschiedlichen Fehlerkulturen mittels Videoanalysen erfasst (Meyer, Seidel & Prenzel, 2006). Die Auswertungen zeigten, dass es in nahezu allen Klassen zu Situationen kam, in denen sich einzelne Schüler ängstlich oder beschämt verhalten haben, nicht nur in Leistungs-, sondern auch in Lernsituationen. Ängstlich waren sie vor allem, wenn sie zu einer Antwort aufgefordert wurden, ohne sich zuvor gemeldet zu haben. Und um der Gefahr einer Beschämung zu begegnen, haben sie sich nur dann freiwillig im Unterricht geäußert, wenn sie sich ihrer Antwort recht sicher waren. Nicht nur die leistungsschwächeren Schüler leiden unter einem durch Angst und Beschämung beherrschten Unterrichtsklima. Relativ selten kam es übrigens zu explizit verächtlichen (und negativen) Reaktionen der Klasse auf fehlerhafte Äußerungen von Mitschülern.

Ziel sollte es sein, eine positive, eine »fehlerfreundliche« Lernkultur zu entwickeln (Kunter & Trautwein, 2013). Das bedeutet, dass Fehler als natürliche Bestandteile von Lernprozessen betrachtet werden. Keinesfalls ist damit gemeint, dass der Unterricht so gestaltet und geführt werden sollte, dass man kaum noch Fehler machen kann. Ganz im Gegenteil fordern Oser und Spychiger (2005) zu einer »Fehlerermutigungsdidaktik«, statt zu einer »Fehlervermeidungsdidaktik« auf:

- Fragen und Probleme stellen, die Fehler zulassen
- Fehler nicht ignorieren
- Lernende, die Fehler machen, nicht bloßstellen
- Fehlerbereitschaft der Lernenden fördern
- Fehler konstruktiv nutzen
- Korrekturen und Repetitionsmöglichkeiten anbieten

Methoden der Partner- oder Gruppenarbeit bieten gute Voraussetzungen für eine fehlerfreundliche Didaktik. Beim selbstständigen Lernen Fehler zu machen, ist nicht unwahrscheinlich. Die Diskussionen in den Dyaden oder Gruppen helfen jedoch, die Fehler aufzudecken, da die individuellen Denkprozesse öffentlich und Widersprüche zu der Meinung des Partners oder der Gruppe aufgedeckt werden. Sind die Fehler erst einmal öffentlich, kann ein Diskurs einsetzen, um die Fehler zu analysieren und neue Erklärungen zu geben bzw. den richtigen Lösungsweg zu finden. Damit die Fehler der Lernenden nicht zu Scham und Angst, sondern zu Erkenntnissen führen, ist eine positive Fehlerkultur Voraussetzung.

Im Unterricht

Fehler zuzulassen, ist nicht ganz leicht. Bei Diskussionen in kooperativen Arbeitsgruppen wird offenbar, was die Lernenden denken, wie sie Inhalte bewerten und interpretieren, wie sie neue Informationen mit alt Bekanntem verknüpfen und an welchen Stellen ihnen noch Unklarheiten und Fragen bleiben. Für Lehrpersonen ist es wichtig und aufschlussreich, den Diskussionsprozess zu beobachten und zu reflektieren, um den weiteren Unterrichtsverlauf danach auszurichten. Was aber passiert, wenn Fehler offenbar werden? Soll die Lehrperson eingreifen und die Sachverhalte richtigstellen oder einfach nur auf den Fehler hinweisen? Wird nicht der Interaktionsprozess unter den Lernenden gestört, wenn die Lehrperson eingreift? Wie groß ist die Gefahr, dass die Fehler unter den Lernenden auch noch weitervermittelt werden? Als wir in unserer Arbeitsgruppe zum kooperativen Lernen damit anfingen, die Gruppenpuzzlemethode in Hochschulseminaren zu erproben, hatte ich die Aufgabe, die kooperativen Gruppen bei der Erarbeitung psychologischer Themen zu betreuen. Ich konnte beobachten, wie eine Gruppe die vorgegebenen Texte falsch interpretierte und sich bei der Diskussion in eine falsche Richtung bewegte. Meine Aufgabe war es, den kooperativen Arbeitsprozess zu unterstützen, nicht aber die inhaltlichen Fehler zu korrigieren und dadurch die Verantwortung für den Lernprozess zu übernehmen. Diese Verantwortung sollte bei den Studierenden bleiben. Inhaltlich nicht eingreifen zu dürfen, den Fehler nicht korrigieren zu dürfen und den Studierenden nicht helfen zu dürfen, den inhaltlich »rechten« Weg zu finden, also »Fehlertoleranz« zu entwickeln, war nicht leicht. Noch heute, fast zwanzig Jahre später, habe ich gut in Erinnerung, wie schwer es mir fiel, das Bedürfnis zu unterdrücken, die Fehler der Studierenden zu korrigieren. Ich hatte Sorge, dass alles aus dem Ruder läuft, wenn ich nicht bald eingreife. Nachdem ich noch eine Weile zugehört hatte, äußerte eine Studentin Zweifel an der Richtigkeit der inhaltlichen Interpretation der Texte und an der Richtung, in die sich die Diskussion bewegte. Die Gruppe war zunächst verwirrt, fing dann aber an, die Inhalte noch einmal aus einer anderen Perspektive zu betrachten und zu diskutieren. Ich war erleichtert. Fehler zuzulassen und die Kontrolle über den Lernprozess an die Lernenden abzugeben, sei mit das Schwierigste beim kooperativen Unterrichten, berichteten mir auch andere Lehrerinnen und Lehrer. Reflektierte praktische Erfahrungen mit kooperativen Instruktionsformen erweitern jedoch das Handlungsrepertoire von Lehrpersonen, um den Lernenden Unterstützung und Hilfe so zu geben, dass die Verantwortung für den Lernprozess bei ihnen verbleibt, z. B. indem auf Widersprüche in der Diskussion aufmerksam gemacht wird oder durch den Hinweis, einen bestimmten Absatz im Text doch noch einmal genauer anzuschauen. Weitere Handlungsoptionen für die neue Rolle der Lehrperson beim kooperativen Lernen sind in Kapitel 6 beschrieben.

Die Frage nach dem richtigen Umgang mit Fehlern beim selbstständigen und kooperativen Lernen wird häufig in meinen Seminaren oder Weiterbildungen zum kooperativen Lernen diskutiert. Die Sorge ist groß, dass fehlerhafte Konzepte unter den Lernenden weitervermittelt werden, dass der Unterricht damit »außer Kontrolle« gerät. Die Sorge ist durchaus berechtigt und es ist sicher nicht zu vermeiden, dass auch mal etwas Falsches weitergegeben wird. Nicht immer läuft es so günstig wie im obigen Beispiel. Aber ist es nicht auch so, dass Fehler in Gruppendiskussionen einfach eher zu Tage treten, als wenn die Lernenden den Unterricht für sich alleine verfolgen und ihre Gedanken nicht austauschen? Empirische Forschungsergebnisse sprechen jedenfalls dafür, dass in kooperativen Instruktionsformen mehr gelernt werden kann als im herkömmlichen Unterricht (▶ Kap. 5.1).

Das Tempo des unterrichtlichen Vorgehens

Ein wichtiger Aspekt der konstruktiven Unterstützung ist ein angemessenes Tempo des Unterrichts. Dabei ist es hilfreich Interaktions- und Vorgehenstempo voneinander zu trennen. Das *Interaktionstempo* ist die Schnelligkeit, mit der Lehrpersonen den Austausch mit den Lernenden gestalten. In Untersuchungen zum Interaktionstempo wird beispielsweise gemessen, wie viel Zeit eine Lehrperson nach einer Frage an einen Lernenden verstreichen lässt, bis sie einen anderen Lernenden aufruft oder selbst weiterredet. Die typische Wartezeit beträgt meistens weniger als drei Sekunden. Da bleibt den Lernenden nicht viel Zeit zum Überlegen, vor allem für die schwächeren Lerner wird das zum Problem. Schon eine minimale Verlängerung der Wartezeit auf drei bis fünf Sekunden führt zu mehr Beteiligung der Lernenden und qualitätsvolleren Interaktionen mit längeren und ausführlicheren Antworten. Die Lehrpersonen sollten »Langsamkeitstoleranz« entwickeln, um nicht nur das Lernen, sondern auch die Lernfreude und die Lernmotivation der Lernenden zu fördern, so der allgemeine Tenor (Gold, 2018a; Hasselhorn & Gold, 2022; Kunter & Trautwein, 2013). Allerdings ist es nicht leicht, ein Tempo zu finden, das für alle Lernenden angemessen ist, so dass für jeden Einzelnen genug Raum bleibt zum Nachdenken und für Nachfragen bei Verständnisschwierigkeiten. In heterogenen oder inklusiven Klassen verschärft sich das Passungsproblem noch. Allein eine Erhöhung der Wartezeiten wird hier nicht reichen. Wichtig ist es, die Augen vor der Heterogenität nicht zu verschließen und mit differenzierten Zielvorgaben oder unterrichtlichen Maßnahmen zu reagieren. Beispielsweise durch den Einsatz kooperativer Unterrichtsmethoden, denn hier legen die Lernenden das Interaktionstempo selbst fest. Das Problem der Wartezeiten nach Lehrerfragen in der oben beschriebenen Form stellt sich gar nicht. Beim kooperativen Lernen können sich die Lernenden die Zeit nehmen, die sie benötigen, um Antworten auf Fragen zu finden, Unklarheiten zu klären und Probleme zu lösen. Die Interaktionsqualität hängt natürlich von den kooperativen bzw. kommunikativen Fertigkeiten der Lernenden ab, die es gegebenenfalls zu trainieren gilt.

Problematischer beim kooperativen Lernen ist es, das richtige Vorgehens- oder *Durchnahmetempo* zu finden. Damit ist die Anpassung des unterrichtlichen Vorgehens und der Aufgabenschwierigkeit an die heterogenen Lernvoraussetzungen gemeint. Formal ist das Durchnahmetempo durch den Lehrplan vorgegeben, allerdings haben die Lehrpersonen durchaus die Möglichkeit, eigene Akzente zu setzen. Hier bedarf es sicherlich einiger Erfahrungen und einer guten Kenntnis der Lerngruppen, um die Zeit, die Lernende beim kooperativen Lernen benötigen, richtig einzuschätzen. Empfehlenswert ist es, schon bei der Planung zu berücksichtigen, dass manche Tandems oder Gruppen schneller arbeiten als andere und entsprechende Zusatzaufgaben oder Beschäftigungen zu formulieren.

Klassenführung

Kooperativer Unterricht setzt eine sorgfältige Vorbereitung und Planung des Unterrichtsgeschehens voraus. Gruppen müssen eingeteilt, Zeiten für einzelne Arbeitsschritte festgelegt und Materialien für die Gruppenarbeit im Vorfeld vorbereitet werden. Weiterhin ist es bei einigen Methoden notwendig, schon im Vorfeld Verfahren der Leistungsüberprüfung zu konzipieren und Formen des Feedbacks zu planen. Damit sind schon einige wichtige Aspekte einer guten Klassenführung berücksichtigt. Sie tragen dazu bei, dass Unterrichtsstörungen, Leerlauf und Langeweile weniger wahrscheinlich werden. Zur Klassenführungskompetenz von Lehrpersonen gehört aber auch, dass sie über ein Repertoire von Maßnahmen verfügen, um mit unterrichtlichen Störungen umzugehen. Wichtiger als der angemessene Umgang mit Störungen ist aber das Vermeiden von Störungen – also ein störungspräventives unterrichtliches Handeln. Wenn die Lernenden wissen, was ihre Aufgabe ist, und wenn die Inhalte für sie interessant sind, stören sie auch weniger oft den Unterricht. Das sind Merkmale effizienter Klassenführung.

Machen Sie den Lernenden deutlich, wo sie beim Lernen Unterstützung durch ihre Mitschülerinnen und Mitschüler oder durch Sie selbst erfahren können. Hier spielt die Festlegung von Regeln für die Kleingruppenarbeit eine wichtige Rolle, damit sich nach und nach eine Kultur der wechselseitigen Unterstützung entwickeln kann. Beobachten Sie die Gruppenarbeit und geben Sie bei Schwierigkeiten Tipps und Anregungen zur Weiterarbeit. Geben Sie nicht gleich die richtige Antwort, sondern nur Hinweise, wie sich die Lernenden selbst helfen und die Aufgabe lösen können. Bei Verständnisschwierigkeiten reicht manchmal schon der Hinweis an die Gruppe, einen bestimmten Textabschnitt noch einmal genauer zu lesen oder bei Meinungsverschiedenheiten in der Gruppe auf den besonderen Wert unterschiedlicher Perspektiven zu achten. Wenn Sie Arbeitsgruppen unterstützen, geben Sie damit auch ein mehr oder weniger implizites Feedback über die Arbeitsweise der Gruppe. Planen Sie jedoch auch ganz bewusst Formen des Feedbacks in den Arbeitsprozess mit ein, um mit den Schülerinnen und Schülern gemeinsam über die kooperative Zusammenarbeit in den Gruppen zu reflektieren. Dabei geht es um die Frage, was im Einzelnen die Schwierigkeiten bereitet hat und wie es das nächste Mal besser laufen könnte. Erst mit einer effizienten Klassenführung, einem ausreichenden Maß an kognitiver Aktivierung und einer hinreichenden konstruktiven Unterstützung kann sich das Potenzial kooperativer Methoden voll entfalten.

Forschungsergebnisse

Dass die drei Dimensionen der Unterrichtsqualität – die Klassenführung, die kognitive Aktivierung und die konstruktive Unterstützung – positiv auf die Entwicklung der Lernleistungen, der Interessen und der Lernfreude der Schülerinnen und Schüler wirken, konnte im Rahmen einer Längsschnittstudie mit 194 Klassen der neunten und zehnten Jahrgangsstufe empirisch nachgewiesen werden (Kunter & Voss, 2011). Aspekte der Klassenführung wirkten positiv auf die Lernleistungen und auf die Interessen der Schülerinnen und Schüler. Interessensförderlich ist auch die konstruktive Unterstützung. Das Ausmaß an kognitiver Aktivierung hat die Lernergebnisse positiv beeinflusst.

Aus den Metaanalysen von John Hattie ist bekannt, dass die Qualität der Lehrer-Schüler-Interaktionen oder das Feedback einen deutlich größeren Einfluss auf die Lernleistungen der Schülerinnen und Schüler haben als zum Beispiel der Einsatz einer konkreten Unterrichtsmethode (Hattie, 2009). Kunter und Trautwein (2013) würden im erstgenannten Fall von Tiefenstrukturen, im zweiten Fall von Sichtstrukturen der Unterrichtsqualität sprechen (vgl. auch Gold, 2015; Gold & Borsch, 2015).

3.4 Inklusion

Seit der Ratifizierung der UN-Behindertenrechtskonvention wird auch in Deutschland vermehrt gefordert, möglichst allen Schülerinnen und Schülern mit körperlichen, seelischen oder geistigen Beeinträchtigungen (oder mit Sinnesbeeinträchtigungen) Zugang zum allgemeinen Regelschulsystem zu ermöglichen. Bei der Idee eines inklusiven Unterrichts geht es aber letztendlich nicht nur um die schulorganisatorische Eingliederung von Schülerinnen und Schülern mit besonderem Förderbedarf in den Regelunterricht, sondern um die Gestaltung eines schulischen Unterrichts, an dem alle Kinder und Jugendlichen mit ihren heterogenen Lernvoraussetzungen gewinnbringend teilnehmen können. Dazu gehören im deutschen Schulsystem im Besonderen auch sozial benachteiligte sowie Kinder und Jugendliche mit Migrationshintergrund, die an Förderschulen überproportional häufig vertreten sind. Vor diesem Hintergrund kann Inklusion als ein Konzept zur Überwindung von Diskriminierung in der Schule verstanden werden. Das stellt die allgemeinbildenden Schulen vor neue und vielschichtige Herausforderungen. Die Lehrpersonen sind gefordert, neue Unterrichtskonzepte zu entwickeln, um in inklusiven Klassen unter der Voraussetzung einer (noch) größeren Heterogenität der Lerngruppe kognitive, soziale, motivationale und emotionale Lernziele zu realisieren. Hinweise zur Gestaltung inklusiven Unterrichts aus pädagogisch-psychologischer Perspektive finden Sie bei Borsch (2018). In diesem Kapitel können Sie sich einen Überblick über verschiedene Aspekte und Möglichkeiten des kooperativen Lernens im inklusiven Unterricht verschaffen.

Die Begriffe Integration und Inklusion stehen für zwei unterschiedliche pädagogische Konzepte. Bei dem bisher in einigen allgemeinbildenden Schulen in Deutschland praktizierten integrativen Unterricht wurde so vorgegangen, dass einzelne Lernende mit sonderpädagogischem Förderbedarf in spezielle Integrationsklassen aufgenommen wurden und eine möglichst weitgehende Anpassung der Integrationskinder an die Bedingungen in Regelschulen erfolgte. Das inklusive Konzept stellt eine Weiterentwicklung dar. Die Lernumwelt in Regelschulen wird so umgestaltet, dass sie die große Heterogenität aller Kinder und Jugendlichen, also über den Aspekt des sonderpädagogischen Förderbedarfs hinaus, von vornherein berücksichtigt. Alle sind besonders, deshalb müssen sich die Kinder mit besonderem Förderbedarf nicht den anderen anpassen und deshalb muss auch das unterrichtliche Vorgehen nicht dem besonderen Förderbedarf einiger Kinder angepasst werden.

Nicht die Normalität, sondern die Heterogenität ist normal. Dabei bezieht sich die Heterogenität auf die unterschiedlichen Begabungen und auf die seelischen oder körperlichen Beeinträchtigungen genauso, wie auf die soziale Herkunft der Kinder oder auf ihren ethnischen Hintergrund. Auf die Frage, wie die Herausforderung einer inklusiven Beschulung von Schülerinnen und Schülern mit unterschiedlichen Lernvoraussetzungen bewältigt werden kann und wie geeignete unterrichtliche Maßnahmen für sie aussehen sollten, kann es eine eindeutige Antwort im Sinne eines Patentrezeptes nicht geben. Klar ist jedoch, dass die Zahl der in das allgemeine Schulsystem zu inkludierenden Kinder im Laufe der nächsten Jahre noch zunehmen wird. Seit 2003 ist der Anteil der Schülerinnen und Schüler mit sonderpädagogischer Förderung in allgemeinen Schulen und Förderschulen von 5,6 Prozent auf 7,1 Prozent aller Schülerinnen und Schüler im Alter der Vollzeitschulpflicht gestiegen. Die Kinder mit Förderbedarf im Bereich Lernen stellen mit einer Quote von 2,6 Prozent derzeit die größte zu inkludierende Gruppe dar, gefolgt von den Kindern mit Förderbedarf im Bereich der geistigen Entwicklung (1,2 %), der emotionalen und sozialen Entwicklung (1,2 %) und der Entwicklung der Sprache (0,8 %), laut KMK (2016). Es ist also dringend geboten, sich mit der Thematik intensiv auseinanderzusetzen und sich über geeignete inklusive Unterrichtskonzepte zu verständigen.

Kooperative Unterrichtsmethoden und der damit verbundene Anspruch, nicht nur kognitive, sondern auch motivationale und emotionale Lernziele zu verwirklichen und dabei sozialintegrativ und damit gesellschaftspolitisch präventiv zu wirken, scheinen für den inklusiven Unterricht prädestiniert zu sein (Avci-Werning & Lanphen, 2013; Borsch, 2018). Beim kooperativen Lernen werden die unterschiedlichen Kompetenzen der Schülerinnen und Schüler nicht, wie in vielen anderen Instruktionsansätzen, als Störfaktor, sondern als Ressource verstanden. Verbunden mit den multiplen Zielsetzungen sind kooperative Instruktionsformen also denkbar gut für den Einsatz in heterogenen Lerngruppen geeignet (Büttner, Decristan & Adl-Amini, 2015).

Welche kooperative Methode zur Anwendung kommen sollte, hängt zum einen von der Zielsetzung einer Unterrichtsstunde ab und zum anderen von den jeweiligen Lernvoraussetzungen und vom Entwicklungsstand der Schülerinnen und Schüler. Es gibt kooperative Methoden speziell für Förderkinder, die im Rahmen einer inneren Differenzierung im Klassenraum implementiert werden können. Wenn aber das gemeinsame Lernen im Vordergrund steht, sind Methoden, bei denen alle Schülerinnen und Schüler der Klasse miteinander in heterogenen Lerngruppen arbeiten, besser geeignet. Oft wird man den Kindern dann in Abhängigkeit von ihren Fähigkeiten unterschiedliche Unterrichtsmaterialien und unterschiedliche Arbeitsaufträge anbieten müssen. Kompetenzunterschiede zwischen den Kindern können didaktisch auch gezielt genutzt werden, z. B. wenn Kinder, die schon gut lesen können, leseschwachen Mitschülerinnen und Mitschülern beim Kompetenzerwerb helfen. Wie Sie sehen, bietet die kooperative Lernsituation vielfältigere Möglichkeiten für den inklusiven Unterricht, als das bei anderen Lehrmethoden der Fall ist.

Forschungsergebnisse

Eine häufig geäußerte Sorge von Eltern und auch Pädagoginnen und Pädagogen ist, ob sich die Kinder in leistungsheterogenen Gruppen beim Lernen wirklich wechselseitig helfen können und ob sie genug dabei lernen. Die Eltern der leistungsstärkeren Kinder fragen, ob ihre Kinder genügend herausgefordert werden, ob ihnen nicht langweilig wird und ob nicht am Ende ihre Leistungsfortschritte hinter dem zurückbleiben, was eigentlich möglich wäre. Auch die Eltern der lernschwächeren Kinder wünschen sich eine möglichst gute Förderung ihrer Kinder und sorgen sich, ob sie nicht von den (besseren) Mitschülerinnen und Mitschülern leicht abgehängt werden und dann die Lust am Lernen verlieren. Empirische Befunde haben gezeigt, dass leistungsstarke Schülerinnen und Schüler sowohl in leistungshomogenen als auch in leistungsheterogenen Lerngruppen gut lernen. Lernschwache Schülerinnen und Schüler zeigen hingegen in den leistungsheterogenen Lerngruppen bessere Lernleistungen als in leistungshomogenen Lerngruppen (Lou, et al., 1996) sowie eine günstigere Entwicklung der Lernmotivation (Saleh, Lazonder & de Jong, 2005).

Selbstverständlich sollten die Gruppen oder Tandems beim gemeinsamen Lernen stets mit Bedacht und unter Berücksichtigung des jeweiligen Leistungsvermögens zusammengestellt werden. Beim Peer Tutoring können alle von der partnerschaftlichen Arbeit profitieren. Am günstigsten hat es sich erwiesen, wenn die Rollen der beiden Partner dabei nicht fest und dauerhaft vergeben, sondern von den beiden Teammitgliedern abwechselnd eingenommen werden. Es gibt sogar Hinweise, dass sich die Lernleistungen beim Peer Tutoring auch dann gegenüber dem normalen Unterricht verbessern, wenn sich zwei lernschwache Schülerinnen bzw. Schüler wechselseitig beim Lernen unterstützen (Robinson, Schofield & Steers-Wentzel, 2005). Dem sind natürlich Grenzen gesetzt, insbesondere dann, wenn die kognitiven und metakognitiven Voraussetzungen der Schülerinnen und Schüler für die Fähigkeit zur reziproken Rollenübernahme nicht ausreichen. Sind die Lernvoraussetzungen sehr ungünstig, müssen die leistungsfähigeren Schülerinnen und Schüler den schwächeren Kindern durch besondere unterstützende Verhaltensweisen (Erklären, Vormachen, Ermutigen etc.) dabei helfen, um die Anforderungen zu bewältigen. Sie können von ihrer Rolle als Tutor bzw. Tutorin aber auch profitieren, weil sie durch das Erklären-Müssen selbst zu einer intensiveren und aktiveren Auseinandersetzung mit dem Lerngegenstand veranlasst werden (▶ Kap. 5.1, Perspektive der kognitiven Elaboration).

Studien, die sich speziell mit der Anwendung kooperativer Unterrichtsmethoden in inklusiven Schulklassen beschäftigen, gibt es kaum. Hier ist zukünftig noch einiges an Forschungsarbeit zu leisten (Kasten Forschungsergebnisse, S. 56). Deshalb werden an dieser Stelle auch keine kooperativen Methoden empfohlen, die speziell für den inklusiven Unterricht geeignet wären. Allerdings lassen sich einige Erkenntnisse und Erfahrungen zum kooperativen Lernen aus dem Regel- und dem Förderunterricht gut auf die Anforderungen einer inklusiven Pädagogik übertragen. Die folgenden, mehr allgemein gehaltenen Hinweise sollen dabei helfen, die kooperativen Methoden gegebenenfalls so zu modifizieren, dass sie auch für den Unterricht in Inklusionsklassen geeignet sind.

Inklusion von Kindern mit sonderpädagogischem Förderbedarf

Sollen Kinder mit sonderpädagogischem Förderbedarf in den Regelunterricht inkludiert werden, kann dies nicht mit dem Anspruch verbunden sein, dass alle Schülerinnen und Schüler einer Lerngruppe die gleichen Aufgaben in der gleichen Zeit bearbeiten und alle die gleichen Lernziele erreichen müssen. Vielmehr wird es sich um einen in mehrfacher Hinsicht adaptiven Unterricht handeln müssen. Das bedeutet, dass die zu behandelnden Inhalte, das Niveau und die Anzahl der Aufgaben, das Lerntempo, der Einsatz von Medien und die Sozialformen des Unterrichts an die Bedürfnisse und Voraussetzungen der einzelnen Schülerinnen und Schüler angepasst werden müssen (Borsch, 2018). Adaptiver Unterricht zahlt sich aus. Gold (2018a) weist darauf hin, dass adaptive Kompetenzen von Lehrpersonen zu besseren Lernleistungen der Schülerinnen und Schüler in leistungsheterogenen Klassen führen. Er macht jedoch auch darauf aufmerksam, dass es in sehr heterogenen Lerngruppen nicht einfach sein wird, Adaptivität zu realisieren – also die Methoden, Sozialformen, Aufgabenschwierigkeiten und Lernziele an die sehr unterschiedlichen Lernpotenziale der Schülerinnen und Schüler anzupassen. Es ist jedenfalls darauf zu achten, die Leistungs- stets mit einer Förderorientierung zu verbinden und der Tendenz zu widerstehen, entweder durch eine Anpassung an das Niveau und die Lerngeschwindigkeit der Leistungsschwächeren oder durch eine Orientierung an den Leistungsstärkeren, die jeweils andere Gruppe zu vernachlässigen. Das mag in einem kooperativen Setting besser gelingen als in einem lehrergeleiteten. Je nach Schweregrad der Beeinträchtigung wird jedoch auch im Rahmen des kooperativen Settings eine didaktische Differenzierung vorzunehmen sein.

Im Unterricht

Eine besondere Herausforderung beim kooperativen Lernen in Inklusionsklassen besteht darin, die oben genannten Basiselemente (▶ Kap. 3.1) so umzusetzen, dass auch den Fähigkeiten der schwächeren Schülerinnen und Schüler hinreichend Rechnung getragen wird. Hier ist ein gewisses Maß an Kreativität bei der Planung und Durchführung kooperativer Unterrichtseinheiten gefordert. Gerhard Büttner und sein Team (2012) haben dazu in der online verfügbaren Zeitschrift für Inklusion (http://www.inklusion-online.net/) einige praktische Hinweise gegeben, die hier zusammenfassend dargestellt werden:

- Stellen Sie bei der Gruppenzusammensetzung sicher, dass die lernschwachen Schülerinnen und Schüler von den anderen Gruppenmitgliedern respektiert werden.
- Formulieren Sie für die lernschwachen Schülerinnen und Schüler einfachere, aber herausfordernde Teilaufgaben.
- Geben Sie den lernschwachen Schülerinnen und Schülern mehr Zeit zur Bearbeitung der Aufgaben.
- Sind einzelne Schülerinnen und Schüler nicht in der Lage, eine Aufgabe alleine zu bewältigen, stellen Sie ihnen eine lernstarke Mitschülerin oder einen Mitschüler als Tandempartner bzw. -partnerin zur Seite.
- Achten Sie darauf, dass alle Gruppenmitglieder in die Interaktionen mit einbezogen werden.
- Achten Sie darauf, dass jeder einen individuellen Beitrag zum Gesamtergebnis leisten muss, ohne einzelne Gruppenmitglieder in ihren Fähigkeiten zu überfordern.
- Stellen Sie sicher, dass die Beiträge der weniger leistungsfähigen Gruppenmitglieder nicht vernachlässigt werden.
- Berücksichtigen Sie bei der Bewertung von Gruppenleistungen die individuellen Lernfortschritte. So können alle Schülerinnen und Schüler etwas zum Gruppenerfolg beitragen.
- Trainieren Sie bei Kindern und Jugendlichen mit kognitiven und sozialen Beeinträchtigungen in besonderem Maße die sozialen Fertigkeiten.

Die lernschwachen Schülerinnen und Schüler sollen kognitiv gefordert werden, damit sie Stolz und Anerkennung erleben können und sich als unverzichtbarer Teil der Gruppe erleben. Überforderung hingegen führt zu Frustration und in der Folge zu Arbeitsverweigerung. Einige der hier aufgeführten Punkte sind in der Struktur der verschiedenen kooperativen Methoden in Kapitel 4 bereits realisiert. Andere Aspekte bedürfen der besonderen Aufmerksamkeit bei der Planung kooperativer Einheiten in inklusiven Klassen.

Migrationshintergrund

Die Entstehungsgeschichte kooperativen Lernens zeigt, dass bei der Begründung und Entwicklung der kooperativen Methoden keineswegs nur die Verbesserung der Lernleistungen der Schülerinnen und Schüler im Mittelpunkt des Interesses stand, sondern dass es zudem um die Verbesserung der sozialen Beziehungen untereinander ging. Es sind deshalb vornehmlich Sozialpsychologen und nicht Lernforscher gewesen, die sich zunächst mit dem kooperativen Lernen beschäftigt haben. So auch bei der Gruppenpuzzlemethode (▶ Kap. 4.3), die ursprünglich von einem Team um den Sozialpsychologen Elliot Aronson entwickelt wurde. Der Hintergrund ist schnell erzählt, aber deshalb nicht weniger beeindruckend und im Hinblick auf die Situation an deutschen Schulen, die von vielen Schülerinnen und Schülern mit Migrationshintergrund besucht werden, verblüffend aktuell. Nach der Aufhebung der Rassentrennung im Schulsystem des Bundesstaates Texas im Jahr 1971 waren die

Schulen der Hauptstadt Austin innerhalb weniger Wochen in Aufruhr. Die Kinder der verschiedensten ethnischen Gruppierungen gerieten in offenen Konflikt miteinander, bis hin zu Faustkämpfen. Die Schülerinnen und Schüler der Minoritäten, die nun per Gesetz »integriert« waren, litten unter der Ablehnung durch die anderen Kinder und an der Konkurrenz mit ihnen, sodass ihr Selbstwertgefühl Schaden nahm und ihre schulischen Leistungen sich verschlechterten. Dabei hatte man sich von der gemeinsamen Beschulung ursprünglich genau das Gegenteil erhofft. Ein Schulleiter wandte sich hilfesuchend mit folgender Frage an Elliot Aronson: Wie lässt sich in den Klassenräumen eine friedlichere Atmosphäre herstellen, in der die Kinder nicht länger gegeneinander, sondern miteinander arbeiten? Aronson sah Parallelen zu einem legendären Feldexperiment aus der Sozialpsychologie, dem sogenannten Ferienlagerexperiment. Sherif und Kollegen (1961) hatten in diesem Experiment zeigen können, dass die Induzierung von Konkurrenzsituationen, z. B. durch Wettbewerbsspiele oder durch die offensichtliche Bevorzugung einer einzelnen Gruppe durch die Lagerleitung, zwangsläufig zu Reibereien zwischen den Gruppen – gemeint sind Kleingruppen, die sich innerhalb des Ferienlagers jeweils ein Zelt teilten – führt. War so ein Konflikt erst einmal entstanden, war er nur schwer wieder zu entschärfen, jedenfalls genügte es nicht, wenn die Konkurrenzsituationen nicht weiter geschürt wurden. Auch gut gemeinte Verständigungsversuche, etwa durch mehr »Kontakt« zwischen den verfeindeten Gruppen, führten nicht dazu, die Konflikte zu reduzieren. Die wichtigste Bedingung und damit die einzige Möglichkeit, um wieder eine friedlichere Atmosphäre zu schaffen, war das Herstellen einer Situation, in welcher die (verfeindeten) Gruppen einander brauchten und wo sie voneinander abhängig waren, um ein gemeinsames Ziel zu erreichen, das für alle wichtig war. Im Experiment von Sherif und Kollegen musste der Autobus des Ferienlagers aus einem Graben gezogen werden, ein Unterfangen, das nur gemeinsam und in wechselseitiger Abhängigkeit erfolgreich durchgeführt werden konnte. Es wurde also eine positive Interdependenz hergestellt. Alle Kinder, ganz gleich welcher Gruppe sie angehörten, mussten kräftig am Seil ziehen, um den Bus wieder flott zu bekommen. Vor diesem Hintergrund entwickelten Aronson und seine Mitarbeiter (1978) die Unterrichtsmethode des Gruppenpuzzles, um eine Atmosphäre gegenseitiger Abhängigkeit durch Aufgabenteilung und durch Anstreben eines gemeinsamen Ziels zu erzeugen.

Aus der Vorgeschichte wird deutlich, dass es Aronson und seinem Team vordringlich gar nicht um die kognitiven Lernziele, also um einen Wissenszuwachs, ging. Aronsons frühe Evaluationsstudien zum Gruppenpuzzle belegen denn auch einen Rückgang von Vorurteilen und Stereotypen und eine Zunahme wechselseitiger Sympathie, sowohl innerhalb der ethnischen Gruppen als auch zwischen ihnen. Zudem steigerten die kooperativ lernenden Kinder ihr Selbstwertgefühl. In Austin gingen die konflikthaften Auseinandersetzungen zwischen den ethnischen Gruppen in den Schulen jedenfalls wieder zurück.

Einige kooperative Methoden sind schon von ihrer Grundstruktur her vornehmlich auf leistungsheterogene Lerngruppen ausgerichtet. Dieser Umstand dürfte für inklusive Klassen mit einem breiten Leistungsspektrum günstig sein. Bei der Gruppenrallye (▶ Kap. 4.1) werden z. B. Belohnungen auf der Basis individueller Leistungswerte (Leistungszuwächse) vergeben. Es ist nun aber keineswegs so, dass die leistungsschwächeren Kinder nichts zum Gruppenerfolg beitragen können und keiner mit ihnen in einer Gruppe zusammenarbeiten möchte. Weil die Gruppengratifikationen nicht auf den absoluten individuellen Leistungen, sondern auf den Wissenszuwächsen der einzelnen Gruppenmitglieder basieren, können auch die Lernschwachen zum Erfolg beitragen. Das motiviert alle Kinder: Die Lernschwachen möchten viel dazulernen, um möglichst viele Punkte für die Gruppe zu sammeln, und die Lernstarken haben ein großes Interesse daran, die Lernschwachen maximal beim Lernen zu unterstützen, damit die Gewinnchancen für das eigene Team steigen. Ein Beispiel für die Berechnung der Gruppenbewertung auf Basis der individuellen Wissenszuwächse ist in Tabelle 4.3 aufgeführt (▶ Tab. 4.3). In vergleichbarer Weise werden auch beim Gruppenturnier (▶ Kap. 4.2) die Gruppengewinne ermittelt. Hier treten die Kinder in leistungshomogenen Wettkampfgruppen gegeneinander an, um Punkte für ihre eigene Gruppe zu gewinnen.

Förderung von Lesekompetenzen

Für Schülerinnen und Schüler mit Schwierigkeiten beim Lesen gibt es eine ganze Reihe speziell konzipierter kooperativer Methoden. Viele Leserinnen und Leser haben große Schwierigkeiten einen Text überhaupt flüssig und fehlerfrei zu lesen. Ihnen fehlen ganz basale Fertigkeiten des Lesens, die eine unbedingte Voraussetzung für das tiefere Verständnis von Textinhalten darstellen. Das flüssige Lesen kann beispielsweise in den sogenannten Lautlese-Tandems eingeübt werden (▶ Kap. 4.9). Hier helfen gute Leserinnen und Leser den Leseschwachen in Partnerarbeit, Texte flüssiger lesen zu können. Lautlese-Tandems sind ein anschauliches Beispiel dafür, wie Kinder unterschiedlichen Leistungsniveaus gemeinsam arbeiten.

Forschungsergebnisse

Lesekompetenz ist natürlich mehr als nur flüssiges Lesen-Können. Lesekompetenz bezeichnet auch die Fähigkeit, Texte und Textintentionen zu verstehen, Texte zu nutzen und über sie zu reflektieren. In den PISA-Erhebungen wurden diese Fähigkeiten bei 15-Jährigen untersucht. Die deutschen Schülerinnen und Schüler haben sich in den letzten Jahren hinsichtlich ihrer Lesekompetenz stetig verbessert und lagen zeitweise signifikant über dem internationalen Durchschnitt. Vor allem die Jungen holten auf (Weis, Zehner, Sälzer & Strohmaier, 2016). Das ist erfreulich und zeigt, dass die Interventionen nach dem erschreckend schlechten Abschneiden deutscher Jugendlicher im Jahr 2000 langsam Früchte tragen. In der jüngsten PISA-Studie hat sich die positive Entwicklung allerdings nicht mehr fortgesetzt (Reiss, Weis, Klieme & Köller, 2019). Maßnahmen zur Unterstützung der Lesekompetenzentwicklung sind unter anderem die Förderung der Leseflüssigkeit und die Vermittlung sowie Anwendung von Lesestrategien (Gold, 2018b).

Das reziproke Lehren (▶ Kap. 4.7) wurde speziell für Kinder entwickelt, die zwar schon flüssig lesen können, aber noch Schwierigkeiten mit dem Verstehen von Textinhalten haben. Ihnen fehlen Strategien, um Texte so zu bearbeiten, dass ein tieferes Verständnis der Inhalte daraus resultiert. Solche Strategien und ihre Anwendung werden durch die Methode des reziproken Lehrens und Lernens vermittelt. Die Förderung findet in Kleingruppen statt. Die Lehrperson ist dabei, anders als bei den anderen kooperativen Methoden, stark in das Lerngeschehen mit eingebunden. Sie erläutert den Kindern Sinn und Zweck der einzelnen Lesestrategien und führt ihre Anwendung vor. Anschließend unterstützt sie die Kinder, wenn sie die Strategien bei der Bearbeitung von Texten in der Kleingruppe selbstständig anwenden. Das reziproke Lehren und Lernen lässt sich auch in Form einer inneren Differenzierung im Klassenzimmer nutzen: Während sich die Lehrperson gezielt mit einer Gruppe von Kindern mit Leseschwierigkeiten beschäftigt, können die Mitschülerinnen und Mitschüler an anderen Aufgaben arbeiten.

Eine andere Möglichkeit, das Textverstehen bei älteren Kindern und Jugendlichen oder auch bei Studierenden zu fördern, bietet die Methode der Skriptkooperation (▶ Kap. 4.8). Hier werden in Partnerarbeit Texte gemeinsam gelesen und nach einem vorgegebenen Skript und unter Anwendung bestimmter Textverstehensstrategien gemeinsam bearbeitet. Zu häufig können aber auch Jugendliche noch nicht flüssig lesen und in der Folge bleibt auch das Verständnis auf der Strecke. Beim kooperativen Lesen (▶ Kap. 4.10) können Jugendliche der sechsten und siebten Klassenstufe gleichzeitig beide Fertigkeiten trainieren. Dabei handelt es sich um ein sehr detailliert ausgearbeitetes Konzept, in dem bewährte Elemente aus anderen Leseförderprogrammen verankert wurden. Wie beim reziproken Lehren und Lernen leitet die Lehrperson die Arbeit stark an und fungiert als Modell, in dem sie die jeweils nächsten Arbeitsschritte ausführlich erläutert und die Anwendung von Lesestrategien vormacht. Wie bei den Lautlese-Tandems wird das flüssige Lesen in Partnerarbeit trainiert und wie bei der Skriptkooperation gibt es ein genaues Skript, das vorschreibt, wer, wann, welche Tätigkeiten übernimmt.

Arbeit in multiprofessionellen Teams

Der Fokus dieses Buches ist in erster Linie auf die kooperative Zusammenarbeit unter den Schülerinnen und Schülern im Klassenzimmer ausgerichtet. Damit Inklusion gelingen kann, sollten jedoch alle Personen und verbundenen Einrichtungen, die an der Förderung der Kinder bzw. Jugendlichen beteiligt sind, kooperativ zusammenarbeiten. Dieser Anspruch wurde auch von der Konferenz der Kultusminister formuliert (KMK, 2011). Das bedeutet, dass Lehrerinnen und Lehrer unterschiedlicher Lehrämter und Ausbildungen gemeinsam für die unterrichtlichen Bildungs-, Beratungs- und Unterstützungsangebote verantwortlich sind. Dies wird im Idealfall eine gemeinsam durchgeführte und verantwortete Diagnostik ebenso umfassen, wie die Planung und Realisierung des unterrichtlichen Lernangebots, ein angemessenes Bildungs-, Beratungs- und Unterstützungsangebot, die Vergabe von Abschlüssen und die Kooperation mit weiteren Partnern im Umfeld der Schule, also mit Assistenzpersonal, sowie mit Fachkräften aus den verschiedenen pflegerischen und therapeutischen Berufen. Nur unter diesen Voraussetzungen ist die gemeinsame Zusammenarbeit auf Ebene der Lernenden überhaupt möglich und förderlich. Weitere Hinweise zur Teamarbeit finden Sie in Kapitel 6 und in der weiterführenden Literatur zur inklusiven Unterrichtsgestaltung bei Borsch (2018).

Forschungsergebnisse

Die Befundlage zum inklusiven Unterricht ist eher unübersichtlich. Zwar liegen national und international einige Studien vor. Es gibt aber gute Gründe, die Ergebnisse mit großer Vorsicht zu betrachten und genau zu prüfen, welche Aussagen überhaupt zulässig sind. Abgesehen davon, dass es generell problematisch ist, Ergebnisse aus internationalen Studien auf nationale Bildungssysteme zu übertragen, ist dies bei der vorliegenden Fragestellung besonders heikel, da das deutsche Bildungssystem in Bezug auf seine schulische Organisationsstruktur im internationalen Vergleich weitgehend das Alleinstellungsmerkmal einer äußeren Differenzierung in Form eines mehrfach gegliederten Schulsystems aufweist. Zum anderen können auch national gewonnene Erkenntnisse zum integrativen Unterricht nicht ohne Weiteres auf den inklusiven Unterricht übertragen werden. Während im integrativen System Kinder mit spezifischen Besonderheiten in ausgewählten Klassen mitbeschult werden und parallel dazu andere Kinder mit ebensolchen Besonderheiten Förderschulen besuchen, ist in einem inklusiven System der Kreis der zu inkludierenden Personen in den Regelschulunterricht erheblich erweitert. Die in vielerlei Hinsicht größere Heterogenität in den Klassenzimmern erfordert andere pädagogische Antworten, deren Effektivität erst zukünftig abgesichert werden kann. Bisherige Forschungsergebnisse können also nur Hinweise auf mögliche Entwicklungen geben. Das gilt auch für Forschungsergebnisse aus dem Bereich der Förderpädagogik.

Nach bisher vorliegenden internationalen und nationalen Forschungsergebnissen scheint die inklusive Beschulung zur Förderung der kognitiven Entwicklung von Kindern mit Förderbedarf im Lernen besser geeignet zu sein als der Förderschulunterricht. Die Schulleistungen der Kinder sind im inklusiven Unterricht in der Regel besser und sie erreichen häufiger einen Hauptschulabschluss (Hasselhorn & Gold, 2022). Ein Berliner Forscherteam (Kocaj et al., 2014) hat die Daten des bundesweiten Bildungsmonitorings (Stanat, Pant, Böhme & Richter, 2012) ausgewertet, um retrospektiv die Art der Beschulung in Beziehung mit der schulischen Kompetenzentwicklung von Kindern mit sonderpädagogischem Förderbedarf (Lernen, Sprache und emotionale und soziale Entwicklung) zu setzen. Dabei hat sich gezeigt, dass Kinder mit Förderbedarf, wenn sie an Grundschulen verblieben, signifikant höhere Kompetenzwerte im Lesen, Zuhören und in Mathematik aufweisen als vergleichbare Schüler an Förderschulen. Je nach betrachtetem Kompetenzbereich waren das geringe bis mittlere Effekte. Die Effekte sind besonders ausgeprägt für Kinder mit dem Förderschwerpunkt Lernen, weniger prägnant hingegen für Kinder mit dem Förderschwerpunkt Sprache. Welche unterrichtlichen Maßnahmen sind aber nun für lernschwache

Kinder im inklusiven Unterricht besonders geeignet? Diese Frage lässt sich mit den Daten des Bildungsmonitorings natürlich nicht beantworten.

Dass lernschwache Kinder von einem kleinschrittigen, stark strukturierten und lehrergeleiteten Unterricht (direkte Instruktion) mehr profitieren, scheint plausibel und wurde in mehreren Studien und Metaanalysen bestätigt (zusammenfassend: Hasselhorn & Gold, 2022; Gold, 2018a). Lernstrategischen und selbstregulativen Defiziten der lernschwachen Schülerinnen und Schüler, die zum Teil auch ursächlich zu den Lernschwächen beigetragen haben mögen, wird durch diese Form der Unterrichtsgestaltung kompensatorisch entgegengewirkt. Andererseits scheint auch eine Verknüpfung der direkten-instruktionalen Vorgehensweise mit Selbststeuerungskomponenten sinnvoll. Als vielversprechend werden dabei vor allem jene Ansätze angesehen, die ein Strategietraining über die Methode der expliziten Instruktion und des angeleiteten Übens im Sinne des »kognitiven Modellierens« realisieren, wie beispielsweise beim reziproken Lehren und Lernen (▶ Kap. 4.7) oder dem kooperativen Lesen (▶ Kap. 4.10).

Dass kooperative Verfahren auch bei Schülerinnen und Schülern mit Förderbedarf im Lernen eingesetzt werden können, ohne diese zu überfordern, konnte z. B. Souvignier (1999) zeigen. Die Schülerinnen und Schüler arbeiteten nach der Gruppenpuzzlemethode und waren dabei länger mit dem Lerngegenstand beschäftigt als im normalen Unterricht. Die kognitiven Lernleistungen waren in beiden Bedingungen vergleichbar. Im kooperativen Unterricht konnte jedoch zusätzlich ein höheres Ausmaß an Zusammenarbeit und gegenseitiger Hilfe beobachtet werden. Nach der bisherigen Befundlage lässt sich jedoch noch nicht eindeutig sagen, ob kooperatives Lernen bei Lernschwierigkeiten zu besseren Lernleistungen führt als andere Instruktionsformen (McMaster & Fuchs, 2002). Das Problem ist nämlich, dass meist nicht nur die Lehrmethoden (z. B. kooperative Methode vs. Direkte Instruktion) variiert werden, sondern sich zugleich auch das Ausmaß an kognitiver Aktivierung, konstruktiver Unterstützung und effizienter Klassenführung unterscheidet. Souvignier (2007a) gibt zu bedenken, dass bei lernbeeinträchtigten Schülerinnen und Schülern das Risiko relativ hoch ist, ihren Lernerfolg durch unangemessene kooperative Instruktionsformen zu beeinträchtigen und dass es daher sorgfältig abzuwägen gilt, welcher Stellenwert anderen als den kognitiven Lernzielen eingeräumt wird. Resümierend stellt er fest, dass kooperatives Lernen zweifellos eine sinnvolle Bereicherung des Methodeninventars für Schulen mit dem Förderschwerpunkt Lernen darstellt, wenn es zielbezogen strukturiert wird. Auch unter den wesentlich günstigeren Voraussetzungen integrativer Beschulung steht und fällt die Umsetzung und der Erfolg kooperativer Lernformen mit der Auswahl geeigneter Lernpartner für die lernschwachen Schülerinnen und Schüler (Souvignier, 2007b).

Hier wird wiederum deutlich, wie problematisch es ist, auf die Erfahrungen zum kooperativen Lernen im Förderschulbereich zurückzugreifen, um daraus Rückschlüsse für den inklusiven Unterricht zu ziehen. Schüler und Schülerinnen in Förderschulen haben häufig Defizite bei der Überwachung und Planung von Lernprozessen sowie geringe kommunikative Kompetenzen. Sind sie unter sich, fehlen ihnen die lernstarken Partner und Partnerinnen, die sie unterstützen können und als Modell dienen wie in einer inklusiven Klasse. McMaster und Fuchs (2002) fanden bei der Analyse von 15 Studien zum kooperativen Lernen Hinweise darauf, dass Kinder mit Lernschwierigkeiten von einem kooperativen Unterricht in inklusiven Klassen mehr profitieren als von einem kooperativen Unterricht in Förderklassen. Auch Formen des Peer Tutorings haben sich in inklusiven Klassen für Schülerinnen und Schüler mit Lernschwierigkeiten bewährt (Okilwa & Shelby, 2010). Insgesamt sind die bisherigen Befunde jedoch noch zu uneinheitlich für eine abschließende Bewertung und es sollten weitere Studien durchgeführt werden.

3.5   Hochschule

Wer kennt das Bild aus Hochschulseminaren nicht: Ein Student oder eine Studentin steht vor dem Seminar und hält ein mehr oder weniger gut strukturiertes bzw. inhaltlich korrektes Referat mit PowerPoint-Unterstützung. Die Kommilitoninnen und Kommilitonen verfolgen passiv den Vortrag und nur wenige beteiligen sich an der inhaltlichen Diskussion. Kritische Nachfragen gibt es kaum, vielleicht, weil nicht viel von den Inhalten verstanden wurde, vielleicht, weil die Studierenden einander nicht vor dem Dozenten bzw. der Dozentin kompromittieren wollen, oder vielleicht aus der Sorge, durch die Frage die eigene Unkenntnis zu offenbaren. Eine aktive und kritische Auseinandersetzung mit fachlichen Inhalten mit reger Beteiligung aller Studierenden sieht anders aus. Das Bild gleicht dem darstellenden, lehrergeleiteten schulischen Unterricht. Eine Alternative hierzu sind kooperative Lehrmethoden. Kooperatives Lernen an der Hochschule? Geht das? Ja, und zwar sehr gut. In kooperativen Kleingruppen ist die inhaltliche Diskussion zwischen den Lernenden ein zentraler Bestandteil der Arbeit. In den Kleingruppen trauen sich die Studierenden eher, kritische Fragen zu stellen, als vor dem gesamten Seminar und die Sorge, bei Fragen sich oder andere zu blamieren, ist wesentlich geringer. Dabei können die Studierenden neben dem fachlichen Wissen auch Schlüsselqualifikationen für die Arbeit im Team erwerben. Voraussetzung ist natürlich auch hier, dass die Studierenden kognitiv herausfordernde (▶ Kap. 3.3) und echte Gruppenaufgaben gestellt bekommen und dass die Zielsetzungen der Gruppenarbeit so formuliert sind, dass eine Zusammenarbeit in der Gruppe unabdingbar ist (▶ Kap. 3.2). Geeignete Räumlichkeiten und ausreichend Zeit gehören zu den notwendigen Rahmenbedingungen. Ein Problem im universitären Bereich ist jedoch die geringe Verbindlichkeit der Studierenden. Bei umfassenderen kooperativen Einheiten muss immer wieder damit gerechnet werden, dass Studierende nicht regelmäßig erscheinen. Das wird dann problematisch, wenn die fehlenden Personen Verantwortung für bestimmte Aufgaben oder inhaltliche Teilbereiche übernommen haben. Dann ist einiges an Kreativität und Organisationstalent der Lehrpersonen gefragt, um einen kontinuierlichen Arbeitsprozess aufrecht zu erhalten (z. B. durch kurz-fristige Gruppenzusammenlegungen oder zeitliche Umstrukturierungen). Auf der anderen Seite kann kooperatives Lernen aber auch zu einer größeren Bindung an die Gruppe (zu einem höheren »Commitment«) und dadurch bedingt zu einer regel-mäßigeren Teilnahme der Studierenden führen. Eine weitere Frage ist, wie viel Anleitung und Strukturierung studentische Arbeitsgruppen benötigen. Ist das fachliche Interesse aller Studierenden groß, bedarf es sicherlich weniger äußerer Strukturen. Getrieben von der intrinsischen Motivation ist ihnen keine Arbeit zu viel. Äußere Anreize sind dann nicht notwendig, um die positive Interdependenz und die individuelle Verantwortlichkeit der Studierenden zu stärken. Ähnliches gilt auch für freiwillige Lerngruppen, z. B. zur Prüfungsvorbereitung. Solche Gruppen sind meist von sich aus sehr kohäsiv und es gibt klar definierte Gruppenziele, nämlich die Prüfung zu bestehen. Nicht immer ist jedoch das Interesse der Stu-dierenden an den fachlichen Inhalten und der persönliche Wunsch, das Ziel zu erreichen, ausreichend groß. Dann ist die Realisierung kooperativer Basiselemente für die erfolgreiche Gruppenarbeit unabdingbar, um Probleme herkömmlicher Gruppenarbeit zu mindern (▶ Tab. 3.1).

Alle in Kapitel 4 beschriebenen Methoden beruhen auf den Basiselementen der positiven Interdependenz und der individuellen Verantwortlichkeit. Einige der Methoden wurden sogar speziell für erwachsene Lernende entwickelt oder sind zumindest auch im Hochschulbereich empirisch erprobt, die Methode der Skript-kooperation für die Erarbeitung wissenschaftlicher Texte in Partnerarbeit etwa (▶ Kap. 4.8), die Gruppenpuzzlemethode (▶ Kap. 4.3 und ▶ Kap. 4.4) und die Gruppenrecherche (▶ Kap. 4.5) zur Erarbeitung neuer Wissensinhalte. Um unter-schiedliche Aspekte eines spannungs- oder konfliktgeladenen Themas zu erschlie-ßen, z. B. das »Pro« und »Kontra« inklusiver Beschulung, eignet sich die Methode der Konstruktiven Kontroverse (▶ Kap. 4.6). Ziel dieser Methode ist es, ein besseres Verständnis für die verschiedenen Positionen zu erlangen.

Der zeitliche Umfang der kooperativen Arbeitsphasen kann ganz unterschiedlich gestaltet werden. Es muss ja nicht gleich das gesamte Semester kooperativ durchorganisiert werden, sondern kooperative und darstellende Phasen können im Laufe eines Semesters einander abwechseln. Die Skriptkooperation oder die Kon-struktive Kontroverse können an einem einzigen Veranstaltungstermin durchge-führt werden, ebenso das Gruppenpuzzle. Je nach inhaltlichem Umfang der The-matik kann das Gruppenpuzzle aber auch über mehrere Veranstaltungstermine hinweg durchgeführt werden. Für die Gruppenrecherche sind auf jeden Fall meh-rere Termine einzuplanen. Je nachdem kann beispielsweise eine Gruppenpuzzle-einheit von drei bis fünf Terminen zwischen Dozentenvorträgen oder studentischen Referaten eingeschoben werden. Ein abschließender Wissenstest steigert die indi-viduelle Verantwortlichkeit der Studierenden.

Eine Schwierigkeit besteht darin, das richtige Anforderungsniveau bei der Aus-wahl der Literatur für das gemeinsame Arbeiten zu treffen. Die Anforderungen sollten nicht zu gering sein, die Studierenden aber auch nicht überfordern. Eine hohe inhaltliche Kohärenz bei der Literaturauswahl ist nicht unbedingt günstig. Erst wenn Widersprüche aufgedeckt und Unklarheiten geklärt werden müssen, kommen die Gruppenmitglieder miteinander ins Gespräch, um Klarheit zu schaffen. Die

Texte werden dann auch intensiver bearbeitet, als wenn alles scheinbar einfach zu verstehen ist.

Sicherlich erfordert es zunächst einmal mehr organisatorischen Aufwand, ein kooperatives Seminar vorzubereiten und das richtige Anforderungsniveau herauszufinden. Daneben hängt es selbstverständlich auch von dem Engagement der Studierenden ab, wie erfolgreich die kooperative Arbeit verläuft. Ich habe als Dozent jedenfalls schon häufig kooperative Methoden in Seminaren mit gutem Erfolg eingesetzt. Meistens konnte ich erleben, wie sich die Studierenden in den Gruppen intensiv über die fachlichen Inhalte auseinandersetzten, Irrwege einschlugen (was als Dozent nicht leicht auszuhalten ist, weil man sein »Expertenwissen« zurückhalten muss) und selbstständig wieder herausfanden (zu meiner Erleichterung). Insgesamt verspürte ich dabei in der Regel eine größere Verbindlichkeit der Studierenden: Sie nahmen regelmäßiger teil, stellten Fragen, um Unklarheiten zu beseitigen und übernahmen auch untereinander mehr Verantwortung. Sie lernten sich bei der kooperativen Arbeit auch besser kennen, was zu einer spürbar besseren Stimmung in den Seminaren beiträgt. Um die Verarbeitungstiefe und die besondere Qualität des so erarbeiteten Wissens zu erfassen, sind geeignete Formen der Leistungsüberprüfung, wie beispielsweise offene Fragestellungen oder Problemlöseaufgaben, unbedingt zu empfehlen. Tests mit reinen Mehrfachwahlaufgaben sind dazu meist weniger gut geeignet.

Seminare mit etwa 24 Personen sind optimal für kooperatives Arbeiten. Dann lassen sich beispielsweise zwölf Dyaden für die Skriptkooperation, sechs Vierergruppen für die konstruktive Kontroverse oder vier Sechsergruppen für die Gruppenpuzzlemethode oder die Gruppenrecherche bilden. In vielen Fachbereichen oder Fakultäten sind jedoch Seminare mit sechzig und mehr Personen leider keine Seltenheit. Dann sollte jedenfalls die Gruppengröße auch nicht über sechs Personen hinaus erhöht werden – lieber sollte man Themen doppelt vergeben, also zwei oder mehr Gruppen unabhängig voneinander am gleichen Thema arbeiten lassen. Bei mehr als vier bis sechs Arbeitsgruppen oder zwölf Partnerteams in einem Seminarraum wird es jedoch schon recht eng und laut werden und ein störungsfreies Arbeiten ist kaum mehr möglich. Dann wären zusätzliche Räumlichkeiten notwendig. In jedem Fall ist es hilfreich, vorab Tischkärtchen mit Gruppennamen oder -nummern, Themen- und Namenslisten oder eventuell auch Informationsblätter mit Arbeitsaufträgen oder Leitfragen vorzubereiten. Unterschiedlich farbiges Papier für die verschiedenen Gruppen hilft hier, die Übersicht zu behalten. Stehen entsprechende Räumlichkeiten zur Verfügung, sind so auch Seminare mit bis zu 48 Personen zu bewältigen. Zu kleine Seminare können die Organisation aber ebenfalls erschweren, wenn z. B. nicht genug Expertengruppen gebildet werden können, um alle Teilbereiche eines Themas abzudecken. Bei weniger als neun Personen macht z. B. die Gruppenpuzzlemethode keinen Sinn.

Forschungsergebnisse

In unserer Arbeitsgruppe zum kooperativen Lernen wurde der Einsatz des Gruppenpuzzles bei Lernenden in Hochschulseminaren untersucht. Wir verfolgten dabei auch die Absicht, dass zukünftige Lehrerinnen und Lehrer eine kooperative Methode am »eigenen Leib« erfahren, verbunden mit der Hoffnung, dass ihnen dann der Einsatz im eigenen Unterricht leichter fiele. In zwei Studien haben wir Lehramtsstudierende die Seminarinhalte im Gruppenpuzzle II (▶ Kap. 4.4) erarbeiten lassen und die Lernleistungen mit den Lernergebnissen in herkömmlichen Referate-Seminaren verglichen (Jürgen-Lohmann, Borsch & Giesen, 2001). Erhoben wurden die Lernleistungen in Form von Kenntnistests. Außerdem erfolgte eine Bewertung der Seminare durch die Studierenden auf den Dimensionen »Allgemeine Effektivität und Interessantheit«, »Kognitiver Anregungsgehalt«, »Beteiligung« und »Fleiß«. Zusätzlich konnten die Studierenden dem Seminar noch eine Gesamtnote im Sinne einer Allgemeinbeurteilung geben.

Die Analyse der studentischen Seminarbewertung bestätigt die vermuteten Stärken der kooperativen Seminarform. Auf allen Dimensionen haben die Studierenden der kooperativen Kurse ihre Veranstaltung positiver bewertet als die Studierenden der herkömmlichen Kurse. Insbesondere ist es gelungen durch die kooperative Lernform eine wesentlich stärkere aktive Beteiligung der Studierenden zu erreichen, gefolgt von einem subjektiv höher eingeschätzten kognitiven Anregungsgehalt. Die Studierenden fühlten sich in den Kleingruppen besonders zum Mitdenken und zur kritischen Auseinandersetzung mit den behandelten Themen angeregt und hatten den Eindruck, dass die Diskussionen mit den anderen Gruppenmitgliedern produktiv waren. Dass sich die subjektiv wahrgenommene tiefere kognitive Verarbeitung der Seminarinhalte nicht in den Lernleistungen niedergeschlagen hat – hier konnten keine Unterschiede zwischen den beiden Unterrichtsformen festgestellt werden –, könnte an der Art der Kenntnistests gelegen haben. Es wurden ausschließlich Richtig-Falsch-Fragen verwendet. Fragen dieser Art verlangen vor allem ein Wiedererkennen von Wissensbestandteilen. Lernen im Sinne einer inhaltlichen Tiefenverarbeitung hätte besser durch Fragen mit einem weniger eingeschränkten Antwortmodus geprüft werden können.

In einer Replikationsstudie sind wir genau dieser Frage nachgegangen (Borsch & Gold, 2005). Hier wurden neben Richtig-Falsch-Fragen zusätzlich Freie-Antwort-Fragen vorgegeben, um eine inhaltlich tiefere Informationsverarbeitung der Inhalte zu prüfen. Wie in der Originalstudie waren die Leistungen der Studierenden der beiden Unterrichtsformen bei den Richtig-Falsch-Fragen vergleichbar. Signifikante Unterschiede zeigten sich jedoch bei den offenen Fragestellungen, die eine Analyse und Evaluation der Seminarinhalte erforderten. Hier zeigten die kooperativ Lernenden tatsächlich signifikant bessere Leistungen als ihre Kommilitoninnen und Kommilitonen in den Referate-Seminaren.

Eine einzige Studie reicht selbstverständlich nicht aus, um etwas über die Effektivität kooperativer Methoden in Hochschulseminaren zu erfahren. Dafür sind Metaanalysen besser geeignet. Bei Metaanalysen werden viele einzelne Studien zu einem Themenbereich bzw. einer Fragestellung zusammengefasst (▶ Kap. 5). Springer, Stanne und Donovan (1999) analysierten 37 Studien mit über 3 000 Studierenden, in denen kooperatives Lernen in Hochschulseminaren der Mathematik, Informatik, Naturwissenschaft und Technik evaluiert wurde. Die zusammenfassende Auswertung belegt recht eindeutig, dass Studierende beim kooperativen Lehren und Lernen im Allgemeinen bessere Lernleistungen erbringen, ausdauernder an den Aufgaben arbeiten und eine positivere Einstellung zum Lernen haben als in anderen Instruktionsformen. Die Effektstärke beträgt $ES = 0.51$. Erläuterungen zur Interpretation von Effektstärken finden Sie im fünften Kapitel.

Zusammenfassung

Beim kooperativen Lernen arbeiten die Lernenden in Partner- oder Gruppenarbeit und konstruieren aktiv neues Wissen. Doch nicht jede Partner- und Gruppenarbeit ist kooperativ. Nichtkooperative Formen der Gruppenarbeit bergen erhebliche Risiken, die zu unbefriedigenden Lernergebnissen, zu motivationalen Problemen und zu sozialen Konflikten führen können. Kooperative Gruppenarbeitsformen enthalten strukturierende Elemente, die diesen Risiken entgegenwirken. Unverzichtbare Elemente aller kooperativen Unterrichtsmethoden sind die positive Interdependenz und die individuelle Verantwortlichkeit. Daneben spielen weitere Elemente eine wichtige Rolle, wie die Fähigkeit zur Interaktion und zur Reflexion des Gruppenprozesses sowie die Verfügbarkeit kooperativer Kompetenzen. Eine kognitive Aktivierung der Lernenden, die konstruktive Unterstützung der individuellen Lernprozesse durch die Lehrperson und eine effiziente Klassenführung sind weitere Gelingensbedingungen für erfolgreiches kooperatives Lernen. Kooperative Methoden sind auch für den inklusiven Unterricht und für Hochschulseminare geeignet.

4   Methoden

Vor der praktischen Durchführung kooperativen Unterrichts steht die Entscheidung über die Wahl der geeigneten Methode. Geht es darum, die bereits vorhandenen Fertigkeiten, z. B. der Multiplikation, oder das bereits vorhandene Faktenwissen, z. B. über die Bundesländer der Bundesrepublik Deutschland, einzuüben und zu festigen oder sollen komplexe neuartige Probleme, die keine rasche Lösung versprechen, bearbeitet werden, wie beispielsweise die Frage, was unter der Klimakatastrophe zu verstehen ist und wie man ihr entgegenwirken könnte? Je nach Lernziel wird sich die Lehrerin oder der Lehrer für die eine oder andere kooperative Methode entscheiden oder auf das kooperative Lernen gänzlich verzichten. Zum Einüben bestimmter Fertigkeiten oder zum Erwerb isolierten Faktenwissens macht es den Lernenden sicherlich Spaß, einen Wettbewerb zwischen Lerngruppen zu veranstalten. Um sich ungestört in ein Thema zu vertiefen und gemeinsam Fragestellungen und Lösungsansätze zu erarbeiten, würde ein Wettbewerb dagegen eher störend wirken. Hilfreicher erscheinen hier Methoden, die zunächst einmal vertrauensbildende Maßnahmen zur Verbesserung der kooperativen Zusammenarbeit in den Vordergrund stellen. In diesem Kapitel sind die bekanntesten kooperativen Methoden im Detail beschrieben.

Alle hier dargestellten kooperativen Methoden sind wissenschaftlich fundiert und ihre Wirksamkeit ist in empirischen Studien erwiesen. Allen Methoden ist gemein, dass sie auf den beiden Basiselementen kooperativen Lernens, der positiven Interdependenz und der individuellen Verantwortlichkeit, aufbauen. Die Art und Weise, wie die beiden Elemente praktisch umgesetzt werden, ist jedoch sehr unterschiedlich. Beispielsweise wird positive Interdependenz bei der Gruppenrallye und beim Gruppenturnier durch Formen der Gruppenbelohnung erzeugt, beim Gruppenpuzzle oder bei der Grupperecherche durch Maßnahmen der Aufgabenverteilung. Individuelle Verantwortlichkeit wird bei den meisten Methoden durch individuell zu bearbeitende Tests am Ende der Gruppenarbeitsphase hervorgerufen, bei anderen durch das Übertragen von Führungsaufgaben oder die Zuweisung von Rollen. Die Methode der Gruppenrallye wird oft eingesetzt, um die bereits vorhandenen Wissensbestände zu festigen und zu sichern, während sich die Schülerinnen und Schüler im Gruppenpuzzle meist neue Themenfelder erschließen. Die daraus resultierenden Anforderungen an die Lernenden sind demnach unterschiedlich komplex. Kooperatives Lernen lässt sich so in ganz unterschiedlicher Weise in den Kanon anderer Unterrichtsmethoden einbetten. Die Gruppenrallye und das Gruppenturnier sind durch den spielerischen Wettkampfcharakter eher für jüngere Kinder und Jugendliche geeignet. Gruppenpuzzle, Gruppenrecherche, Konstruktive Kontroverse und die Methode der Skriptkooperation sind auch für erwachsene Lerner geeignete Methoden. Tabelle 4.1 gibt einen Überblick über die verschiedenen kooperativen

Methoden sowie die mit ihnen verbundenen Aufgabenstellungen, Basiselemente und Anforderungsniveaus.

Tab. 4.1: Lernaufgaben, Basiselemente und Anforderungsniveaus kooperativer Methoden

	Lernaufgabe		Positive Interdependenz		individuelle Verantwortlichkeit	Anforderungsniveau
Gruppenarbeit	*Einüben*	*Erarbeiten*	*Gruppenbelohnung*	*Aufgabenaufteilung*		
• Gruppenrallye	■		■		Test	leicht
• Gruppenturnier	■		■		Lernspiel	leicht
• Gruppenpuzzle		■		■	Test	mittel
• Gruppenpuzzle II		■	■	■	Test	mittel
• Gruppenrecherche		■		■	Führungsaufgaben	hoch
• Konstruktive Kontroverse		■	■	■	Rolle/Test	hoch
• Reziprokes Lehren und Lernen	■	■		■	Rolle	mittel
Partnerarbeit						
• Skriptkooperation	■	■		■	Rolle/Test	mittel
• Lautlese-Tandems	■		■	■	Rolle/Test	leicht
• Kooperatives Lesen	■	■		■	Rolle/Test	mittel

4.1 Gruppenrallye

Im Unterricht

Die Lehrerin: »Kinder, ich habe euch in der letzten Stunde in einem Überblick die verschiedenen Bundesländer der BRD vorgestellt. Nun sollt ihr die Bundesländer besser kennenlernen. Dafür habe ich euch in Gruppen eingeteilt. Jede Gruppe bekommt von mir eine leere Umrisskarte von Deutschland und einige

Informationen zu den Bundesländern. In der nächsten Stunde sollt ihr ein Wissensquiz bearbeiten. Jede Gruppe, deren Mitglieder im Durchschnitt neun von zehn Fragen richtig beantworten, bekommt zur Belohnung ein ›Supergruppenzeugnis‹, und jedes Mitglied aus der besten Gruppe bekommt einen ›Hausaufgabengutschein‹. Ihr könnt den Gutschein an einem Tag eurer Wahl in der nächsten Woche einlösen und braucht dann keine Hausaufgaben zu machen.«

Kinder haben Spaß daran, sich in Spiel und Sport miteinander zu vergleichen. Ob Gummitwist, Seilhüpfen oder Fußball. Kinder messen sich untereinander, denken sich immer schwierigere Sprungfolgen aus oder zählen die Tore. Die Freude und die Begeisterung der Kinder, sich im Wettbewerb zu messen, wird bei der Gruppenrallye für schulisches Lernen genutzt, um sich z. B. Belohnungen wie Hausaufgabengutscheine für die eigene Gruppe zu sichern (pädagogisch zweifelhaft, aber bei den Kindern sehr beliebt). Auf der einen Seite widersprechen Spiele, in denen Gruppen gegeneinander um den Sieg kämpfen, dem Grundgedanken der Kooperation. Auf der anderen Seite führt der gemeinsame Wunsch der Gruppenmitglieder zu gewinnen innerhalb des Teams zu einem starken Gruppenzusammenhalt. Bei der Gruppenrallye bildet das die Basis für das gemeinsame Festigen des von der Lehrerin bzw. dem Lehrer vermittelten Wissens. Dass in der Gruppenrallye auch leistungsschwächere Kinder zum Erfolg der Gruppe beitragen, wird durch die Belohnung für die Gesamtgruppenleistung gewährleistet, in die alle individuellen Leistungen einfließen. Durch das Belohnungssystem sind positive Interdependenz und individuelle Verantwortlichkeit sichergestellt. Der spielerische Charakter der Rallye macht die Kooperation so voraussetzungsfrei, dass auch jüngere Kinder ab der dritten Klassenstufe gut damit zurechtkommen. Wie die Gruppenrallye genau funktioniert, wird im Folgenden erläutert.

Die Gruppenrallye beinhaltet sechs Komponenten: Diagnose des Vorwissens, Wissensvermittlung durch die Lehrperson, die eigentliche Gruppenarbeit, ein Quiz zur Prüfung des Lernfortschritts, die Feststellung des individuellen Lernzuwachses und die Gewährung einer Gruppenbelohnung.

Diagnose des Vorwissens

Vor Beginn der Rallye wird durch einen Test oder durch ein Quiz das individuelle Vorwissen der Schülerinnen und Schüler erfasst. Das scheint auf den ersten Blick unsinnig, da die Inhalte ja erst noch gelernt werden sollen. Die Vorkenntnisdiagnostik ist aber notwendig, um die Lerngruppen möglichst leistungsheterogen zusammensetzen zu können und um die Eingangswerte zum späteren Lernzuwachs in Beziehung setzen zu können.

Wissensvermittlung durch die Lehrperson

Üblicherweise werden die Unterrichtsinhalte im lehrerzentrierten Unterricht in der Klasse vermittelt. Dieser Unterricht kann sehr vielfältig gestaltet werden, z. B. durch direkte Instruktion, durch angeleitete Diskussionen, Instruktionstexte oder durch

Formen des entdeckenden Lernens. Die Inhalte können durchaus komplexer sein als oben im Beispiel dargestellt. Die Wissensvermittlung muss jedoch gezielt auf die anschließende Teamarbeit ausgerichtet sein. Nur dann realisieren die Kinder, dass sie schon bei der Wissensvermittlung gut aufpassen müssen, um auf die nachfolgende Gruppenarbeit gut vorbereitet zu sein.

Gruppenarbeit

Anhand der Eingangsdiagnostik werden leistungsheterogene Gruppen gebildet. Tabelle 4.2 zeigt, wie die Schülerinnen und Schüler anhand ihrer Vorkenntnisse in eine Rangreihe gebracht und in leistungsheterogene Vierergruppen eingeteilt werden (▶ Tab. 4.2). Hier werden acht Gruppen (A–H) gebildet. In Gruppe A werden ein leistungsstarkes Kind, zwei aus dem Mittelfeld und eines aus der Schlussgruppe platziert – in ähnlicher Weise werden die anderen Gruppen gebildet. Nicht immer geht die Rechnung genau auf. Die Kinder auf den Rangplätzen 17 und 18 werden in diesem Beispiel jeweils einem bestehenden Viererteam zugeordnet. Neben der Leistungsheterogenität sollte dabei auch so weit wie möglich auf Heterogenität hinsichtlich Geschlecht und Migrationshintergrund geachtet werden.

Die Gruppenarbeitsphase besteht im Wesentlichen darin, sich auf das nachfolgende Quiz vorzubereiten. Dazu bekommen die Gruppen Arbeitsblätter oder andere Materialen zur Verfügung gestellt, die zur Wiederholung und Vertiefung des zuvor vermittelten Wissens dienen sollen. Weil alle möchten, dass ihre Gruppe gewinnt, helfen sich die Gruppenmitglieder untereinander, um den Lernstoff besser verstehen und behalten zu können. Nach dem Motto »einer für alle und alle für einen« werden Verstehensprobleme durch wechselseitiges Fragen und Erklären beseitigt und es werden Fehler erkannt und korrigiert.

Quiz

Im Anschluss an die Gruppenarbeit bearbeiten die Schülerinnen und Schüler ein Quiz. Durch Auszählen der richtigen Antworten lässt sich der Wissensstand jedes Einzelnen ermitteln. Anders als in der Gruppenarbeitsphase dürfen sich die Kinder bei der Bearbeitung der Quizaufgaben nicht gegenseitig helfen. Jetzt ist jeder auf sich allein gestellt und individuell für seine Leistung verantwortlich.

Tab. 4.2: Zuteilung der Schülerinnen und Schüler in leistungsheterogene Gruppen

Leistungsgruppen	Rangreihe nach Vorkennt-nissen	Gruppenzugehörigkeit
Leistungsstark	1	A
	2	B
	3	C
	4	D
	5	E
	6	F
	7	G
	8	H
Durchschnitt	9	H
	10	G
	11	F
	12	E
	13	D
	14	C
	15	B
	16	A
	17*	
	18*	
	19	A
	20	B
	21	C
	22	D
	23	E
	24	F
	25	G
	26	H
Leistungsschwach	27	H
	28	G
	29	F
	30	E
	31	D
	32	C
	33	B
	34	A

Anmerkung: * Manchmal ist eine Anzahl nicht durch vier teilbar. In diesem Beispiel werden zwei Kinder bestehenden Viergruppen zugeordnet.

Individueller Wissenszuwachs

Die Feststellung des individuellen Wissenszuwachses folgt der Orientierung an einer individuellen Bezugsnorm. Anders als bei sozialen Vergleichen lässt es die individuelle Bezugsnorm zu, dass ich mich selbst an meinen eigenen Möglichkeiten messe und nicht an den Leistungen der anderen. Das Ziel ist, eine bessere Leistung als im Vorwissenstest zu erreichen. Jedes Gruppenmitglied, das sich anstrengt, kann sich verbessern. Aus der Differenz zwischen den Punktwerten im Vorwissenstest und dem Abschlussquiz ergibt sich der Wissenszuwachs jedes einzelnen, der als individuelles Lernerfolgskriterium definiert ist. Wie sich aus dem Wissenszuwachs der einzelnen Teammitglieder deren individueller Beitrag zur Gruppenwertung errechnen lässt, illustriert Tabelle 4.3.

Tab. 4.3: Punktevergabe für den individuellen Beitrag zur Gruppenbewertung in Abhängigkeit vom Wissenszuwachs

Wissenszuwachs im Abschlussquiz	Punkte für den individuellen Beitrag zur Gruppenwertung
mehr als 10 Punkte weniger als im Vorwissenstest	5
1 bis 10 Punkte weniger als im Vorwissenstest	10
bis zu 10 Punkte mehr als im Vorwissenstest	20
mehr als 10 Punkte über dem Vorwissenstest	30
keine Fehler im Abschlussquiz (unabhängig vom Vorwissenstest)	30

In Tabelle 4.3 ist abzulesen, dass auch dann, wenn die Leistungen der Schülerinnen und Schüler im Abschlussquiz schlechter waren als im Vorwissenstest – das kann mal vorkommen –, sie immerhin noch fünf Punkte zur Gruppenbewertung beitragen und sich nicht zu schämen brauchen, überhaupt nichts für den Erfolg der Gruppe getan zu haben (▶ Tab. 4.3).

Gruppenbelohnung

Die individuellen Beiträge zur Gruppenbewertung werden für jedes Team addiert und durch die Anzahl der Mitglieder geteilt. Der so berechnete Mittelwert ist das Kriterium für die Gruppenbelohnung (z. B. bei 15 Punkten die Urkunde »Gutes Team«, bei 20 Punkten »Großartiges Team« und bei 25 Punkten »Superteam«).

Die Teams sollten nach einigen Lerneinheiten neu zusammengesetzt werden. So ergeben sich neue Kontakte und die Lernenden aus den weniger erfolgreichen Teams erhalten eine neue Chance in einer anderen Gruppenzusammensetzung. Abbildung 4.1 zeigt den Ablauf der Gruppenrallye nochmals im Überblick (▶ Abb. 4.1).

4.2 Gruppenturnier

Gruppenturnier und Gruppenrallye ähneln einander. Auch beim Gruppenturnier vermittelt die Lehrperson zunächst Inhalte, die von den Schülerinnen und Schülern

1. Wissensvermittlung

2. Gruppenarbeit

3. Individueller Wissenstest

4. Gruppenbelohnung

Abb. 4.1: Gruppenrallye nach Slavin (1994)

in wechselseitiger Unterstützung eingeübt werden sollen, um sich in einem an die Übungsphase anschließenden Wettkampf miteinander messen zu können. Der wesentliche Unterschied besteht darin, dass das Gruppenturnier nicht mit einem individuellen Quiz, sondern mit einem Lernspiel endet, bei dem die Lernenden der verschiedenen Gruppen direkt gegeneinander antreten. Positive Interdependenz und individuelle Verantwortlichkeit sind wiederum durch das Belohnungssystem sichergestellt. Wegen des leichten Anforderungsniveaus ist die Methode für Kinder ab etwa der dritten Klassenstufe geeignet. Der Ablauf des Gruppenturniers besteht aus fünf Phasen: Diagnose des Vorwissens, Wissensvermittlung, Gruppenarbeit, Wettkampf und Gruppenbelohnung.

Diagnose des Vorwissens

Wie bei der Gruppenrallye.

Wissensvermittlung

Wie bei der Gruppenrallye.

Gruppenarbeit

Wie bei der Gruppenrallye dient die Gruppenarbeit der Vorbereitung auf den Wettkampf. Die Gruppeneinteilung in leistungsheterogene Vierergruppen erfolgt nach denselben Prinzipien wie bei der Gruppenrallye anhand des Vorwissens der Schülerinnen und Schüler (▶ Kap. 4.1). Die Gruppenmitglieder üben in einem wechselseitigen Frage-Antwort-Spiel die Unterrichtsinhalte ein. Frage- und Antwortkarten wurden von der Lehrperson vorbereitet und kommen auch bei dem anschließenden Wettkampf zum Einsatz. Die Gruppen haben Sorge zu tragen, dass alle Mitglieder alle Fragen richtig beantworten können. In dieser Phase können und sollen sich die Kinder gegenseitig unterstützen und beim Lernen helfen. Im anschließenden Wettkampf sind die Kinder dann jedoch auf sich alleine gestellt und sollen möglichst alle Fragen richtig beantworten können, um ein möglichst gutes Ergebnis für ihre Gruppe zu erzielen.

Wettkampf

Der Wettkampf (das Lernspiel) findet an sogenannten Turniertischen mit Kindern aus unterschiedlichen Teams statt. Die Zusammensetzung der Spieler an den Turniertischen sollte möglichst leistungshomogen erfolgen, damit alle Kinder eine Chance haben zu gewinnen. Die Zuteilung der Kinder zu den Turniertischen ist in Abbildung 4.2 illustriert.

Ein Kind zieht eine Spielkarte, liest die Frage laut vor und gibt darauf eine Antwort. Das Kind links davon stimmt der Antwort zu oder fordert das erste Kind heraus und gibt eine andere Antwort. Das dritte Kind stimmt einer der beiden Antworten zu oder fordert die beiden anderen Kinder heraus und bietet eine dritte Antwortmöglichkeit an. Nun werden die Antworten auf der Karte laut vorgelesen und geprüft, wer die richtige Antwort gegeben und damit die Spielkarte gewonnen hat. Achtung: Wer herausfordert und die richtige Antwort nicht geben kann, muss eine bereits gewonnene Karte wieder abgeben. Gespielt wird im Uhrzeigersinn. Am Ende werden die gewonnenen Spielkarten für jedes Kind ausgezählt. Wer die meisten Karten gewonnen hat, bekommt 60 Spielpunkte für die eigene Gruppen-

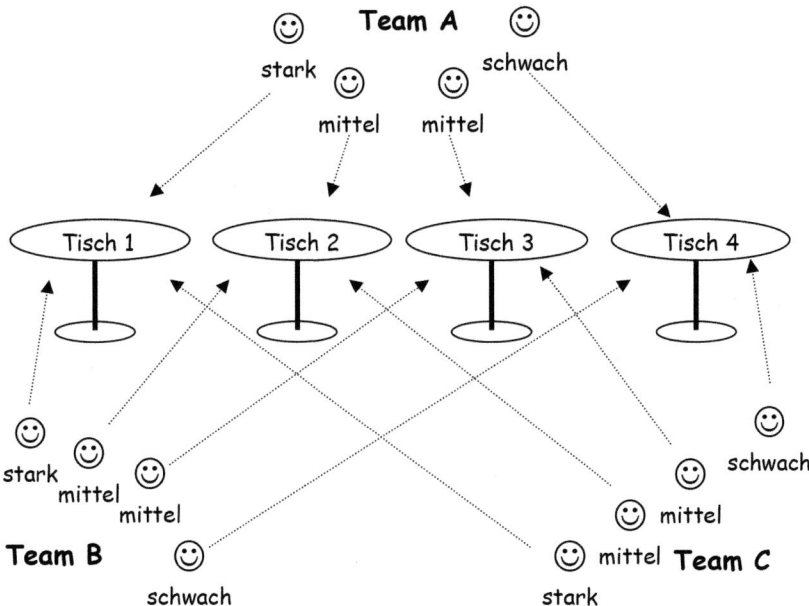

Abb. 4.2: Zuteilung der Schülerinnen und Schüler zu den Turniertischen (nach Slavin, 1994)

bewertung gutgeschrieben, das zweite Kind 40 Spielpunkte und das dritte Kind 20 Spielpunkte. Bei einem Gleichstand zwischen zwei Kindern oder wenn aufgrund der Gesamtzahl der Kinder an den Turniertischen zwei oder vier Kinder spielen, werden die Punkte wie in Tabelle 4.4 dargestellt verteilt.

Tab. 4.4: Spielpunkte für vier, drei und zwei Spieler im Gruppenturnier

Punkte (fett = Spielpunkte bei Gleichstand)							
4 Spieler							
60	**50**	60	60	**50**	60	**40**	**50**
40	**50**	**40**	40	**50**	30	**40**	**50**
30	30	**40**	30	**50**	30	**40**	30
20	20	20	**30**	20	**30**	**40**	30
3 Spieler							
60	**50**	60	**40**				
40	**50**	30	**40**				
20	20	**30**	**40**				
2 Spieler							
20	40						
20	40						

Gruppenbelohnung

Die von den Kindern individuell erspielten Punkte werden wie bei der Gruppenrallye für die Gruppenbelohnung summiert und es wird ein Durchschnittswert für jede Gruppe ermittelt. Die siegreiche Gruppe bekommt eine Gruppenbelohnung.

Wie die Gruppenrallye kann auch das Gruppenturnier in Kombination mit anderen Instruktionsformen flexibel in den Unterricht integriert werden. Nach einer Phase der direkten Instruktion durch die Lehrperson können die Lerninhalte in leistungsheterogenen Gruppen anschließend eingeübt werden.

Das aktiviert die Schülerinnen und Schüler, die sich gegenseitig unterstützen, um später im Turnier erfolgreich zu sein. Indem die Kinder die Möglichkeit erhalten, ihr Wissen während der Spielphase in einer leistungshomogen zusammengesetzten Spielgruppe unter Beweis zu stellen, wird es auch den Lernschwächeren möglich, am Wettbewerb teilzunehmen und das Beste für die eigene Gruppe herauszuholen. Was die Lehrkraft tun muss, ist nicht viel mehr als in jedem anderen Unterricht auch. Benötigt werden Übungsaufgaben für die Gruppenarbeit und weitere Aufgaben mit Lösungen für die Spielphase. Das Anspruchsniveau der Aufgaben ist abhängig von den zu vermittelnden Inhalten. Es kann sich um Aufgaben handeln, auf die eine Antwort zu geben ist (Wie heißt die Landeshauptstadt von Hessen?) oder um Aufgaben, bei denen mehrere Antwortmöglichkeiten zur Auswahl gestellt werden (Die chemische Formel für Wasser lautet: HO, HO_2, H_2O oder 2 HO?). Die Übungsaufgaben und die Aufgaben auf den Spielkarten sollten nicht dieselben Fragen enthalten, vielmehr sollten die neu erworbenen Fertigkeiten und Kenntnisse durch unterschiedliche Fragen erfasst werden (z. B. $25 : 5 = ?$ und $16 : 4 = ?$). Hilfreich ist es, Spielpläne vorzubereiten, in die die Namen der Kinder, ihre Gruppenzugehörigkeit, die erzielten Spielpunkte und die Gruppenbewertungen eingetragen werden können.

4.3 Gruppenpuzzle

Im Unterricht

Der Lehrer: »Wir haben in der letzten Stunde gemeinsam überlegt, wie ihr bei einer Gruppenarbeit gut voneinander lernen könnt. Ich habe die fünf wichtigsten Regeln auf Tischkarten geschrieben, damit ihr euch immer wieder daran erinnern könnt, wenn ihr nicht weiterkommt:

- Bearbeitet die Fragen gemeinsam!
- Lest die Fragen laut in der Gruppe vor!
- Überlegt euch zusammen die richtige Antwort!
- Redet miteinander, wenn ihr etwas nicht versteht!
- Wenn alle mit einer Antwort einverstanden sind, könnt ihr sie aufschreiben!

Dann beginnt die Gruppenarbeit. Es gibt Stamm- und Expertengruppen. Die Stammgruppe ist eure Heimatgruppe. Jede Stammgruppe besteht aus vier oder fünf Kindern und bekommt unterschiedliche Arbeitshefte zum Thema ›Wetter‹. Einigt euch bitte innerhalb der Stammgruppe, wer welches Arbeitsheft bearbeiten möchte: Johannes zum Beispiel das Thema ›Wolken‹, Lea ›Wind‹, Paul ›Gewitter‹, Lia ›Niederschlag‹ und Fabian ›Wettervorhersage‹. Alle Kinder aus allen Stammgruppen, die dasselbe Thema gewählt haben, treffen sich dann in einer Expertengruppe, in der ihr zusammen die Arbeitshefte bearbeitet. In den Arbeitsheften stehen auch Fragen, die ihr beantworten sollt. Wenn ihr nicht weiterkommt, schaut auf die Regeln. Ihr habt drei Stunden Zeit für die Arbeit in den Expertengruppen. Danach müsst ihr ein Experte/eine Expertin für euren Teilbereich sein.«

Nach drei Stunden kehren die Kinder in ihre Stammgruppen zurück und vermitteln sich dort gegenseitig in drei weiteren Unterrichtsstunden das in den Expertengruppen erarbeitete Wissen. Auch für diese Phase der Gruppenarbeit gibt es Regeln:

- Frage nach, wenn du etwas nicht verstanden hast!
- Frage deine Mitschüler, ob sie verstanden haben, was du gesagt hast!
- Überlegt gemeinsam, ob eine Frage vollständig beantwortet ist!
- Sage es deinen Mitschülern, wenn du glaubst, dass eine Antwort nicht stimmt!

Die Kinder wissen von Anfang an, dass am Ende des Gruppenpuzzles eine Klassenarbeit geschrieben wird. Sie wissen auch, dass sie nicht nur ihr eigenes Expertenthema verstanden haben müssen, sondern auch die Themen, die sie von den anderen (Experten-)Kindern durch die wechselseitige Vermittlung gelernt haben, denn die Arbeit enthält Fragen zu dem gesamten Themenkomplex. Wenn Johannes – das Expertenkind zu den »Wolken« – in der Klassenarbeit zum Wetter erfolgreich sein will, muss er gut aufpassen, was Lea zum Thema »Wind« und Paul zum Thema »Gewitter« zu berichten hat.

Die Gruppenpuzzlemethode wurde von einem Team um den Sozialpsychologen Elliot Aronson entwickelt (1978). Dabei ging es den Autoren nicht nur um eine Verbesserung der Lernleistungen, sondern auch um eine Verbesserung der sozialen Beziehungen unter den Schülerinnen und Schülern verschiedener ethnischer Gruppierungen. Entstanden ist eine kooperative Methode, bei der die Schülerinnen und Schüler in einer Atmosphäre gegenseitiger Verantwortung gemeinsam Wissen aufbauen und soziale Kompetenzen erwerben.

Positive Interdependenz ergibt sich im Gruppenpuzzle durch die Aufgaben- bzw. Themenverteilung unter den Mitgliedern einer Stammgruppe. Durch die Übernahme eines Teilthemas wird jedes Gruppenmitglied für den Erfolg der anderen Stammgruppenmitglieder in der abschließenden Klassenarbeit individuell verantwortlich gemacht. Das Anforderungsniveau ist eher im mittleren Bereich anzusiedeln: Die Inhalte müssen von den Schülerinnen und Schülern selbstständig erarbeitet werden, was voraussetzt, dass sie die Texte zumindest lesen, verstehen und die Hauptgedanken identifizieren können. Auch die wechselseitige Vermittlung erfordert ein Mindestmaß an Einsicht darin, was die Mitschülerinnen und Mitschüler von dem Thema schon wissen, was ihnen erklärt werden muss und wie dabei vorzugehen ist. Aus diesem Grund kann die Methode frühestens ab der dritten Klassenstufe empfohlen werden. Im Folgenden sind die fünf Phasen der Gruppenpuzzlemethode beschrieben (Einführung, Erarbeitung, Vermittlung, individuelle Wissensprüfung, Evaluation und Integration) und es wird auf spezifische Aspekte bei der Durchführung eingegangen (▶ Abb. 4.3).

Einführungsphase

In der Einführungsphase gibt die Lehrperson eine Einführung in die Gesamtthematik (z. B. Wetter). Anschließend wird die Klasse in sogenannte Stammgruppen aufgeteilt. Wie groß eine Stammgruppe sein sollte, ist zum einen abhängig von der Größe der gesamten Klasse und zum anderen von der Anzahl der Expertenthemen. Empfehlenswert ist eine Stammgruppengröße von vier bis sechs Personen. Auch die Anzahl der Expertenthemen sollte in diesem Bereich liegen. Die Stammgruppen sollten nach Geschlecht und Lernvoraussetzungen möglichst heterogen zusammengesetzt sein. Alle Mitglieder einer Stammgruppe müssen letztlich den gesamten Lernstoff (z. B. Wetter) erarbeiten, aber in unterschiedlicher Weise. Zunächst wird der Lernstoff in Teilbereiche (Expertenthemen) aufgeteilt. Beispiele für solche Teilbereiche für Lernstoffe aus dem Sach- und Mathematikunterricht sind in Tabelle 4.5 illustriert.

Tab. 4.5: Unterrichtsthemen und Teilbereiche

Thema	Teilbereiche
Sachunterricht	
• Elektrizität	Der Stromkreis; Die Batterie; Die Glühlampe; Leiter und Nichtleiter; Strom im Alltag
• Astronomie	Sonnenfinsternis; Mondfinsternis; Neumond; Vollmond; Erforschung des Weltraums
• Chemie	Womit beschäftigt sich die Chemie? Was sind chemische Stoffe? Stoffe mischen, Stoffe trennen; Wasser ist zum Waschen da? Luft – ist das etwas?
• Wetter	Wind; Wolken; Niederschläge; Gewitter; Wettervorhersage
• Vulkane	Ursprung der Vulkane; Vulkanausbrüche; Untätige Vulkane; Leben von und mit Vulkanen; Der Ätna und seine deutschen Brüder
• Wasser	Rund um unser Trinkwasser; Eigenschaften des Wassers; Wasserverschmutzung; Der Wasserkreislauf; Technische Erfindungen rund ums Wasser
Mathematikunterricht	
• Symmetrie	Spiegeln; Legen; Falten und Schneiden; Verschieben; Drehen
• Geometrische Körper	Quader; Würfel; Pyramide; Zylinder und Kugel; Kegel

Tab. 4.5: Unterrichtsthemen und Teilbereiche – Fortsetzung

Thema	Teilbereiche
• Lagebeziehungen	Perspektiven; Kippbewegungen; Bauen mit Würfeln; Licht und Schatten

Jedes Mitglied einer Stammgruppe wählt einen anderen Teilbereich, für den er oder sie sich besonders interessiert. Anschließend trennen sich die Wege der Stammgruppenmitglieder für einige Zeit. In der nun folgenden Erarbeitungsphase finden sie sich mit anderen Lernenden, die denselben Teilbereich gewählt haben, in neu gebildeten Gruppen (Expertengruppen) zusammen.

Erarbeitungsphase

In der Erarbeitungsphase arbeiten die Lernenden aus den verschiedenen Stammgruppen, die dasselbe Teilgebiet (z. B. Wolken) gewählt haben, in sogenannten Expertengruppen zusammen. Jede Expertengruppe verfügt über vorbereitetes Unterrichtsmaterial zu ihrem Teilgebiet. Die Lerninhalte sind für alle neu und müssen gemeinsam und selbstständig erarbeitet werden. Was dabei zu beachten ist, wurde im Vorfeld des Gruppenpuzzles in der Klasse besprochen, Regeln und Routinen helfen dabei. Die Lernenden machen sich in der Erarbeitungsphase zu Experten in ihrem Teilgebiet und machen sich auch Gedanken darüber, wie sie ihr neu erworbenes Wissen nach Rückkehr in ihre jeweilige Stammgruppe dort weitergeben können.

Vermittlungsphase

Nach der Erarbeitungsphase kehren die Lernenden, jetzt Experten in ihrem Teilbereich, in die jeweiligen Stammgruppen zurück, um dort den anderen, Novizen in diesem Bereich, ihr Wissen im Austausch weiterzugeben. Ziel der wechselseitigen Wissensvermittlung ist, dass alle Stammgruppenmitglieder über den gesamten Themenbereich Wissen erwerben. Die einzelnen Teilbereiche werden, einem Puzzle gleich, in der Stammgruppe zu einem Ganzen zusammengesetzt.

Individuelle Wissensprüfung

Am Ende der Vermittlungsphase wird der Lernerfolg festgestellt. Dazu wird ein Wissenstest vorgegeben, der Fragen über den gesamten Themenbereich enthält. Dass alle über alles gefragt werden, macht die Interdependenzen besonders deutlich. Jedes einzelne Mitglied einer Stammgruppe trägt Mitverantwortung für den Lernerfolg der anderen. Wer sein Expertenwissen nicht angemessen zu vermitteln vermag, verursacht ein unvollständiges Wissenspuzzle.

Phase der Evaluation und Integration

In der Phase der Integration und Evaluation wird die kooperative Zusammenarbeit reflektiert. Gemeinsam werden positive und negative Aspekte der kooperativen Arbeit besprochen und mögliche Verbesserungen diskutiert. Wo notwendig oder hilfreich, kann diese Thematik unter Anleitung der Lehrperson auch in einen größeren inhaltlichen Zusammenhang integriert werden.

Im Gruppenpuzzle finden sich alle fünf in Kapitel 3 beschriebenen Basiselemente kooperativen Lernens idealtypisch wieder. Positive Interdependenz ist durch die Aufgabenspezialisierung und die Ziele der Gruppenarbeit (arbeitsteilige Erarbeitung der Teilgebiete und wechselseitige Vermittlung) gegeben. Durch die Aufgabenspezialisierung trägt jedes Gruppenmitglied ein hohes Maß an individueller Verantwortlichkeit für den Lernerfolg der Gruppe. Während der Gruppenarbeit haben die Lernenden die Gelegenheit direkt und frei miteinander zu interagieren. Das wechselseitige Lehren und Erklären fordert und fördert unterstützende Interaktionen. Die Eigenverantwortlichkeit der Lernenden macht die Reflexion über den Gruppenprozess notwendig. Dabei muss ein Vertrauensklima geschaffen werden, das einen konstruktiven Umgang mit Kontroversen ermöglicht. Dies erfordert kommunikative und interpersonale Fähigkeiten, ohne die die Arbeit in Gruppen nicht möglich ist.

Aronson und Patnoe (1997) betrachten die Gruppenpuzzlemethode keineswegs als Patentrezept. Sie heben hervor, dass es bei schlechten Lernvoraussetzungen, zum Beispiel bei besonderen Defiziten im sprachlichen Bereich, nicht einfach sei, kooperativen Unterricht zu realisieren. Es gibt auch Schülerinnen und Schüler, die sich dem kooperativen Arbeiten verweigern und es vorziehen, alleine zu arbeiten. Mit ein wenig Geschick und Einfallsreichtum lassen sich aber viele Probleme lösen, so z. B. durch die Bildung von Huckepacktandems (ein lernschwaches und ein leistungsstarkes Kind bearbeiten gemeinsam einen Teilbereich). Das Gruppenpuzzle ist eine aufwendige Methode. In den ersten Wochen kann es zu Ernüchterungen und Rückschlägen kommen, bis die Schülerinnen und Schüler ihre wettbewerbsorientierten Verhaltensstrategien überwunden haben und bis alle von der kooperativen Zusammenarbeit profitieren.

Was muss die Lehrperson tun?

Nicht wenig! Zunächst muss das Unterrichtsmaterial ausgewählt und vorbereitet werden – sinnvoll abgrenzbare Teilbereiche eines Unterrichtsthemas müssen identifiziert werden. Dabei ist darauf zu achten, dass die formulierten Arbeitsaufträge selbstständig bearbeitet werden können. Tabelle 4.6 beschreibt die Aufgaben der Lehrerinnen und Lehrer zu verschiedenen Zeitpunkten des Gruppenpuzzles.

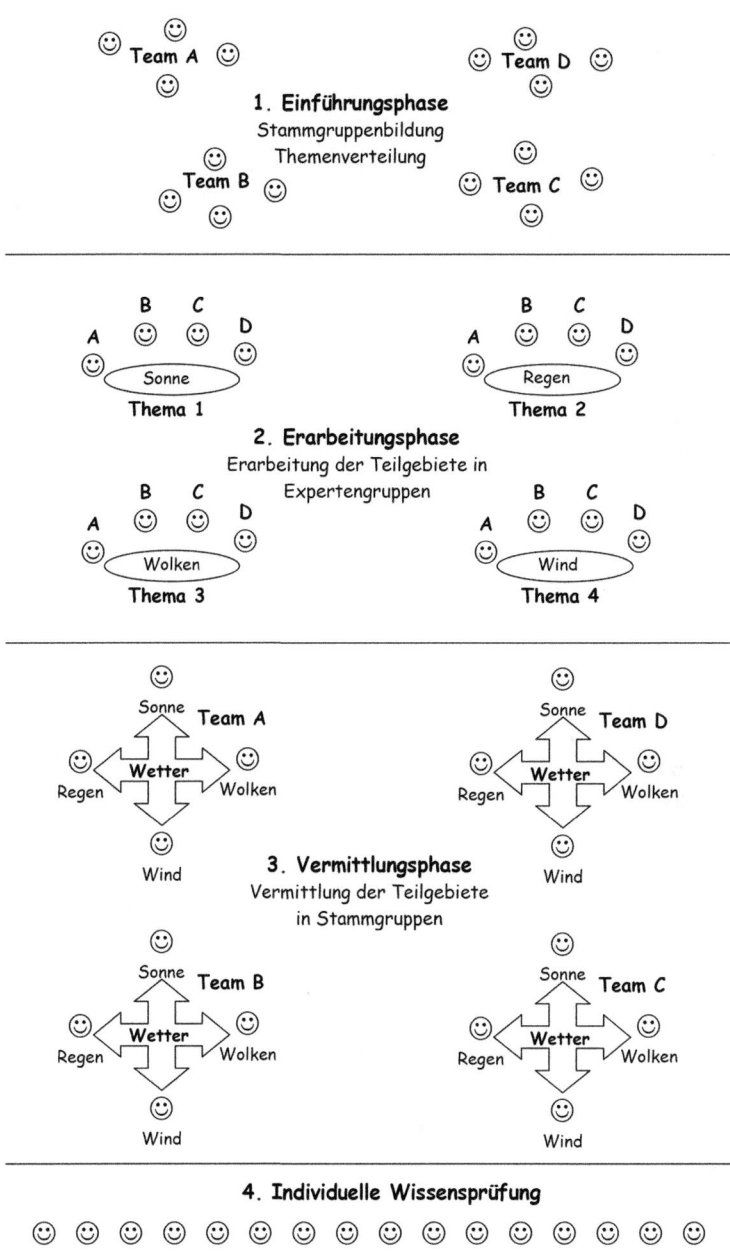

1. Einführungsphase
Stammgruppenbildung
Themenverteilung

2. Erarbeitungsphase
Erarbeitung der Teilgebiete in
Expertengruppen

3. Vermittlungsphase
Vermittlung der Teilgebiete
in Stammgruppen

4. Individuelle Wissensprüfung

5. Phase der Evaluation und Integration

Abb. 4.3: Ablauf des Gruppenpuzzles in fünf Phasen

Tab. 4.6: Aufgaben der Lehrperson im Gruppenpuzzle

Zeitpunkt	Aufgaben
Vorbereitung	• Erstellen des Unterrichtsmaterials und des Wissenstests • Formulierung von Arbeitsaufträgen für die Expertengruppen • Erarbeitung von Regeln für die kooperative Zusammenarbeit
Durchführung	• umsichtige Betreuung der kooperativen Arbeitsgruppen • auf die Einhaltung der kooperativen Regeln achten
Abschluss	• Reflexion der kooperativen Arbeit in der Evaluationsphase

Inhaltliche Interventionen während der Gruppenarbeit sollten möglichst vermieden werden, um die eigene Verantwortlichkeit der Schülerinnen und Schüler für das Lernergebnis zu gewährleisten. Der Verzicht auf direkte Unterstützung bei inhaltlichen Verständnisproblemen der Lernenden stellt allerdings oft ein Dilemma dar. Auf der einen Seite will man die Schülerinnen und Schüler bestmöglich fördern, auf der anderen Seite sollen sie sich bei auftretenden Schwierigkeiten möglichst selbst helfen. Hier können nur Hinweise, aber keine Patentrezepte gegeben werden.

- Indirekt oder niedrigschwellig unterstützen, indem auf Textstellen im Arbeitsmaterial oder auf Hilfsmittel verwiesen wird, die bei der Problemlösung nützlich sein können.
- Mut machen, auch ungewöhnliche Gedanken zu äußern. So kann ein wechselseitiger Prozess in Gang kommen, der über das Generieren von Hypothesen zu der richtigen Lösung führt.
- Verständnisprobleme in der Erarbeitungsphase registrieren, um die Angemessenheit der Materialien zu prüfen. Gegebenenfalls müssen die Materialien ergänzt oder für den weiteren Einsatz überarbeitet werden.

Mit ein bisschen Fantasie lässt sich die Gruppenpuzzlemethode in den unterschiedlichsten Lehr- und Lernsituationen sowohl bei Kindern als auch Erwachsenen zur Erarbeitung neuen Wissens anwenden. Voraussetzung ist, dass sich das Unterrichtsthema in verschiedene Bereiche unterteilen lässt. Hierarchisch strukturierte Themen sind für ein Gruppenpuzzle deshalb nicht geeignet. Je nach Unterrichtsgegenstand kann ein Gruppenpuzzle auch mal nur eine Stunde Zeit in Anspruch nehmen, bei komplexeren Themen vielleicht sogar mehrere Tage. Mehr Informationen zur Gruppenpuzzlemethode gibt es auf der Webseite www.jigsaw.org

---

Forschungsergebnisse

Gruppenpuzzle in der Grundschule
In unserer Arbeitsgruppe wurde untersucht, ob Grundschulkinder, die nach der Gruppenpuzzlemethode lernen, mehr lernen als im lehrergeleiteten Unterricht (Borsch, Jürgen-Lohmann & Giesen, 2002). An acht Grundschulen wurden jeweils zwei kooperativ strukturierte Unterrichtseinheiten in der dritten oder

---

vierten Klassenstufe realisiert. Jede Unterrichtseinheit bestand aus bis zu fünf Teilbereichen zu den vier Rahmenthemen: Ritter und Burgen, Wetter, Vulkane und Astronomie. Durch Wissenstests wurde zunächst das jeweilige Vorwissen der Kinder erhoben. Anschließend standen drei Unterrichtsstunden zur Verfügung, um mithilfe der vorbereiteten Materialien Experte in einem Teilbereich zu werden. Zur wechselseitigen Vermittlung des Expertenwissens standen ebenfalls drei Unterrichtsstunden zur Verfügung. Abschließend wurde der Wissenstest erneut vorgelegt, um den Wissenszuwachs zu erfassen. Insgesamt nahmen an der Untersuchung 350 Kinder teil, in Kontrollklassen wurde die gleiche Unterrichtseinheit im nicht kooperativen Modus behandelt.

Haben die Kinder im Gruppenpuzzle mehr gelernt?
Die Kinder, die sich die Inhalte der Themen nach der Gruppenpuzzlemethode selbst erarbeitet und wechselseitig vermittelt haben, hatten im Anschluss an die Unterrichtseinheit mehr gelernt als die Kinder der herkömmlich unterrichteten Klassen. Vier Monate nach Durchführung der Unterrichtseinheit bearbeiteten die Kinder noch einmal den Wissenstest. Auch dabei bestätigten sich die besseren Lernleistungen der kooperativ lernenden Kinder. Abbildung 4.4 zeigt den mittleren Wissenszuwachs in Punktwerten des Wissenstests in der Unterrichtseinheit Astronomie für den kooperativen und den lehrergeleiteten Unterricht (▶ Abb. 4.4).

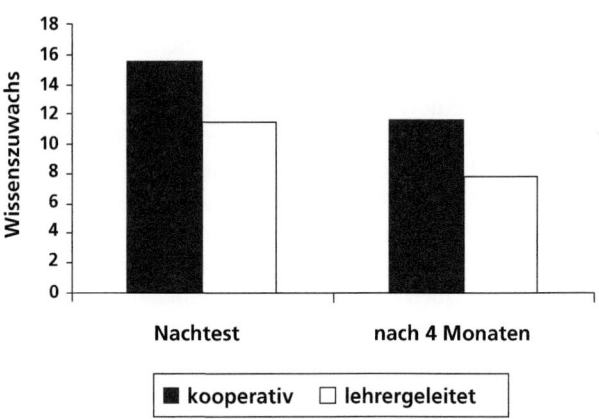

Abb. 4.4: Wissenszuwachs in Punktwerten im Nachtest und nach vier Monaten

Haben alle Kinder vom kooperativen Unterricht profitiert?
Unabhängig vom Vorwissensstand konnten alle Kinder von der kooperativen Unterrichtsform profitieren. Weder die besonders leistungsstarken noch die schwächeren Schülerinnen und Schüler wurden durch die Methode benachteiligt.

Ist den Kindern die wechselseitige Vermittlung der Themen gelungen?
Nicht immer. Insgesamt verbringen die Kinder vergleichsweise viel Zeit mit der Erarbeitung und Vermittlung ihres eigenen Expertenthemas. Im Vergleich dazu kommt das Erlernen der anderen Expertenthemen eher zu kurz. Das wirft die Frage auf, ob die Lerngewinne vornehmlich auf einen Experteneffekt, also auf den Wissenszuwachs im jeweils eigenen Expertenbereich zurückgehen. Schon Slavin und Kollegen (2003) hatten darauf hingewiesen, dass im Gruppenpuzzle nur die jeweiligen Experten Zugriff auf die Expertenmaterialien hätten, und das als Problem bezeichnet. Auch in unserer Untersuchung haben die Kinder tatsächlich am meisten in ihrem jeweiligen Expertenbereich gelernt. Aber auch in den anderen Teilbereichen hatten sie durch die wechselseitige Vermittlung der Inhalte mehr oder zumindest genauso viel gelernt wie die Kinder im herkömmlichen Unterricht. In einer nachfolgenden Analyse (Borsch, Gold, Kronenberger & Souvignier, 2007) wurde das Ausmaß des Experteneffekts in drei Mathematikeinheiten und sechs Sachunterrichtseinheiten näher untersucht. An diesen Studien nahmen insgesamt 262 Schülerinnen und Schüler der dritten Klasse teil und sie bearbeiteten jeweils sechsstündige Unterrichtseinheiten entweder nach der Methode des Gruppenpuzzles oder im lehrergeleiteten Unterricht. Bei vergleichbaren Lernerfolgen der herkömmlich und kooperativ unterrichteten Kinder wiesen die Ergebnisse wiederum auf einen Experteneffekt hin. Die genauere Prüfung des Experteneffektes zeigte, dass die Kinder in ihrem Expertenbereich sehr gut gelernt hatten. Bei Fragen zu diesen Teilbereichen waren sie den Kindern der lehrergeleiteten Klassen eindeutig überlegen. In den durch die wechselseitige Vermittlung gelernten Teilbereichen zeigten die kooperativ lernenden Kinder zum Teil jedoch Defizite. Beobachtungen der Gruppenarbeit haben gezeigt, dass die reine Vermittlungszeit für die einzelnen Expertenthemen durchaus ausreichte. Ausschlaggebend war eher die geringere Qualität der Vermittlungen. Auffallend ist der größere Experteneffekt in den Unterrichtseinheiten des Sachunterrichts. Möglicherweise hängt das mit der didaktischen Struktur der verwendeten Materialien zusammen. Die Arbeitshefte für die Mathematikeinheiten führten die Kinder kleinschrittig von einer Aufgabe zur nächsten. In der Vermittlungsphase gaben die Experten nur (einfache) Erklärungen und halfen (operativ) bei der Lösungsfindung. Das Material für den Sachunterricht war dagegen lebendiger und narrativer. Die Experten berichteten in den Stammgruppen zunächst über die gelesenen Texte sowie über die durchgeführten Experimente und beantworteten Verständnisfragen der Nichtexperten. Die narrative Struktur des Lernmaterials hat das Lernen in den Expertengruppen wahrscheinlich erleichtert. Zugleich hat es zu einem größeren Auseinanderklaffen des Wissensaufbaus von Experten und Nichtexperten geführt, da die Experten nicht immer in der Lage waren, das gut Gelernte ebenso gut weiter zu vermitteln.

Fazit
Es hat sich gezeigt, dass die Einführung der Gruppenpuzzlemethode schon in der Grundschule möglich ist. Bereits Drittklässler sind in der Lage, kooperativ zu

arbeiten. Die Methode funktioniert gut, wenn es um die gemeinsame Erarbeitung neuen Wissens geht (Erarbeitungsphase). Das wechselseitige Erklären in der Vermittlungsphase gelingt hingegen nicht immer. Zumindest Grundschulkinder brauchen hier offenbar mehr Hilfen. Die Forschungsergebnisse unterstreichen die Notwendigkeit unterstützender Maßnahmen für das erfolgreiche Lernen im Gruppenpuzzle. Es erscheint lohnend, in die Bereitstellung solcher Hilfen mehr zu investieren. Kronenberger (2004) beschreibt, wie sich die Vermittlungskompetenzen der Kinder durch Einüben von Frageroutinen mit der Methode des Guided Peer Questioning von King (1999) fördern lassen.

4.4   Gruppenpuzzle II

Die als Gruppenpuzzle II bezeichnete Methode ist eine Adaptation des Gruppenpuzzles mit zwei wichtigen Änderungen:

- Allen Mitgliedern einer Stammgruppe stehen Unterlagen und Materialien zu allen Aspekten eines Unterrichtsthemas zur Verfügung und nicht nur für einen Teilbereich. Ihren besonderen Expertenstatus erreichen sie dadurch, dass sie mit spezifischen Fragestellungen an das Thema herangehen. In der Erarbeitungsphase wird anhand dieser spezifischen Fragestellungen weiterhin in unterschiedlichen Expertengruppen gearbeitet.
- Die erfolgreichsten Stammgruppen werden – wie bei der Gruppenrallye – für ihren Erfolg mit besonderen Auszeichnungen oder Privilegien (z.B. mit Zusatzpunkten oder Hausaufgabengutscheinen) zusätzlich belohnt. Der Lernanreiz im Gruppenpuzzle II lässt sich deshalb auch aus einer motivationalen Perspektive heraus begründen (▶ Kap. 5.1). Die wechselseitige Interdependenz unter den Mitgliedern einer Stammgruppe wird so zusätzlich forciert.

Das Gruppenpuzzle II lässt sich in sechs Phasen unterteilen:

1. Einführung,
2. Erarbeitung,
3. Vermittlung,
4. individuelle Wissensprüfung,
5. Gruppenbelohnung,
6. Evaluation und Integration.

Einführungsphase

Zunächst wird das Vorwissen durch einen individuell zu bearbeitenden Wissenstest erfasst, um am Ende der Lerneinheit zum Zwecke der Gruppenbelohnung den Wissenszuwachs ermitteln zu können. Wie im herkömmlichen Gruppenpuzzle werden heterogen zusammengesetzte Stammgruppen gebildet. Alle Stammgruppenmitglieder erhalten dasselbe schriftliche Material zum Unterrichtsthema, es gibt aber unterschiedliche Fragestellungen dazu (▶ Abb. 4.5). Jedes Stammgruppenmitglied wählt eine Fragestellung aus, zu der es arbeiten möchte.

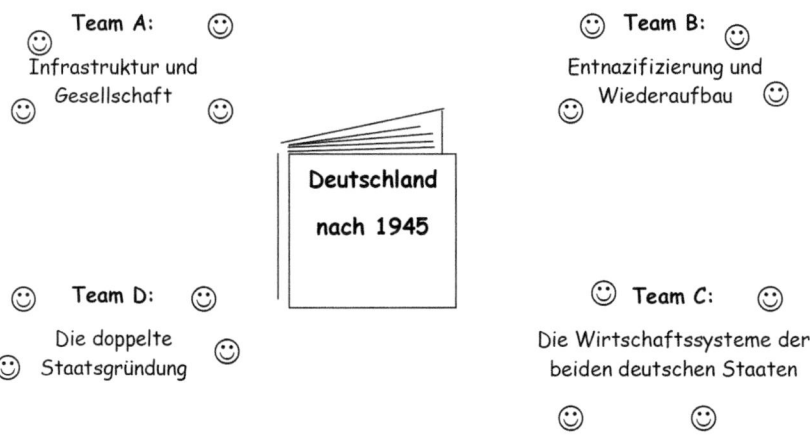

Abb. 4.5: Expertengruppenbildung Gruppenpuzzle II

Erarbeitungsphase

Wie im herkömmlichen Gruppenpuzzle. Die Stammgruppen lösen sich auf und die Schülerinnen und Schüler mit derselben Fragestellung treffen sich in den Expertengruppen, um kooperativ zu lernen.

Vermittlungsphase

Wie im herkömmlichen Gruppenpuzzle. Die Stammgruppenmitglieder treffen sich wieder, um die Ergebnisse aus den verschiedenen Expertengruppen wechselseitig zu präsentieren.

Individuelle Wissensprüfung

Im Anschluss an die Vermittlungsphase bearbeiten alle einen individuellen Wissenstest, der Fragen zu allen Teilaspekten des Unterrichtsthemas enthält.

Gruppenbelohnung

Neu! Wie bei der Gruppenrallye wird der individuelle Lernzuwachs aus der Differenz von Vortest- und Nachtestwerten ermittelt und es wird summativ ein Gesamtwert für die Gruppe festgestellt. Die erfolgreichste Gruppe wird belohnt – wie bei der Gruppenrallye.

Phase der Evaluation und Integration

In der Phase der Integration und Evaluation wird die kooperative Zusammenarbeit reflektiert. Gemeinsam werden positive und negative Aspekte der kooperativen Arbeit besprochen und mögliche Verbesserungen diskutiert.

Forschungsergebnisse

Slavin (1995) geht davon aus, dass die Lerneffekte beim kooperativen Lernen dann besonders groß sind, wenn erfolgreiche Gruppen für ihre Leistungen belohnt werden – vor allem dann, wenn die gewährte Gratifikation auf den Leistungen aller Gruppenmitglieder basiert. Für diese Annahme finden sich auch empirische Belege. Im deutschen Sprachraum liegen bisher keine Untersuchungen zur Wirksamkeit von Gruppenbelohnungen beim kooperativen Lernen vor. In einer unveröffentlichten Studie mit 54 Schülerinnen und Schülern der dritten Klassenstufe haben wir eine achtstündige kooperative Mathematikeinheit (Geometrie) nach der Gruppenpuzzlemethode mit und ohne zusätzliche Gruppenbelohnungen durchgeführt. Die Gruppenbelohnungen (Siegerurkunden mit Stammgruppenfoto) wurden auf Basis der aggregierten individuellen Leistungen der Kinder vergeben. Mit der Aussicht auf zusätzliche Gruppenbelohnung haben die Kinder signifikant mehr dazugelernt als in den Klassen ohne Belohnung.

4.5 Gruppenrecherche

Teams mit vier bis sechs Lernenden arbeiten gemeinsam an einer Themenstellung oder an einer Problemstellung im Rahmen eines Gesamtthemas. Innerhalb der Teams werden wiederum verschiedene Arbeitsaufträge unter den Mitgliedern verteilt, die sie mehr oder weniger selbstständig bearbeiten müssen, um zur Zielerreichung des Teams beizutragen. Auf diese Weise haben alle Gruppenmitglieder einen spezifischen Auftrag zu erfüllen. Anschließend werden die Beiträge der Einzelnen in ihren Teams zusammengetragen und als Gesamtergebnis der gesamten Klasse bzw. dem Seminar präsentiert. Durch diese Art der Aufgabenspezialisierung entsteht ein hohes Maß an individueller Verantwortlichkeit und an wechselseitiger Abhängigkeit innerhalb eines Teams, aber auch gegenüber der gesamten Lerngruppe.

Die Gruppenrecherche (Sharan & Sharan, 1994) ist eine klassische kooperative Methode, sie ist vergleichsweise »offen« strukturiert und damit hinsichtlich der notwendigen kooperativen Fähigkeiten eine besonders voraussetzungsreiche Methode.

Theoretischer Hintergrund

Die Gruppenrecherche steht in der Tradition reformpädagogischer Theorien – John Deweys Philosophie der Erziehung lässt sich als eine ihrer Wurzeln benennen (Sharan & Sharan, 1994). Ihr postulierter Wirkmechanismus beruht auf den vier Eckpfeilern: Entdecken lassen, Lerner-Lerner-Interaktion, Wissenskonstruktion durch Aushandeln und intrinsische Motivation.

- *Entdecken lassen:* Für John Dewey und andere Reformpädagogen basiert kindliches Lernen ganz und gar auf individuellen Primärerfahrungen. Kinder lernen durch eigenes Handeln, am besten indem sie sich (gemeinsam) experimentierend in einer reichen Lernumwelt aus Materialien, Werkstätten und Bibliotheken bewegen – möglicherweise sind heutzutage auch andere Medien geeignet, um Lernerfahrungen auszulösen. Vorteilhaft dabei ist, dass das entdeckende Lernen nicht nur zum Wissenszuwachs führt, sondern dass dabei auch gelernt wird, wie man lernt, oder anders ausgedrückt, wie man neues Wissen durch Nachforschung und Experimentieren selbst generieren kann.
- *Lerner-Lerner-Interaktion:* Gespräche, wechselseitige Unterstützung und gegenseitige Hilfen sind nach Dewey die wesentlichen Eckpfeiler beim Wissenserwerb. Dabei kommt es auf die Qualität der Interaktionen zwischen den Lernenden an. Die Interaktionen sind die »Werkzeuge«, mit denen sich die Lernenden unterstützen, ihre Ideen bewerten, unterschiedliche Sichtweisen verteidigen und Wissen wechselseitig vermitteln.
- *Wissenskonstruktion durch Aushandeln:* In einem Prozess des gemeinsamen Aushandelns werden das individuelle Vorwissen und die Überzeugungen des Einzelnen mit neuen, nicht selten widersprüchlichen Informationen abgeglichen – neue Sichtweisen und Einsichten können entstehen, indem die eigenen Erkenntnisse mit denen anderer Schülerinnen und Schüler geteilt werden. Die Förderung der Wissenskonstruktion durch Interaktion ist in der konstruktivistischen Theorie des Lehrens und Lernens verankert und mit Namen wie Piaget und Wygotski verbunden.
- *Intrinsische Motivation:* Die Möglichkeit, Fragestellungen mitzuentwickeln, sich Lernpartner zu suchen, den Lernprozess selbst zu planen und zu kontrollieren und neue Erkenntnisse im wechselseitigen Austausch mit gleichwertigen Partnerinnen und Partnern zu gewinnen, sind gute Voraussetzungen, um die intrinsische Motivation der Lernenden zu fördern. Intrinsisch motiviert wird gelernt, wenn es um seiner selbst willen geschieht und wenn eine Person aus eigenem (innerem) Antrieb handelt. Im Gegensatz dazu steht

das extrinsisch motivierte Lernen, bei dem ein Anreiz von außen gesetzt wird (z. B. durch das Inaussichtstellen einer Belohnung).

Der unterrichtliche Ablauf der Gruppenrecherche lässt sich in sechs Phasen unterteilen:

1. Themenstellung und Gruppenbildung,
2. Aufgabenplanung in den Arbeitsgruppen,
3. Bearbeitung der Fragestellung in den Arbeitsgruppen,
4. Auswertung der Arbeitsergebnisse und Planung der Präsentation in den Arbeitsgruppen,
5. Präsentation der Gruppenarbeiten vor der Klasse und
6. gemeinsame Evaluation des Projektes.

Themenstellung und Gruppenbildung

Üblicherweise wird eine mehrschichtige Themenstellung vorgegeben oder eine Problemstellung, auf die es keine einfache Antwort gibt (Beispiel: Sterbehilfe). Dazu formulieren die Lernenden gemeinsam mit der Lehrperson verschiedene Unterthemen bzw. Fragestellungen. Das kann in Form eines Brainstormings geschehen (»Was wisst ihr über das Problem? Was würdet ihr gerne wissen?«). Themen, die einen Bezug zur eigenen Lebens- oder Erfahrungswelt der Lernenden aufweisen, sind leichter geeignet, Interesse zu wecken und die Lernautonomie zu fördern. Um die Thematik vorzubereiten, kann die Lehrperson das Klassenzimmer schon ein bis zwei Wochen vor der eigentlichen Gruppenarbeit mit den einschlägigen Materialien ausstatten (z. B. mit Büchern, Landkarten, Bildern, Zeitungen oder anderen Gegenständen) oder im Universitätsseminar geeignete Literatur zur Verfügung stellen oder Internetquellen bekanntgeben. Für jeden sollte etwas dabei sein, das ihm eine Möglichkeit eröffnet, eine Auseinandersetzung mit dem Thema zu beginnen. Die Herleitung einer konkreten Fragestellung kann auf ganz unterschiedliche Arten organisiert werden:

- *Individuell:* Die Lernenden notieren in zehn bis fünfzehn Minuten für sich allein, was sie am Thema interessiert. Anschließend werden die Fragestellungen in der gesamten Lerngruppe vorgestellt.
- *In Gruppen:* Die Lernenden diskutieren in Vierer- bis Fünfergruppen ihre Ideen zum Thema. Die Gruppenergebnisse werden schriftlich festgehalten und der Gesamtgruppe vorgestellt.
- *Individuell, in Paaren und in Gruppen:* Zunächst schreiben alle Lernenden eigene Fragen auf, dann vergleichen sie ihre Fragen mit denen einer Partnerin bzw. eines Partners und danach mit denen eines größeren Teams. Diese Vorgehensweise löst eigenes Nachdenken aus, lässt es aber auch zu, von den Gedanken der anderen zu profitieren.

Alle so erarbeiteten Fragestellungen werden der Lerngruppe vorgestellt und zu sinnvollen Fragekomplexen zusammengefasst. Anschließend entscheiden sich die Schülerinnen und Schüler bzw. Studierenden nach ihren individuellen Interessen, welchen Fragekomplex sie in einer Kleingruppe bearbeiten möchten. Die Zusammensetzung der Kleingruppen wird also möglichst autonom entschieden – die Lehrperson greift, mit Ausnahme vielleicht in inklusiven Klassen, möglichst nicht steuernd ein.

Aufgabenplanung in den Arbeitsgruppen

Die Kleingruppen planen die Arbeit am jeweiligen Thema (Wo wollen wir hin? Was müssen wir machen? Wie lösen wir die Aufgabe? Wer macht was? Was müssen wir zuerst machen?). Üblicherweise werden die Gruppenmitglieder nach eigenen Vorlieben und Fähigkeiten Tätigkeiten auswählen, die ihnen liegen. Manche bearbeiten lieber Texte, während andere lieber Interviews mit Experten führen, Skizzen bzw. Modelle anfertigen oder im Internet recherchieren. Was aber, wenn notwendige, aber unbeliebte Teilaufgaben von keinem übernommen werden? Hier greift die Lehrkraft unterstützend ein, indem sie von Gruppe zu Gruppe geht, berät und bei der inhaltlichen und organisatorischen Umsetzung des Arbeitsplans oder bei notwendigen Planungsänderungen hilft.

Bearbeitung der Fragestellung in den Arbeitsgruppen

Einzeln oder in Paaren recherchieren und sammeln die Teammitglieder Material und Informationen. Das Material muss ausgewertet und beurteilt werden. Immer wieder müssen die Ergebnisse in der Gruppe berichtet, abgeglichen und Meinungen eingeholt werden. Ein Gruppenmitglied dokumentiert die Ergebnisse. In Klassen der unteren Jahrgangsstufen ist es wahrscheinlich sinnvoll, dass jedes Gruppenmitglied ein Protokoll der Ergebnisse anfertigt.

Auswertung der Arbeitsergebnisse und Planung der Präsentation

Die Gruppenmitglieder wählen Material für einen Handzettel und für die Präsentation in der Klasse aus. Sie planen und üben die Präsentation (Wer trägt was vor? Wie erklären wir das? Welche Hilfsmittel brauchen wir?). Es geht nur scheinbar um organisatorische Fragen. Dahinter stehen didaktische Überlegungen, die auf die kognitiven und metakognitiven Anforderungen der Wissensvermittlung gerichtet sind. Was sind die Hauptgedanken? Wie können Zusammenhänge sichtbar gemacht werden? Was ist uns noch unklar? Ziel dieser Arbeitsphase ist ein Produkt – eine informative und ansprechende Präsentation und ein übersichtlicher Handzettel für die Zuhörerinnen und Zuhörer.

Präsentation der Gruppenarbeiten vor der gesamten Lerngruppe

Die einzelnen Gruppen präsentieren der Gesamtgruppe ihre Ergebnisse. Dabei soll das Auditorium möglichst aktiv mit eingebunden werden. Bevor die Präsentation beginnt, sollten die Lernenden Kriterien zur Bewertung ihrer Beiträge vorschlagen: Wurden die Hauptgedanken der Präsentation verstanden? Waren alle Gruppenmitglieder beteiligt? Hat die Gruppe ihre Möglichkeiten ausreichend ausgeschöpft? Was ist am besten gelungen?

Solche Fragen strukturieren nicht nur das Zuhören, sondern auch das Vortragen selbst. Der Rollenwechsel vom Lernen zum Lehren stellt neue Anforderungen an die Schülerinnen und Schüler bzw. Studierenden. Was durch eigenes Lernen verstanden wurde, erklärt sich noch lange nicht von selbst. Auch erklären muss gelernt werden. Die Präsentation muss strukturiert vorgetragen und inhaltlich nachvollziehbar sein.

Gemeinsame Evaluation des Projekts

Die Evaluation der Gruppenrecherche zielt sowohl auf den Erkenntnisgewinn durch das Projekt als auch auf die Vorgehensweise der Lernenden bzw. der Gruppen ab. Zur Prüfung des Wissens kann z. B. jede Gruppe zwei bis drei Fragen entwerfen, die das Verständnis der Kernaussagen ihrer Gruppenrecherche prüft. Fragen, die alle Themenkomplexe integrieren, können am Ende aller Vorträge von der Lehrkraft ergänzt werden. Je nach Gruppenanzahl ergibt sich ein Test mit 12 bis 15 Fragen, die von allen Lernenden bearbeitet werden sollen.

Die Gruppenrecherche ist sicherlich die voraussetzungsvollste der bisher vorgestellten kooperativen Arbeitsweisen. Die Lernenden benötigen schon einige Erfahrungen mit kooperativer Arbeit, um sie mit Gewinn durchzuführen. Sie sollten vertraut sein mit Gruppendiskussionen, mit der Übernahme von Gruppenleitungsaufgaben sowie mit der Planung und Überwachung des eigenen Arbeitsprozesses. Das gelingt in Hochschulseminaren sicherlich besser als in der Schule. Hier kann es, vor allem im inklusiven Unterricht, hilfreich sein, den weniger leistungsstarken Schülerinnen und Schülern einen starken Partner bzw. eine starke Partnerin zur Seite zu stellen und sogenannte »Lerntandems« zu bilden. In Tabelle 4.7 sind die verschiedenen Phasen der Gruppenrecherche und die daraus resultierenden Lernprozesse der Schülerinnen und Schüler sowie die Aufgaben der Lehrerinnen und Lehrer zusammenfassend dargestellt.

Tab. 4.7: Phasen, Lernprozesse und Aufgaben der Lehrkraft bei der Gruppenrecherche

Phase	Lernprozess	Aufgabe der Lehrkraft
1. *Themenstellung und Gruppenbildung*	• neuen Themenbereich erkunden • Vorwissen aktualisieren • Fragestellungen entwerfen • Unterthemen formulieren	• vorbereitendes Material organisieren • zu Fragestellungen anregen • Diskussionsleitung bei der Entwicklung von Fragestellungen

Tab. 4.7: Phasen, Lernprozesse und Aufgaben der Lehrkraft bei der Gruppenrecherche –
Fortsetzung

Phase	Lernprozess	Aufgabe der Lehrkraft
2. *Aufgaben-planung in den Arbeits-gruppen*	• planen der kooperativen Arbeit • Gedankenaustausch • Untersuchung planen • Aufgaben verteilen	• Hilfe bei der Koordination der Recherche • Hilfe bei der Einhaltung kooperativer Regeln • Unterstützung bei der Suche nach geeigneten Informationsquellen
3. *Bearbeitung der Frage-stellung in den Arbeits-gruppen*	• Informationsquellen vergleichen und auswerten • Informationen verarbeiten, erweitern und anreichern • Antworten auf die Fragen finden	• Unterstützung von Arbeitsstrategien • Rat bei der Auswertung der Informationen • Hilfe bei der Verknüpfung der verschiedenen Inhalte
4. *Auswertung der Arbeits-ergebnisse und Planung der Präsenta-tion in den Arbeitsgrup-pen*	• Hauptaussagen formulieren • Beziehung zur übergeordneten Fragestellung herstellen • Präsentation planen	• Hilfe bei der Koordination • Hilfe bei der Herstellung von Zusammenhängen • sicherstellen, dass alle Gruppenmitglieder präsentieren
5. *Präsentation der Grup-penarbeiten vor der Klas-se*	• Demonstration der erworbenen Kenntnisse • Bewertung der Verständlichkeit und Aussagekraft der anderen Präsentationen • neue Bezüge zwischen den Themen herstellen	• Präsentation koordinieren • Diskussionsleitung • Zusammenhänge zwischen den Gruppen herstellen
6. *Gemeinsame Evaluation des Projektes*	• Integration der Ergebnisse aller Gruppen • Reflexion der eigenen Leistungen und der kooperativen Zusammenarbeit	• zusammenfassende Bewertung aller Gruppenarbeiten • Unterstützung bei der Reflexion der Schülerinnen und Schüler über die eigenen Leistungen und die kooperative Zusammenarbeit

4.6 Konstruktive Kontroverse

Im Unterricht

Die Lehrerin sagt zu ihrer Klasse: »Wie wir in der letzten Stunde schon angesprochen haben, gibt es bundesweit Diskussionen, ob Schuluniformen an staatlichen Schulen eingeführt werden sollen. Eine Haupt- und Realschule in Hamburg-Sinstorf ist die erste Schule in der Bundesrepublik Deutschland, die 2000 eine Schuluniform einführte. Allerdings heißt sie dort Schulbekleidung und nicht Uniform, weil die Schülerinnen und Schüler die Kleidung mitbestimmen und aus einer Kollektion auswählen dürfen, was sie tragen wollen. Ein Teil von euch hat ja bei dem Stichwort Schuluniform spontan geäußert, wie toll er das findet. Die anderen sind dann gleich über die Befürworter hergefallen und haben dagegen heftig protestiert. Ich möchte, dass ihr die Pro- und Kontra-Argumente zum Thema Schulbekleidung an unserer Schule inhaltlich erarbeitet. Dazu teilen wir die Klasse in Vierergruppen auf. Ich sage euch gleich, wer mit wem zusammenarbeiten soll. Zwei Mitglieder der Gruppe erarbeiten die Argumente für die Einführung der Schuluniform bzw. Schulbekleidung. Die anderen beiden die Gegenargumente. Überlegt mit euren Partnerinnen bzw. Partnern gemeinsam, wie ihr euren Standpunkt am besten vertreten könnt. Bearbeitet das Material, das ich euch gebe, und macht euch auf die Suche nach weiteren Informationen, um eure Position zu stärken. Erarbeitet eine überzeugende Präsentation. Stellt sicher, dass immer beide Personen eines Tandems die Argumente so vertreten können, dass ihr das andere Tandem überzeugen könnt. Präsentiert euch in den Vierergruppen wechselseitig die beiden Positionen. Nutzt alle Präsentationstechniken, die euch geeignet erscheinen, beispielsweise PowerPoint, Bilder, Filme oder Handzettel. Bei der Präsentation sollt ihr erst einmal zuhören und nicht diskutieren. Versucht zuerst die andere Position zu verstehen. Macht euch Notizen und schreibt euch Fragen auf, wenn euch noch etwas unklar ist. Wenn beide Seiten vorgestellt worden sind, könnt ihr diskutieren und eure Position verteidigen. Ziel ist es, letztlich alle Pro- und Kontra-Argumente zu kennen und inhaltlich ausfüllen zu können. Damit ihr die andere Position besser verstehen lernt, sollt ihr nach der Diskussion die Rollen tauschen. Das Paar mit den Pro-Argumenten soll dann gegen und das Paar mit den Kontra-Argumenten für die Schuluniform argumentieren. Die Unterlagen sollt ihr dabei aber nicht untereinander tauschen, sondern überlegen, was ihr euch behalten konntet. Zum Schluss gebt ihr eure ursprünglich zugeteilten Rollen auf und trefft eine Gruppenentscheidung im gemeinsamen Konsens. Schreibt dann einen Gruppenbericht, in dem beide Positionen mit ihren Argumenten beschrieben sind. Vielleicht kommt ihr ja auch auf eine ganz andere und viel bessere Lösung anstelle eines einzigen Pros oder Kontras. Am Ende der Woche werden wir noch eine Klassenarbeit über das Thema schreiben, in der ihr beide Positionen erläutern müsst. Bei der Klassenarbeit erhält jedes Gruppenmitglied zusätzliche Bonuspunkte, wenn auch alle anderen Gruppenmitglieder ausreichend Argumente für beide Seiten der Kontroverse nennen können. Also helft euch gegenseitig.«

93

Bei der oben vorgestellten Methode der konstruktiven Kontroverse (Johnson & Johnson, 1979, 1999), die eher für Jugendliche und junge Erwachsene geeignet ist, wird die positive Interdependenz durch einen gemeinsamen Konsens, die Aufteilung der Materialien unter den Lernpartnern und Bonuspunkte für das gute Abschneiden aller Gruppenmitglieder in einem abschließenden, individuell zu bearbeitenden Test forciert. Damit einher geht die individuelle Verantwortlichkeit: Alle Gruppenmitglieder müssen sich notwendigerweise an der mündlichen Diskussion beteiligen, um die Inhalte zusammenzutragen und zu präsentieren. Beim abschließenden Wissenstest sind alle auf sich allein gestellt.

Aufgabe der Lehrperson ist neben der Aufforderung zur Erarbeitung kontroverser Standpunkte das Vermitteln und Einüben kooperativer Regeln:

- Ich kritisiere Ideen, nicht Personen.
- Ich denke daran, dass wir alle zusammenarbeiten.
- Ich ermutige jeden, sich zu beteiligen.
- Ich lasse jeden ausreden, auch wenn ich anderer Meinung bin.
- Ich nehme ein Thema wieder auf, wenn es noch nicht klar ist.
- Ich versuche, beide Seiten zu verstehen.
- Zuerst werden alle Ideen geäußert, dann erst zusammengefasst.

Der Ablauf der Methode noch einmal im Einzelnen:

Themenwahl und Materialien

Voraussetzung ist, dass kontroverse Standpunkte eingenommen werden können und dass die Lernenden Zugriff auf Materialien haben, um sich in die verschiedenen Standpunkte einzuarbeiten.

Gruppenbildung

Vier Gruppen, die leistungsheterogen zusammengesetzt sind, werden wiederum in Dyaden mit je einem leistungsstarken und einem weniger leistungsstarken Partner aufgeteilt.

Erarbeitung der Standpunkte

Eine Dyade der Vierergruppe erarbeitet die Pro-Argumente, die andere Dyade die Kontra-Argumente.

Präsentation

Beide Dyaden stellen ihre Positionen ausführlich vor. Während der Präsentation wird nicht diskutiert.

Diskussion

In einer offenen Gruppendiskussion können die unterschiedlichen Standpunkte kritisch beurteilt und hinterfragt werden, und die Kontrahenten sollen ihre Position verteidigen.

Rollenwechsel

Die beiden Dyaden sollen ihren jeweiligen Standpunkt wechseln und versuchen, für die Gegenseite zu argumentieren. Dabei kann es auch hilfreich sein, die Plätze zu tauschen, um ein deutliches Zeichen für den Wechsel zu setzen.

Konsensfindung und Gruppenbericht

Die Gruppenmitglieder geben ihre Rollen auf und einigen sich auf einen gemeinsamen Konsens, der in einem gemeinsamen Bericht mit allen Pro- und Kontra-Argumenten dargestellt wird.

Test

In einem individuellen Abschlusstest sollen die Lernenden möglichst viele Argumente nennen und inhaltlich ausführen können sowie eine mögliche Lösung in Form eines Konsenses oder einer weiteren Möglichkeit erarbeiten.

Forschungsergebnisse

Smith, Johnson und Johnson (1981) konnten in einer Interventionsstudie eine gründlichere Bearbeitung der Materialien und bessere Lernleistungen bei der Arbeit nach der Methode der konstruktiven Kontroverse im Vergleich mit herkömmlicher Gruppenarbeit oder der individuellen Erarbeitung der Inhalte bei Schülerinnen und Schülern der sechsten Klasse belegen. Die Kontroversen führten zu einem besseren Verständnis und einer größeren Akzeptanz der verschiedenen Sichtweisen eines Problems.

4.7 Reziprokes Lehren und Lernen

Vielleicht haben Sie selbst schon die Beobachtung gemacht: Manche Kinder und Jugendliche lesen weitgehend flüssig und fehlerfrei einen Text. Will man jedoch anschließend mit ihnen über die Inhalte sprechen, haben sie kaum etwas von dem

Gelesenen verstanden und behalten. Ihnen fehlen die geeigneten Strategien, um die tiefere Bedeutung des Gelesenen zu verstehen. Das reziproke Lehren und Lernen zielt, wie auch die anschließend beschriebene Skriptkooperation (▶ Kap. 4.8), auf die Vermittlung von Lesestrategien und auf die Förderung des Textverständnisses. Während das reziproke Lehren und Lernen schon gegen Ende der Primarstufe eingesetzt werden kann, ist die Methode der Skriptkooperation voraussetzungsreicher und eher für die weiterführenden Klassenstufen und für die erwachsenen Lernenden geeignet. Haben die Kinder jedoch noch Schwierigkeiten beim flüssigen und fehlerfreien Lesen, einer unbedingten Voraussetzung, um sich auf das Verstehen der Inhalte konzentrieren zu können, müssen diese Fertigkeiten zuerst trainiert werden. Leseflüssigkeit kann partnerschaftlich in sogenannten Lautlese-Tandems trainiert werden (▶ Kap. 4.9). Beim kooperativen Lesen (▶ Kap. 4.10) wird sowohl die Leseflüssigkeit als auch das Textverständnis in Partnerarbeit trainiert. Das reziproke Lehren und Lernen zur Förderung des Textverständnisses wird zuerst beschrieben, weil es sich in die bisher vorgestellten Gruppenarbeitsmethoden leicht einreihen lässt. Den Abschluss des vierten Kapitels bilden die Methoden zum partnerschaftlich-dyadischen Arbeiten.

Das reziproke Lehren und Lernen wurde von Palincsar und Brown (1984) entwickelt, um Kinder mit gravierenden Rückständen in ihrem Leseverständnis zu fördern. Dabei führt die Lehrperson in einer Kleingruppe zunächst modellhaft vor, wie sie beim Lesen vorgeht, um einem Text seinen Sinn zu entnehmen. Sie liest vor den Augen (und Ohren) der Kinder zunächst einen Textabschnitt laut vor, fasst anschließend das Gelesene in eigenen Worten zusammen und formuliert Verstehensfragen, die schwierige Wörter oder Textabschnitte betreffen. Natürlich tut sie nur so, als ob sie etwas nicht versteht. Modellhaft demonstriert die Lehrperson auf diese Weise die Anwendung von Lesestrategien, um die Inhalte des Textes besser verstehen und behalten zu können. Elementar ist, dass sie den Kindern nicht nur ihre Zusammenfassung vorträgt oder passende Fragen zu den Inhalten formuliert, sondern durch lautes Verbalisieren ihre mentalen Prozesse offenlegt, warum sie gerade diese oder jene Strategie anwendet und welchen Zweck sie damit verfolgt. Die Kinder beobachten die Lehrperson dabei und hören genau zu, denn im nächsten Schritt sollen sie die Rolle der Lehrperson übernehmen, ihre Handlungen imitieren und selbstständig den nächsten Abschnitt zusammenfassen und Fragen zu dem Text formulieren. Das Anforderungsniveau der Texte sollte dabei dem Entwicklungsstand der Kinder angemessen sein. Sie sollen herausgefordert, aber nicht überfordert werden. Sie sollen eine gestellte Aufgabe mit Unterstützung der Lehrperson lösen können. Die Lehrperson verfolgt den Interaktionsprozess in der Gruppe, greift bei Fehlern ein, korrigiert und gibt, wenn nötig, weitere Hilfestellungen. Die Kinder agieren so in der Zone der nächsten (proximalen) Entwicklung (▶ Kap. 5.1, Entwicklungsperspektive). So werden nach und nach vier Strategien des Textverstehens (Zusammenfassen, Fragen zum Text formulieren, Unklarheiten beseitigen, Vorhersagen treffen) in gemeinsamer Gruppenarbeit erarbeitet (▶ Tab. 4.8). Dabei übernehmen alle Schülerinnen und Schüler wechselseitig die Rolle der Lehrperson, indem sie die Anwendung der Strategien vormachen, sowie die Schülerrolle, indem sie zuhören und beobachten, die Anwendung der Strategien nachmachen und auf die Fragen antworten. In dem wiederholten Rollen- bzw. Funktionswechsel liegt das reziproke Moment. Ziel ist, dass sich die Lehrperson selbst immer mehr aus dem Lerngeschehen zurückzieht und die Verantwortung für den Lernprozess nach und nach an die Schülerinnen und Schüler überträgt. Das Wissen wird so, ganz im Sinne der soziokulturellen Entwicklungstheorie von Wygotski, im Rahmen sozialer Interaktion zunächst gemeinsam ko-konstruiert und anschließend individuell internalisiert (▶ Kap. 5.1, Entwicklungsperspektive).

Tab. 4.8: Strategien des Textverstehens nach Palincsar und Brown (1984)

Strategie	Erläuterung	Beispiel
1. **Zusammenfassen**	Textabschnitte zusammenfassen, um die Kernaussagen zu erfassen.	»Was ist der Kern der Aussage?«
2. **Fragen stellen**	Fragen stellen, um die gelesenen Aussagen vertiefend zu elaborieren und das Verständnis zu kontrollieren.	»Was würde eine Lehrperson zu dem Text fragen?«
3. **Unklarheiten beseitigen**	Verständnisprobleme und Schwierigkeiten überwinden.	»Was ist eine Mine?«
4. **Vorhersagen**	Vorhersagen treffen, um den Inhalt des bisher Gelesenen auf Nachfolgendes zu übertragen. Prüfen, ob die Vorhersagen zutreffend sind.	»Wie wird der Text wohl weitergehen?«

Voraussetzung für den Einsatz der Methode ist, dass die Kinder in der Lage sind, auf der Wort- und Satzebene einigermaßen flüssig zu lesen. Die Methode hat sich auch bei Jugendlichen und jungen Erwachsenen bewährt (z. B. bei Studienanfängern), die noch nicht in der Lage sind, wissenschaftliche Texte adäquat zu nutzen (Hart & Speece, 1998).

Vorbereitung

Die Gruppengröße sollte fünf bis sechs Lernende nicht überschreiten. Die Lesekompetenzen der Gruppenmitglieder sollten nicht allzu stark variieren. In Inklusionsklassen können die lesestärkeren Mitschülerinnen und Mitschüler nach einer entsprechenden Anleitung als Modell und Trainer fungieren (also die »richtige Lehrerrolle« übernehmen). Das Textmaterial muss sich in separate Abschnitte unterteilen lassen (ideal sind Abschnitte, die vier bis sechs Sätze umfassen) und für die Zielgruppe möglichst interessant sein. Eventuell sollten weitere Informationsquellen (Nachschlagewerke, Internet usw.) zur Verfügung stehen. Wenn nötig, können mit den Kindern vorab Regeln der kooperativen Zusammenarbeit besprochen und zur Erinnerung schriftlich (auf einem Poster) festgehalten werden.

Ablauf

Die Methode des wechselseitigen Lernens und Lehrens beginnt damit, dass eine kompetente Lehrperson in den korrekten Gebrauch der vier wichtigsten Strategien des Textverstehens aus Tabelle 4.8 einführt (▶ Tab. 4.8) – das wird etwa drei Unterrichtsstunden in Anspruch nehmen. Dabei verbalisiert sie laut ihre handlungsleitenden Gedanken und zeigt deutlich an, wo, wie und welche Strategien einzusetzen sind. Die Lehrperson sagt beispielsweise: »Also – den Abschnitt habe ich jetzt gelesen. Jetzt überlege ich, wie ich den Textteil am besten zusammenfassen kann. Ich schaue zunächst einmal wie der letzte Satz gelautet hat. Das Wichtigste steht ja oft wo? – Genau! Am Ende eines Absatzes«. Danach beginnt die gemeinsame Bearbeitung von Texten mit dem Rollenwechsel der Schülerinnen und Schüler. Auch hier beginnt zunächst die Lehrperson und macht modellhaft die Bearbeitung des ersten Textabschnitts und die Anwendung der Strategien vor. Der weitere Ablauf mit dem reziproken Rollenwechsel der Schülerinnen und Schüler vom Lehren zum Lernen ist anschaulich im Kasten mit dem Unterrichtsbeispiel dargestellt.

Im Unterricht

Nach der Einführung der vier Strategien durch die Lehrperson in den ersten Unterrichtsstunden haben alle Schülerinnen und Schüler einen kurzen Textabschnitt folgenden Inhalts gelesen: »In den Vereinigten Staaten wird Salz auf dreierlei Weise gewonnen: Verdunstung durch die Sonne, Abbau aus Salzminen und Verdunstung durch künstliche Hitze. Um Salz durch Sonneneinstrahlung zu gewinnen, muss das Wetter heiß und trocken sein. Deshalb wird dieses solare Salz in den tropenähnlichen Gegenden an unseren südlichen Küsten und am Great Salt Lake gewonnen.«

Die Lehrperson (LP) hält sich nun im Hintergrund, steht für Hilfen und Beratung zur Verfügung und greift nur ein, wenn es notwendig ist. Welcher Schüler die Lehrer- und welcher die Schülerrolle übernommen hat, ist entsprechend kenntlich gemacht (L und S).

C (L):   »Nenne drei verschiedene Methoden, wie Salz produziert wird.«

A (S):   »Verdunstung, Abbau aus Salzminen, Verdunstung … Verdunstung durch künstliche Hitze.«

C (L):   »Korrekt, sehr gut. Meine Zusammenfassung dieses Abschnitts geht über die drei Methoden, wie Salz produziert wird.«

(LP):   »Sehr gut. Kannst du den nächsten Lehrer auswählen?« (Schüler C wählt Schüler U aus, der mit dem Textlesen fortfährt.) »Die zweitälteste Form der Salzproduktion ist der Abbau aus Salzminen. Im Gegensatz zu frühen Methoden, die die Arbeit extrem gefährlich und schwierig machten, werden heute spezielle Maschinen verwendet und die Arbeit in Salzminen ist einfacher und sicherer geworden. Der alte Ausdruck ›zurück in die Salzmine‹ passt heute eigentlich nicht mehr.«

U (L):	»Nenne zwei Begriffe, die früher gebräuchlich waren, um die Arbeit in Salzminen zu beschreiben.«
K (S):	»Zurück in die Salzmine?«
U (L):	»Nein, Angela?«
A (S):	»Gefährlich und schwierig.«
U (L):	»Richtig. Dieser Abschnitt geht über einen Vergleich zwischen den alten Salzminen und dem heutigen Salzabbau.«
(LP):	»Sehr schön!«
U (L):	»Ich habe eine Vorhersage.«
(LP):	»Gut.«
U (L):	»Ich glaube, der Text könnte so weitergehen, dass beschrieben wird, wie das Salz erstmals entdeckt wurde, und dann, woraus Salz besteht und dann, wie es entsteht.«
(LP):	»O.K. Können wir einen anderen Lehrer wählen?«
	»Speisesalz wird durch die dritte Methode gewonnen, die künstliche Verdunstung. In ein unterirdisches Salzbett wird Wasser gepumpt, um das Salz aufzulösen und eine Lake herzustellen, die an die Oberfläche gebracht wird. Nach der Reinigung bei hohen Temperaturen ist das Salz fertig für unseren Tisch.«
K (L):	»Nach der Reinigung bei hohen Temperaturen ist das Salz fertig für was?«
C (S):	»Unseren Tisch.«
K (L):	»Das stimmt. Zum Zusammenfassen: Nach der Reinigung kommt das Salz auf unsere Tische.«
(LP):	»Das war sehr schön, Ken, und ich finde eure Arbeit sehr gut, aber ich glaube da gehört noch etwas anderes in unsere Zusammenfassung. Es gibt noch mehr wichtige Informationen, die wir einbeziehen sollten …«

(nach Brown & Palincsar, 1989, zitiert nach Hasselhorn & Gold, 2022, S. 289)

4.8   Skriptkooperation

Nicht nur in Kleingruppen, sondern auch in Partnerarbeit können positive Interdependenz und individuelle Verantwortlichkeit unter den Lernenden durch wechselnde Rollen- und Aufgabenverteilung hergestellt werden. Kooperative Skripts geben eine genaue Anweisung über die Verteilung der Aufgaben unter den Lernpartnern. Die Methode der Skriptkooperation ist entwickelt worden, um Texte gemeinsam zu bearbeiten und um ein besseres Verständnis der Textinhalte zu fördern. Dazu entwickelten Dansereau und O'Donnell (Dansereau, 1988; O'Donnell & Dansereau, 1992) kooperative Skripte, das sind detaillierte Anweisungen der einzelnen Arbeitsschritte, um in Partnerarbeit Texte bearbeiten zu können. Durch den Einsatz von Lesestrategien beim gemeinsamen Arbeiten, wie dem Zusammenfassen,

Fragenstellen oder Unklarheiten klären, sollen die Leser und Leserinnen zu einem vertieften Verständnis der Textinhalte gelangen. Das Unterrichtsbeispiel demonstriert den Ablauf der Methode.

Im Unterricht

In einer vierten Klasse beschäftigen sich die Kinder mit dem Thema »Tiere im Winter«. Lehrerin: »Ich habe euch heute einen Text aus einem Tierbuch mitgebracht. In dem Text wird erklärt, wie Eichhörnchen im Winter leben, wie und wo sie schlafen, was sie essen und vieles mehr. Der Text ist nicht ganz einfach zu verstehen. Deshalb sollt ihr euch in Lesetandems gegenseitig helfen. Bevor ich euch sage, wer mit wem zusammenarbeiten soll, möchte ich euch einige Tricks erklären, wie ihr den Text am besten lest, um ihn gut zu verstehen. Zuerst würfelt ihr. Wer die höhere Zahl hat, ist Partner A.

1. *Lesen.* Beide Partner eines Lesetandems lesen den ersten Abschnitt des Textes.
2. *Wiederholen.* Wenn beide Partner den ersten Abschnitt gelesen haben, legen sie den Text zur Seite. Partner A fasst mündlich das Gelesene zusammen und erklärt die Inhalte des ersten Abschnitts.
3. *Rückmeldung.* Partner B hört aufmerksam zu und gibt eine Rückmeldung über die Zusammenfassung. Wenn ihr meint, einen Fehler entdeckt zu haben, müsst ihr ihn korrigieren. Wenn etwas fehlt, müsst ihr es ergänzen.
4. *Elaboration.* Dann sollt ihr gemeinsam überlegen, ob euch etwas unklar ist. Sprecht darüber und sucht gemeinsam nach einer Erklärung. Erzählt es euch gegenseitig, wenn ihr schon einmal etwas Ähnliches kennengelernt habt. So lernt ihr, den Text besser zu verstehen und zu behalten.
5. *Rollenwechsel.* Wenn ihr mit dem ersten Abschnitt fertig seid, wechselt bitte die Rollen. Ihr lest beide wieder den nächsten Abschnitt und legt den Text dann zur Seite. Jetzt fasst Partner B den Abschnitt zusammen und Partner A gibt Rückmeldung und korrigiert.

So, und nun sage ich euch, wer mit wem zusammenarbeiten soll. Partner A kann dann die Texte bei mir holen. Viel Spaß mit den Eichhörnchen.«

Durch die strukturierte Partnerarbeit werden die Lernpartner eines Lesetandems dazu angeleitet, Informationen eines Lerntextes kognitiv zu elaborieren. Dies erfolgt unter anderem dadurch, dass sie Inhalte wiederholen, eigene Beispiele finden und Vorstellungsbilder generieren sowie bei Unklarheiten bezüglich des Inhalts dem Lernpartner Fragen stellen oder eigene Erklärungen abgeben. Eine elaborative Verarbeitung von Textinhalten ist notwendig, damit die Lernenden nicht nur den exakten Wortlaut eines Textes wiederholen, sondern die Bedeutung des Gelesenen verstehen und somit Textinhalte sinngemäß wiedergeben können.

Auch metakognitive Strategien, wie das Aufspüren und Korrigieren von Fehlern und das Erkennen von Auslassungen, gehören zur kognitiven Elaboration. Sie leiten die Lernenden dazu an, Lernaktivitäten genauer zu planen, zu überwachen und zu kontrollieren. Auf diese Weise können die Lernenden ihre eigenen Wissenslücken und Verständnisprobleme entdecken und Schritte einleiten, diese zu beheben.

Forschungsergebnisse

Skriptkooperationen sind vor allem an jugendlichen und erwachsenen Lernern erprobt worden. Viele Studien belegen ihre Wirksamkeit im Vergleich mit der individuellen Bearbeitung von Texten. Unklar ist, ob beim Zuhören oder beim Erklären mehr gelernt wird. Zu dieser Frage ist die Befundlage uneinheitlich. Aus unterrichtspraktischer Sicht ist dies jedoch weniger relevant, da die Rollen des Zuhörers und des Erklärers bei der Skriptkooperation immer wieder getauscht werden und weil das Korrigieren von Auslassungen oder das gemeinsame Finden von Beispielen für einen Sachverhalt ohnehin rollenübergreifend erlaubt ist. Studien aus dem Grundschulbereich liegen nicht vor. Im Rahmen von Examensarbeiten haben wir in der dritten Klassenstufe die Skriptkooperation im Sachunterricht (Unterrichtsinhalte: Pflanzen und Tiere auf der Wiese; Das Eichhörnchen im Winter) erprobt. Eine Klasse wurde mit einer Kontrollklasse, wo der Text in Einzelarbeit gelesen wurde, verglichen, eine andere Klasse mit einer Kontrollklasse, wo der Text zwar in Partnerarbeit, aber ohne Skriptkooperation bearbeitet wurde. An den Untersuchungen nahmen insgesamt 67 Kinder teil. Das Vorwissen und der Lernzuwachs der Kinder wurden erfasst. Zusätzlich wurden die Dialoge einzelner Dyaden mit dem Tonband aufgezeichnet. Es war zu beobachten, dass die Kinder gut mit den wechselnden Rollen zurechtkamen und dass sie Spaß bei der Arbeit hatten. Gelernt haben die Kinder mit der Skriptkooperation allerdings nicht mehr als die Kinder in den Kontrollbedingungen. Eine genauere Inspektion der Leistungsdaten lässt vermuten, dass nicht alle Schülerinnen und Schüler gleichermaßen von der Methode der Skriptkooperation profitierten. Diese Vermutung wird auch durch die Auswertung der Transkriptionen einzelner Dialoge zwischen den Lernpartnern untermauert. Dort zeigt sich, dass die vorgesehenen Aktivitäten zwar ausgeführt wurden, metakognitive und elaborative Strategien jedoch in ganz unterschiedlichem Ausmaß zum Einsatz kamen. In weiteren Untersuchungen muss das systematisch erforscht werden. Auch müssen mehr Erfahrungen bei einem längerfristigen Einsatz der Methode gesammelt werden.

4.9 Lautlese-Tandems

Leseförderung mit Lautlese-Tandems zielt, wie die in den beiden vorherigen Kapiteln beschriebenen Methoden, darauf ab, die Lesekompetenz der Schülerinnen und Schüler zu fördern. Viele schwache Leserinnen und Leser haben große Schwierigkeiten mit basalen Leseprozessen. Häufig sind die Dekodierfähigkeiten nur unzureichend automatisiert und es wird nur stockend und mit großer Mühe in Zweier- und Dreier-Wortgruppen gelesen. Wird so gelesen, bleibt das Leseverständnis häufig auf der Strecke. Nur zu gut ist nachzuvollziehen, dass diese Kinder keine Lust am Lesen entwickeln, weil ihre permanenten Bemühungen, gut zu lesen, nicht zum Erfolg führen. Sie verstehen die Inhalte und Botschaften der Texte einfach nicht und können diese deshalb auch nicht für sich nutzen. Ziel der Lautlese-Tandems ist eine Verbesserung der Leseflüssigkeit mit der Absicht, damit auch das Textverstehen zu fördern. Schwächere Leserinnen und Leser sollen mehr und mehr dazu befähigt werden, möglichst lange Textpassagen fehlerfrei und flüssig vorzulesen. Die Methode der Lautlese-Tandems (Rosebrock, Nix, Rieckmann & Gold, 2021) setzt damit zunächst auf einer hierarchieniedrigeren Ebene des Leseprozesses an als die Methoden des reziproken Lehrens und Lernens oder die Skriptkooperation, bei denen gezielt das Textverstehen durch die Anwendung elaborativer Strategien gefördert wird. Letztlich haben jedoch alle Methoden das Ziel, in kooperativen Settings die Lesekompetenz zu fördern und sind insbesondere für den inklusiven Unterricht gut geeignet.

Das Lesetraining der Lautlese-Methode ist in eine Rahmenhandlung in Analogie zu einem sportlichen Wettkampf eingebunden: Die Klassen nehmen an einer »Lese-Meisterschaft« teil, für die in Tandems gemeinsam, beispielsweise dreimal pro Woche für 20 Minuten, »trainiert« wird. Das Training erfordert hohe Konzentrationsleistungen und sollte deshalb 20 Minuten nicht überschreiten, um die Schülerinnen und Schüler nicht zu überfordern. Die »Trainer« sind die Kinder bzw. Jugendlichen mit den besseren Leseleistungen, die die leseschwächeren »Sportler« trainieren. Sie korrigieren und lesen richtig vor, wobei ein reflexiver Prozess geschult wird, bei dem der eigene Leseprozess überdacht und modelliert werden muss. So können auch die Trainer von der Partnerarbeit profitieren. Die Trainer-Sportler-Metapher lässt die Rollenverteilung in gute und schwache Leserinnen und Leser insgesamt weniger stigmatisierend erscheinen, und für die Schülerinnen und Schüler wird ersichtlich, dass das Lesen wie eine Sportart trainiert werden kann, um die Leistungen für die Meisterschaft zu verbessern. Das geht nicht ohne ein kooperatives Miteinander: Der Trainer ist für seinen Sportler verantwortlich, und der Sportler muss auf seinen Trainer hören. Bei der Lese-Meisterschaft gewinnt letztlich das beste Team.

Die Aufgabe der Lehrerinnen und Lehrer besteht zunächst einmal darin, Textmaterial zusammenzustellen. Zwar kann es für die Schülerinnen und Schüler motivierender sein, wenn sie sich die Texte nach eigenen Interessen selbst auswählen, allerdings haben gerade die schwachen Leserinnen und Leser oftmals Schwierigkeiten, Texte auszuwählen, die ihrer Lesekompetenz entsprechen. Für diese Schülerinnen und Schüler ist es sinnvoll, geeignetes Material in Form einer Textsammlung zusammenzustellen. Die Textsammlungen können einfache Sachtexte, aber auch literarische Texte zu lustigen, spannenden, fantastischen und informativen Themen enthalten. Die Texte sollten abschnittsweise und in einem gut lesbaren Schriftbild gestaltet sein.

Abb. 4.6: Lautlese-Tandems

Tandembildung

Die Tandems werden gebildet, indem ein besser lesendes Kind (Trainer) und ein schlechter lesendes Kind (Sportler) zusammengesetzt werden. Nun beginnt die eigentliche kooperative Arbeit in zwei Phasen, dem eigentlichen Training und der späteren Lese-Meisterschaft.

Training

In der Übungssituation sitzen beide Lernpartner nebeneinander und lesen den Text halblaut gemeinsam vor. Der Trainer fungiert dabei als Modell für den Sportler. Der Trainer passt sich der Lesegeschwindigkeit des schwächeren Kindes an und führt die jeweilige Zeile mit dem Finger mit. Im Training gibt es zwei grundlegende Regeln: Die *Verbesserungsroutine* und die *Allein-Lese-Routine.*

- *Verbesserungsroutine.* Macht der Sportler Lesefehler, sollten diese von ihm selbst korrigiert werden. Korrigiert sich der Sportler innerhalb einer Vier-Sekundenfrist nicht von selbst, verbessert ihn der Trainer und beide lesen vom Satzanfang gemeinsam laut weiter. Wenn sich der Trainer selbst nicht sicher ist, kann das Tandem einen anderen Trainer oder gegebenenfalls die Lehrerin bzw. den Lehrer fragen.
- *Allein-Lese-Routine.* Ziel des Trainings ist es, dass der Lese-Sportler nach und nach immer längere Textabschnitte alleine fehlerfrei vorlesen kann. Bei fortscheitender Übung setzt der Trainer deshalb auf ein vorher vereinbartes Signal des Sportlers hin mit dem halblauten Mitlesen aus, und der Sportler liest so lange alleine weiter vor, bis er wieder einen Fehler macht, den er nicht selbst korrigiert. Jetzt greift die Verbesserungsroutine und der Prozess beginnt wieder von vorne.

Jeder Textabschnitt muss mehrfach von den Lesetandems laut gelesen werden. Die Lehrperson entscheidet, ob der nächste Abschnitt trainiert werden kann oder ob weitere Übungsrunden notwendig sind.

Meisterschaft

Nach dem Training findet die Lesemeisterschaft statt. Die Teams mit den größten Fortschritten in der Leseleistung werden in Form von Auszeichnungen, Hausaufgabengutscheinen oder anderen Annehmlichkeiten belohnt.

Forschungsergebnisse

Lautlese-Tandems in der Hauptschule
In einem Forschungsprojekt an der Goethe-Universität in Frankfurt wurde die Lautlese-Methode eingesetzt (Rosebrock, Rieckmann, Nix & Gold, 2010). Es wurde den Fragen nachgegangen, 1., ob sich die Leseflüssigkeit der Schülerinnen und Schüler durch die Methode verbessert und 2., ob durch eine Verbesserung der Leseflüssigkeit auch das Textverständnis gefördert wird. Zudem interessierte 3., ob sich die Fördermaßnahme auf die Lesemotivation und auf das lesebezogene Selbstkonzept der Schülerinnen und Schüler auswirkt.

An der Studie nahmen insgesamt 31 Hauptschulklassen der sechsten Jahrgangsstufe teil. In neun Klassen trainierten die Jugendlichen nach der Lautlese-Methode. In den anderen Klassen wurden entweder eine andere Fördermethode, die »Stillen Lesezeiten« oder der normale Deutschunterricht durchgeführt. Bei den stillen Lesezeiten geht es im Wesentlichen darum, möglichst viel zu lesen, um dadurch die Leseflüssigkeit, das sprachliche Wissen und das allgemeine Weltwissen zu fördern. In einem Zeitraum von fünf Monaten wurden beide Fördermethoden dreimal pro Woche für 20 Minuten von den Lehrpersonen im Regelunterricht durchgeführt. In den anderen Klassen wurde keine spezielle Leseförderung angeboten.

Anhand verschiedener Lesetests konnte festgestellt werden, dass die Schülerinnen und Schüler bei der Arbeit in den Lautlese-Tandems gelernt hatten, 1. schneller und flüssiger zu lesen und 2. die Texte dabei besser verstanden als unter den beiden Kontrollbedingungen. Zudem hatten die Schülerinnen und Schüler der Lautlese-Tandems 3. größeres Zutrauen in ihre Lesekompetenz gewonnen. Die Autoren der Studie ziehen aus den vorliegenden Befunden das Resümee, dass die Lautlese-Methode für Schülerinnen und Schüler, die noch in der Sekundarstufe stockend lesen, gut geeignet ist, um die Leseflüssigkeit zu verbessern. Die Lehrpersonen standen der Methode zunächst skeptisch gegenüber, da sie die Vorgehensweise als sehr regellastig ansahen, mit der nur »stur« geübt werden könne. Die Rückmeldungen der Lehrpersonen waren im Nachhinein jedoch durchaus positiv und auch die Jugendlichen hatten das engschrittige Verfahren über den langen Zeitraum gut und kontinuierlich durchgeführt. Möglicherweise wurden die Jugendlichen auch dadurch motiviert, dass sie bei den in kurzen

Abständen durchgeführten Messungen der Lesefähigkeit ihre Fortschritte unmittelbar erkennen konnten. Im Unterschied zu den gut gemeinten Ermunterungen der Lehrperson, wie »es klappt schon viel besser mit dem Lesen«, die gelegentlich im Kontrast zu den von den Jugendlichen selbst erlebten Defiziten stehen, waren diese Verbesserungen objektiv sichtbar.

Lautlese-Tandems in der Grundschule
Es stellt sich die Frage, ob nicht schon viel früher mit einer Förderung der Lesefertigkeiten begonnen werden sollte. Beispielsweise in der dritten Klassenstufe, bevor sich schulische Schwierigkeiten aufgrund unzureichender Lesefertigkeiten manifestieren. Während manche Kinder in der dritten Klassenstufe schon einfache Bücher selbstständig lesen können, sind andere kaum in der Lage, auf Wort- und Satzebene flüssig zu lesen. Die Gefahr ist groß, dass sich bei den Kindern mit Schwierigkeiten beim Lesen schulische Defizite kumulieren, da eine gut ausgebildete Lesekompetenz eine Voraussetzung für den Erfolg auch in anderen Schulfächern ist. Ob Kinder schon in der dritten Klassenstufe in kooperativer Tandemarbeit ihre Lesekompetenz verbessern können, hat Andreas Gold mit Kolleginnen in einem groß angelegten Forschungsprojekt zur Förderung der Leseflüssigkeit erprobt (Gold, Behrendt, Lauer-Schmaltz & Rosebrock, 2013). In 12 Klassen trainierten die Kinder in Lautlese-Tandems ihre Leseflüssigkeit. Als weitere Interventionsmaßnahme wurde in 16 Klassen das durch die Lehrperson instruierte »Klassenlautlesen« eingesetzt. Dabei liest die Lehrperson der Klasse den Text zweimal modellhaft vor. Die Kinder hören zu und folgen mit dem Finger in ihrer Textvorlage. Anschließend findet ein kurzer Austausch zwischen Lehrperson und Kindern über die Inhalte und die richtige Betonung statt. Dann liest jedes Kind seinem Nachbarkind vor, welches gute Leseleistungen loben und Lesefehler verbessern soll. Der Text soll als Hausaufgabe ein weiteres Mal einer anderen Person laut vorgelesen werden. In den 17 Kontrollklassen erhielten die Kinder während des Untersuchungszeitraums regulären Deutschunterricht und keine weitere besondere Förderung. Geprüft wurde, wie sich die zwei Interventionen auf die Entwicklung der Leseflüssigkeit und das Textverständnis der Kinder auswirken. Wie in diesem Lebensalter nicht anders zu erwarten, haben alle Kinder während des halbjährigen Untersuchungszeitraums besser lesen gelernt. Die kooperativ lesenden Kinder erzielten im Vergleich mit den Kindern des regulären Deutschunterrichts jedoch etwas größere Zuwächse in der Leseflüssigkeit (*ES* = .33) und dem Textverstehen (*ES* = .34; Erläuterungen zu Effektstärken ► Kap. 5). Der Effekt auf die Leseflüssigkeit konnte auch ein halbes Jahr später noch bestätigt werden (*ES* = .27), der auf das Textverständnis allerdings nicht. Das Vorlesen durch die Lehrperson und das anschließende chorische Sprechen im Klassenverband scheint keine mit dem kooperativen Lesen vergleichbar positive Wirkung zu haben. Zwar lasen die Kinder im Vergleich mit dem regulären Deutschunterricht flüssiger, allerdings nicht unmittelbar nach der Intervention, sondern erst ein halbes Jahr später (*ES* = .24). Besser verstehen konnten sie die Texte jedoch nicht.

Die Grundschullehrerinnen sind der Meinung, dass die Lautlese-Tandems gut im regulären Grundschulunterricht einsetzbar sind. Die Kinder befolgten die Regeln, waren engagiert bei der Sache und hatten Spaß bei der Zusammenarbeit. Die Kinder hatten jedoch teilweise Schwierigkeiten damit, einander konstruktive Rückmeldungen zu geben, Fehler zu benennen und sich bei gelungener Arbeit gegenseitig zu loben. Ein Grund mag darin liegen, dass sich metakognitive und selbstregulative Kompetenzen erst im Grundschulalter entwickeln und dass die Kinder dabei mehr Unterstützung benötigen als angenommen. Großes Augenmerk ist auch auf die Zusammensetzung der Lerntandems zu legen. Problematisch ist ein zu geringes Kompetenzgefälle zwischen den Lernpartnern, was sich ungünstig auf die Qualität der Interaktionen auswirkt (Lauer-Schmaltz, Rosebrock & Gold, 2014).

4.10   Kooperatives Lesen

Beim kooperativen Lesen trainieren Jugendliche der sechsten und siebten Klassenstufe sowohl das flüssige als auch das verständige Lesen von Sachtexten in Partnerarbeit. TRAIL, ein Akronym für *Training Reading And Improving Literacy*, ist ein komplexes Trainingsprogramm zur Förderung der Lesekompetenz (Philipp, Brändli & Kirchhofer, 2014). Bei der Programmentwicklung setzten die Autoren aus der Schweiz auf bewährte Elemente aus anderen kooperativen Leseförderprogrammen. Wie beim reziproken Lehren und Lernen leitet die Lehrperson die Arbeit stark an und fungiert als Modell, indem sie die einzelnen Arbeitsschritte ausführlich erläutert und die Anwendung von Lesestrategien vormacht. Wie bei den Lautlese-Tandems wird das flüssige Lesen in Partnerarbeit trainiert und wie bei der Skriptkooperation gibt es ein genaues Skript, das vorschreibt, wer, wann, welche Rolle einnimmt. Das Attraktive an TRAIL ist, dass alle Materialien zur Durchführung des Trainings, also z. B. Folien für die Lehrerbeiträge, Notizblätter für die Schülerinnen und Schüler zur Ergebnissicherung, Sachtexte unterschiedlicher Schwierigkeit etc., fertig ausgearbeitet sind. Von einer dem Trainingsmanual beiliegenden CD können die Materialien für die Verwendung im Unterricht ausgedruckt werden. Zudem enthält das Trainingsmanual detaillierte Hinweise für die Durchführung des Programms und für die Gesprächsführung der Lehrperson im Unterricht. Beides reduziert den Vorbereitungsaufwand für Lehrpersonen enorm. Nach einer kurzen Zeit des Einlesens kann direkt mit dem Training begonnen werden. Aufgrund der Komplexität des Programms kann es an dieser Stelle nur in den Grundzügen vorgestellt werden.

Durchführung

Das sechzehnwöchige Training ist aufgeteilt in eine Implementierungsphase und eine Durchführungsphase. Dreimal pro Woche wird für eine Unterrichtsstunde das Lesen unter Anleitung der Lehrperson in Partnerarbeit systematisch trainiert.

Wie bei den Lautlese-Tandems bedient sich TRAIL einer Metapher aus der Welt des Sports, dem Klettern (das Programm wurde in der Schweiz entwickelt!), um den Schülerinnen und Schülern gleich zu Beginn zu vermitteln, dass schlechte Leseleistungen nicht schicksalhaft und unveränderbar sind, sondern dass sich das Lesen mit Fleiß und Training verbessern lässt. Anders als bei den Lautlese-Tandems wird jedoch auf einen Wettbewerb zwischen den Teams verzichtet. Die Jugendlichen sollen erleben, dass Lesen Spaß macht, dass sie nach und nach flüssiger lesen und dass sie besser verstehen können, was sie lesen. Extrinsische Belohnungen würden dieses (intrinsische) Selbstwirksamkeitserleben nur korrumpieren. Mit der Analogie zum Klettern soll auf die Rollenverteilung zwischen den Lernpartnern hingewiesen werden: Zunächst steigt der lesestärkere Partner voran (Vorkletterer) und sichert und unterstützt den leseschwächeren Partner beim Nachsteigen (Nachkletterer). Im Lauf der Zusammenarbeit wechseln jedoch die Rollen und auch der leseschwächere Nachkletterer kann zum Vorkletterer werden.

Tandembildung

Alle Jugendlichen der Klasse werden hinsichtlich der von der Lehrperson eingeschätzten Leseleistung in eine Rangreihe gebracht und anhand dieser Rangreihe wird die Gesamtklasse in eine Teilgruppe der leistungsstärkeren Vorkletterer (die besten 50 %) und eine Teilgruppe der leistungsschwächeren Nachkletterer (die schwächeren 50 %) geteilt. Die jeweils Leistungsstärksten aus beiden Gruppen bilden das Tandem Nr. 1, dann bilden die jeweils Zweitstärksten das Tandem Nr. 2 und so weiter. Alle vier Wochen werden die Tandems neu zusammengestellt. So ergeben sich, bedingt durch unterschiedliche Entwicklungsverläufe der Lesekompetenzen, ganz unterschiedliche Tandemkonstellationen.

Aktivitäten

Während des Trainings wird vor allem laut gelesen und es werden die gelesenen Geschichten nacherzählt. Erst durch das laute Lesen fallen Fehler bei der Worterkennung und beim Flüssiglesen überhaupt auf. Die Lesefehler werden von dem Tandempartner stets korrigiert. Das Nacherzählen hilft, Texte besser zu verstehen. Beim Nacherzählen werden die wichtigsten Textinformationen zusammengefasst. Der Text wird auf diese Weise so verdichtet, dass die Textinhalte besser behalten werden. Zudem soll vorhergesagt werden, wie ein Text wohl weitergehen wird. Die Vorhersagen sind abhängig von dem Vorwissen der Leserinnen und Leser und davon, was von dem bisher Gelesenen bereits verstanden wurde. Durch die Verknüpfung der neuen Informationen mit dem Vorwissen und durch die Reflexion über das Gelesene werden eine elaborative Verarbeitung und ein tieferes Verständnis der Textinhalte gefördert.

In der vierwöchigen Implementierungsphase (zwölf Unterrichtsstunden) werden die Jugendlichen mit dem Programm und mit den drei Aktivitäten des Lautlesens, des Nacherzählens und Zusammenfassens sowie des Vorhersagens vertraut gemacht. Die Unterrichtsstunden folgen weitgehend dem immer gleichen Rhythmus. Zunächst ist die Lehrperson aktiv. In einem fragend-entwickelnden Unterrichtsgespräch wiederholt sie mit der gesamten Klasse die letzte Unterrichtsstunde, erläutert anschließend die Aktivitäten der aktuellen Stunde und macht sie modellhaft an einem Beispiel vor (modeling). Die Schülerinnen und Schüler notieren sich Sinn und Zweck und das Vorgehen der einzelnen Aktivitäten auf vorgefertigten Notizblättern. Dann beginnt die Arbeit in den Tandems. Zunächst liest der Vorkletterer aus einem vorgegebenen Text einen Absatz laut vor und wendet die vorgestellte Aktivität an. Der Nachkletterer hört genau zu und korrigiert, wenn ihm Fehler auffallen. Anschließend werden die Rollen getauscht und der Nachkletterer liest vor, wendet die Aktivität an und wird vom Vorkletterer korrigiert. Alle fünf Minuten werden die Rollen getauscht. Auf diese Weise wird nach und nach der gesamte Text durchgearbeitet. Wenn beide Partner nicht mehr weiterwissen, können sie auf ihren Notizblättern nachlesen, was zu tun ist. Helfen die Notizen auch nicht weiter, muss die Lehrperson die notwendige Unterstützung geben. Gegen Ende der Implementierungsphase zieht sich die Lehrperson nach und nach zurück und überträgt die Verantwortung den Schülerinnen und Schülern (scaffolding). In der darauffolgenden zwölfwöchigen Durchführungsphase steht mehr und mehr das selbstständige Üben auf dem Programm.

Das Textmaterial ist auf die Interessen von Jugendlichen unterschiedlichen Alters ausgerichtet. Durch alltagsnahe, aber auch durch ungewöhnliche Themen soll die Lesemotivation angestoßen werden. Alle Texte wurden mit aufwendigen Verfahren der Textverständlichkeitsforschung analysiert und in drei Schwierigkeitskategorien eingeteilt. Das Training beginnt mit Texten aus der einfachsten Kategorie. Hier stehen beispielsweise die inhaltlichen Kernaussagen immer am Anfang oder am Ende eines Absatzes und sind ganz offensichtlich zu erkennen, wohingegen die Kernaussagen bei den schwierigeren Texten selbst erschlossen und formuliert werden müssen. Aber nicht nur hinsichtlich der Organisation von Inhalten unterscheiden sich leichte und schwierige Texte, sondern auch hinsichtlich Satz- und Wortlängen, Wortschatz, der Häufigkeit von Fremdwörtern, der Komplexität von Satzteilen sowie der Verwendung spezifischer grammatikalischer Konstruktionen.

Im Sinne einer curriculumbasierten Messung testen die Schülerinnen und Schüler einmal in der Woche selbstständig ihre Lesefähigkeit und markieren die Anzahl der in fünf Minuten richtig gelesen Wörter in einem Diagramm. Dann verbinden sie die einzelnen Werte miteinander und erhalten so eine anschauliche Kurve ihrer Leseentwicklung – im Optimalfall ist eine Verbesserung zu erkennen. Das ist für die Jugendlichen sehr motivierend und zeigt ihnen, dass sich ihre Bemühungen letztendlich auch lohnen. Zusätzlich bietet ihnen der aktuelle Wert auch eine Orientierung bei der Wahl des nächsten Textes. Lesen sie weniger als 250 Wörter in fünf Minuten sind Texte aus der einfachsten Kategorie zu empfehlen, bei 250 bis 499 Wörtern aus der mittleren Kategorie und darüber hinaus aus der schwersten

Kategorie. Eine curriculumbasierte Messung macht es aber auch möglich, Jugendliche zu identifizieren, die nicht oder kaum auf die Intervention ansprechen und die gegebenenfalls weitere oder andere Hilfen benötigen.

Forschungsergebnisse

Das Programm ist seit 2014 auf dem Markt. Zuvor wurde TRAIL in 20 Schulklassen eingesetzt und dabei die Effektivität in einem Kontrollgruppendesign überprüft. Als Testverfahren wurden unter anderem der Frankfurter Leseverständnistest bei der Bearbeitung von Sachtexten (FLVT 5–6; Souvignier, Trenk-Hinterberger, Adam-Schwebe & Gold, 2008) und ein Verfahren zur Erfassung des Engagements der Schülerinnen und Schüler beim Lesen aus Sicht der Lehrpersonen (Wigfield et al., 2008) eingesetzt. Das Trainingsprogramm führt zu einem besseren Leseverstehen bei den Jugendlichen sowie zu einem vermehrten Leseengagement.

Zusammenfassung

Bei den in diesem Kapitel vorgestellten kooperativen Methoden üben die Lernenden in Gruppen vorab vermittelte Lerninhalte wechselseitig ein, wie bei der Gruppenrallye, dem Gruppenturnier und dem reziproken Lehren und Lernen, oder sie erarbeiten sich selbstständig neue Wissensgebiete, wie in beiden Formen des Gruppenpuzzles, der Gruppenrecherche und der Konstruktiven Kontroverse. Daneben wurden auch kooperative Formen der Partnerarbeit, die Skriptkooperation, die Laut-Lesemethode und das kooperative Lesen vorgestellt, bei denen neben der Erarbeitung und dem Verständnis von Texten auch gleichzeitig die Entwicklung verschiedener Aspekte der Lesekompetenz der Schülerinnen und Schüler gefördert werden sollen. Bei allen hier vorgestellten Formen der Gruppen- und Partnerarbeit sind durch strukturierende Elemente, wie beispielsweise interdependente Belohnungssysteme oder Aufgaben- bzw. Rollenverteilung sowie individuell zu bearbeitende Wissenstests, positive Interdependenz und individuelle Verantwortlichkeit, die beiden Basiselemente kooperativen Lernens, gewährleistet. Und vor allem: Die Lernenden sind aktiv.

5   Effektivität

Was leistet das kooperative Lernen? Lernen denn Kinder oder Studierende, die sich Inhalte selbstständig erarbeiten und wechselseitig vermitteln, überhaupt etwas im Unterricht? Ist nicht doch ein gut strukturierter lehrergeleiteter Unterricht oder ein Dozentenvortrag besser geeignet, um fachliche Inhalte zu vermitteln? Gehen die Kinder während des kooperativen Unterrichts über Tische und Bänke und machen Quatsch, oder interagieren sie wirklich ernsthaft und aufgabenbezogen miteinander, wenn die Lehrperson ihre Kontrolle abgibt? Stellt sich bei den Lernenden überhaupt Freude beim gemeinsamen Arbeiten ein oder fühlen sie sich eher überfordert? Wie wirken die kooperativen Unterrichtsformen auf das Sozialverhalten der Schülerinnen und Schüler? Auf diese Fragen muss es wissenschaftlich begründete Antworten geben, um den unterrichtlichen Einsatz kooperativer Methoden und den damit verbundenen Mehraufwand zu rechtfertigen. Das ist Gegenstand des folgenden Kapitels. Zunächst ist es aber unumgänglich, das methodische Rüstzeug zu beschreiben, das die pädagogisch-psychologische Forschung benötigt, um zu evidenzbasierten Erkenntnissen zu gelangen. Was ist eine Interventionsstudie, was sind Effektstärken und was versteht man unter einer Metaanalyse?

Von Slavin und Mitarbeitern (2003) stammt die oft zitierte Aussage, dass die Untersuchungen zum kooperativen Lernen eine der größten Erfolgsgeschichten der empirischen Bildungsforschung darstellten. Das trifft jedoch fast ausschließlich für den US-amerikanischen Raum zu oder für Israel, wo Formen des kooperativen Lernens schon lange und mit anhaltendem Interesse erforscht werden. Aus dem deutschen Sprachraum liegen vergleichsweise wenige wissenschaftliche Untersuchungen zum kooperativen Lernen vor. Aus diesem Grund wird im Folgenden überwiegend über internationale Forschungsergebnisse berichtet. Vor allem zu den Effekten kooperativen Lernens auf die kognitiven Lernziele schulischen Unterrichts liegt eine Vielzahl von Studien vor. Die Schule ist jedoch kein Ort, an dem nur fachliches Wissen vermittelt wird. Die Schülerinnen und Schüler sollen auch lernen, vernünftig miteinander umzugehen und sich wechselseitig zu helfen. Nicht zuletzt sollte Schule den Kindern Freude am Lernen vermitteln und die Lernfreude, die schon im Laufe der Grundschuljahre meist wieder schwindet, sollte möglichst lange aufrechterhalten werden. Es gehört zum Anspruch der kooperativen Lehr-Lernformen, dass soziale und emotionale Zielsetzungen des Unterrichts zugleich mit den kognitiven realisiert werden und dass eine freudvolle und produktive Lernatmosphäre geschaffen wird, die durch Hilfsbereitschaft und Verständnis unter den Schülerinnen und Schülern gekennzeichnet ist (▶ Tab. 5.1). Auch zu den Auswirkungen auf die nichtkognitiven Lernziele liegt eine Vielzahl von Studien vor.

Tab. 5.1: Zielsetzungen des schulischen Unterrichts beim kooperativen Lernen

kognitive Ziele	soziale Ziele	motivationale/emotionale Ziele
• Wissenserwerb fördern	• soziale Beziehungen verbessern	• Lernbereitschaft steigern
	• Hilfsbereitschaft fördern	• Lernfreude aufrechterhalten
	• kooperative Zusammenarbeit verbessern	• Aufmerksamkeit steigern
		• Selbstwertgefühl steigern

Als empirische Wissenschaft überprüft die Pädagogische Psychologie Hypothesen und Annahmen über die Wirksamkeit und die Wirkmechanismen innovativer pädagogischer Maßnahmen in kontrollierten Studien – idealerweise im wissenschaftlichen Experiment. Dazu bedient sie sich bestimmter Methoden der Versuchsplanung und -durchführung sowie der statistischen Auswertung. Oft werden die Ergebnisse mehrerer Interventionsstudien auch zu sogenannten Metaanalysen zusammengefasst und es werden Effektstärken berechnet. Ein grundlegendes forschungsmethodisches und statistisches Wissen ist notwendig, um die im pädagogischen Diskurs nicht selten ideologisch geführte Diskussion über das Für und Wider kooperativer Unterrichtsformen auf ein empirisches Fundament zu stellen. Aus diesem Grund wird im Folgenden dargestellt, worum es sich bei einer Interventionsstudie handelt, was Effektstärken sind und was wir unter einer Metaanalyse verstehen.

Interventionsstudie

In einer Interventionsstudie wird die Wirksamkeit einer Maßnahme überprüft. Anders als im klassischen Laborexperiment findet die pädagogische Intervention in aller Regel in einer »natürlichen« pädagogischen Umgebung statt – meist in einer Schule oder Hochschule. Für die Erforschung kooperativen Lernens bedeutet das, dass die Lernenden in einer Schulklasse oder in einem Seminar geplant und systematisch eine Unterrichtseinheit in kooperativer Form erhalten bzw. durchführen und dass in einer anderen Lerngruppe dieselbe Unterrichtseinheit in herkömmlicher Weise, also lehrergeleitet, behandelt wird. Bezogen auf die kognitiven Lernziele wäre nun eine naheliegende Hypothese, dass die Lernenden im kooperativen Unterricht mehr Kenntnisse und Fertigkeiten erwerben als im herkömmlichen Unterricht. Überprüfen lässt sich dies, indem die (Vor-)Kenntnisse der Lernenden vor Beginn der Unterrichtseinheit mit einem Test erfasst werden. Nach der Unterrichtseinheit lässt sich der Wissenszuwachs feststellen, indem die Vortestwerte mit den am Schluss erzielten Leistungswerten verglichen werden. Es gibt eine Reihe von Randbedingungen, auf die man achten muss, wie etwa, dass die Personen in den

Schulklassen oder in den Seminaren im Hinblick auf relevante Merkmale vergleichbar sind und dass sich die Vorkenntniswerte der Lernenden in den Experimental- und Kontrollgruppen nicht allzu sehr voneinander unterscheiden. Sind die Ausgangsbedingungen in dieser Hinsicht vergleichbar, dann lassen sich die unterschiedlichen Lerngewinne in den beiden Gruppen – wenn sie zu beobachten sind – auf die unterschiedlichen Unterrichtsformen in den Lerngruppen zurückführen.

> **Merke:** In pädagogisch-psychologischen Interventionsstudien wird in einer natürlichen pädagogischen Umgebung unter möglichst kontrollierten Bedingungen die Wirksamkeit einer pädagogischen Intervention untersucht.

Wenn es um das kooperative Lernen geht, sind die nicht-kooperativ arbeitenden Klassen oder Seminare quasi die natürliche Kontrollbedingung. Sie liefern den Referenzrahmen, anhand dessen die Leistungen in den kooperativen Gruppen zu beurteilen sind. Es kann aber auch darum gehen, unterschiedliche kooperative Maßnahmen miteinander zu vergleichen oder zu untersuchen, welche Teilaspekte einer kooperativen Methode mehr oder weniger gut zum Lernerfolg beitragen. In diesen Fällen sind die Kontrollbedingungen anders definiert.

Anhand von Vorher-Nachher-Vergleichen kann beurteilt werden, ob die Lerngewinne in den Interventionsgruppen so deutlich über denen der Kontrollgruppen liegen, dass man von einer Wirksamkeit der Intervention sprechen kann. Zur Beurteilung des Ausmaßes der Unterschiedlichkeiten stellt die Inferenzstatistik geeignete Prüfgrößen bereit. Sind die unter der kooperativen Bedingung ermittelten Werte sehr viel größer als in der Kontrollbedingung, spricht man von positiven oder statistisch signifikanten Effekten der kooperativen Methode. Ein statistisch signifikanter Unterschied lässt sich nicht mehr durch Zufall erklären. Ob eine statistische Signifikanz erreicht wird, hängt auch von der Anzahl der untersuchten Personen ab und von der Homogenität der Leistungen innerhalb der Gruppen.

Anders als bei Laborexperimenten, in denen alle Details einer Untersuchung vorab genau festgelegt sind, kann es sich bei einer Untersuchung unter den Bedingungen des pädagogischen Alltags nur um ein sogenanntes Feldexperiment handeln. Bei Feldexperimenten ist die Aussagekraft der Forschungsergebnisse aufgrund potenzieller Stör- und Einflussgrößen stets mit größeren Unsicherheiten behaftet. Dafür lassen sich die im Feldexperiment beobachteten Effekte sehr viel leichter wieder auf die schulische Realität übertragen, als dies bei Ergebnissen aus einem Laborexperiment der Fall ist.

Effektstärke

Die Effektstärke (*ES*) ist eine Maßzahl, die üblicherweise den Unterschied zwischen zwei Gruppenmittelwerten beschreibt. Hier geht es in unserem Fall um den Unterschied der Lernleistungen oder unterschiedliche Lernzuwächse in kooperativen und herkömmlich unterrichteten Gruppen. Die Effektstärke wird berechnet, indem eine Differenz zwischen den Mittelwerten (den mittleren Leistungswerten) der beiden Unterrichtsbedingungen berechnet wird. Eine Effektstärke von $ES = 0.00$ besagt, dass sich ein Unterschied zwischen kooperativ und herkömmlich unterrichteten Gruppen nicht feststellen lässt. Wenn die Schülerinnen und Schüler z. B. unter beiden Unterrichtsbedingungen im Durchschnitt einen Wissenszuwachs von 34 Punkten erzielt hätten, wäre dies der Fall. Bei der Berechnung der Effektstärke wird aber nicht nur der Klassendurchschnitt berücksichtigt, sondern auch die Heterogenität bzw. Homogenität der Lernleistung bzw. des Lernzuwachses in einer Klasse. Das ermöglicht eine Relativierung der Differenzen und der Unterschiedlichkeit der Messwerte. Daraus ergeben sich Zahlenwerte, die sich nicht direkt an den Punkt- oder Fehlerwerten eines Wissens- oder Kenntnistests ablesen lassen. Sie liegen häufig (aber nicht notwendigerweise) im Bereich zwischen null und eins, wobei eine Effektstärke von $ES = 1.00$ so zu interpretieren ist, dass die Leistungen in der Experimentalgruppe um eine Standardabweichung über den Leistungen in der Kontrollgruppe liegen. Formal ausgedrückt ist eine Effektstärke die in der Metrik von Standardabweichungen ausgedrückte Unterschiedlichkeit zwischen den Leistungen unter der Experimental- und der Kontrollbedingung. In der Lehr-Lernforschung spricht man von pädagogisch bedeutsamen Effekten bereits bei Effektstärken ab $ES = 0.25$. Schon dann lohnt sich der Mehraufwand, der mit einer neuen Unterrichtsform verbunden ist. Bei bedeutsamen Effekten haben die Schülerinnen und Schüler der kooperativen Klassen also im Durchschnitt einen höheren Wissenszuwachs erzielt als die in den herkömmlich unterrichteten Klassen. Es können aber auch negative Effekte auftreten, wenn nämlich der Wissenszuwachs in den herkömmlich unterrichteten Klassen größer ausfällt als in den kooperativ unterrichteten.

Merke: Statistische Signifikanzen zeigen an, dass Mittelwertunterschiede zwischen Experimental- und Kontrollbedingung nicht mehr durch Zufall zu erklären sind. Effektstärken *(ES)* geben Hinweise auf das Ausmaß der Unterschiede, also auf ihre praktische Bedeutsamkeit und pädagogische Relevanz.

Metaanalysen

Dass schon Grundschulkinder im Gruppenpuzzleunterricht mehr lernen können als im herkömmlichen Unterricht, wurde bereits mehrfach behauptet (▶ Kap. 4.3). Allerdings ist eine einzelne Studie nicht aussagekräftig genug, um über die Effektivität kooperativen Lernens allgemein zu urteilen. Die Ergebnisse einzelner Studien beruhen häufig auf kleinen Stichproben und können von spezifischen Bedingungen in den untersuchten Schulen, beispielsweise vom Geschick und Engagement der Lehrperson, und von anderem abhängen. In *Metaanalysen* werden die Befunde voneinander unabhängiger empirischer Studien vergleichend zusammengefasst. Nicht die Originaldaten der einzelnen Studien, sondern deren Resultate werden zum Ausgangspunkt einer zusammenfassenden Analyse. Mit Hilfe spezieller statistischer Verfahren können die Ergebnisse aus Einzelstudien aggregiert werden, und es lassen sich wiederum Effektstärken berechnen, die eine zuverlässigere Aussage über die Effektivität kooperativer Unterrichtsmethoden erlauben. Wenn beispielsweise nur eine von 30 Studien einen Effekt der kooperativen Methode auf die Lernleistungen der Schülerinnen und Schüler verneint, wird die metaanalytische Zusammenfassung zeigen, dass diese Studie offenkundig eine Ausnahme darstellt und dass im Durchschnitt aller vorliegenden Studien das kooperative Lernen sehr wohl zu besseren Lernleistungen geführt hat als herkömmlicher Unterricht.

Merke: Ergebnisse aus Einzelstudien können in einer Metaanalyse zusammengefasst werden. Das ermöglicht eine vollständigere Einschätzung der Befundlage und erhöht die Zuverlässigkeit der Schlussfolgerungen.

5.1   Wissenserwerb

Die Wirksamkeit kooperativen Lernens im Hinblick auf den Wissenserwerb ist seit mehr als 25 Jahren durch zahlreiche Metaanalysen belegt (Johnson, Johnson & Stanne, 2000; Kyndt et al., 2013; Rohrbeck, Ginsburg-Block, Fantuzzo & Miller, 2003; Slavin, 1995). Es gibt allerdings unterschiedliche Ansichten darüber, welche Wirkmechanismen dieser Wirksamkeit zugrunde liegen.

Die Erklärungen für die Lernerfolge beim kooperativen Lernen sind je nach theoretischer Perspektive sehr unterschiedlich. Slavin, Hurley und Chamberlain (2003) unterscheiden zwischen zwei eher motivationspsychologischen und zwei eher kognitionspsychologischen Begründungsperspektiven. Zum besseren Verständnis der metaanalytischen Ergebnisse sind diese vorab dargestellt.

Motivationale Perspektive

Aus motivationstheoretischer Sicht sind es in erster Linie extrinsisch gesetzte Anreize, die den Lernerfolg im kooperativen Setting befördern. Solche Anreize sind Gruppenbelohnungen unterschiedlicher Art, Noten, Auszeichnungen oder andere Formen der Anerkennung. Die motivationale Perspektive beruht im Grunde auf einer behavioristischen Vorstellung vom Lernen: Der erwünschte Zielzustand, also die erfolgreiche Gruppenleistung als Folge einer gelungenen kooperativen Zusammenarbeit wird belohnt und das Verhalten, das diesen Zielzustand herbeigeführt hat, wird positiv verstärkt. Prototypen kooperativer Lernformen, die sich aus einer motivationalen Perspektive heraus begründen lassen, sind die Gruppenrallye oder das Gruppenturnier. Bei beiden kooperativen Methoden wird eine Zielinterdependenz geschaffen, weil nämlich die Mitglieder einer Gruppe ihre persönlichen Ziele nur dann erreichen können, wenn auch der Rest ihrer Gruppe erfolgreich ist. Um das zu erreichen, werden die Gruppenbelohnungen auf Basis der individuellen Leistungen vergeben. Durch dieses interdependente Belohnungssystem sind positive

Interdependenz und individuelle Verantwortlichkeit realisiert, einer zusätzlichen Aufgabenspezialisierung bedarf es nicht. Die Mitglieder einer Lerngruppe müssen sich also individuell anstrengen, aber sie müssen auch den anderen helfen dazuzulernen. Nur wenn sich alle verbessern, kann die gesamte Gruppe gewinnen. Nur wenn die Gruppe gewinnt, ist jeder Einzelne auch selbst erfolgreich. In der Konsequenz ermuntern sich die Schülerinnen und Schüler gegenseitig durch Lob und Ermutigung. Beides wirkt als sozialer Verstärker für ein leistungsorientiertes kooperatives Verhalten.

Auch die leistungsschwächeren Schülerinnen und Schüler werden alles dafür tun, um das Ihre zum Gruppenerfolg beizutragen. Weil individuelle Bezugsmaßstäbe angelegt werden, fallen ihre eigenen Leistungsfortschritte – so gering sie auch sein mögen – bei der Berechnung der Gesamtgruppenleistung nicht unter den Tisch, sondern tragen zum Erfolg der Gruppe bei. Leistungsorientiertes Verhalten richtet sich hier nicht wie im kompetitiven Unterricht gegeneinander, sondern dient einem gemeinsamen Ziel: besser als eine andere Gruppe zu sein. Bekannte Befürworter der motivationalen Perspektive sind neben Slavin vor allem Johnson und Johnson (Slavin et al., 2003; Johnson & Johnson, 1994).

Perspektive der sozialen Kohäsion

Ist eine Aufgabe herausfordernd und interessant, dann kann die kooperative Gruppenarbeit als solche, und zwar ohne zusätzliche Anreize, als höchst belohnend und befriedigend erlebt werden. So argumentieren die Vertreter der *Perspektive der sozialen Kohäsion* wie z. B. Cohen und Lotan (2014) oder Aronson und sein Team (1978). Mit sozialer Kohäsion ist der Zusammenhalt einer Gruppe gemeint. Theoretiker der sozialen Kohäsion behaupten, dass sich die Gruppenmitglieder gegenseitig beim Lernen helfen und sich gegenseitig Erfolg wünschen, weil ihnen etwas an der Gruppe und an den Gruppenprozessen liegt. Aus der Perspektive der sozialen Kohäsion heraus wird vor allem die Notwendigkeit identitätsstiftender Gruppenbildungsaktivitäten hervorgehoben und es wird auf die Notwendigkeit reflexiver und evaluativer Prozesse vor, während und nach dem gemeinsamen Lernen verwiesen. Die Effekte kooperativen Arbeitens werden zwar auch motivational begründet, aber eben nicht aufgrund der extrinsisch gesetzten Anreize, sondern aus »innerem Antrieb«. Nicht etwa, weil gute Noten oder Auszeichnungen winken, sondern aus Neugier und Freude am gemeinsamen Tun speist sich hier die Lernmotivation. Extrinsisch gesetzte Anreize werden abgelehnt, weil die Gefahr besteht, dass die in Aussicht gestellten Belohnungen korrumpierend wirken können, mit anderen Worten: dass die intrinsische Motivation Schaden nehmen könnte. Im Kern geht der sozial-kohäsive Ansatz davon aus, dass Lernende von sich aus das Bedürfnis haben mit anderen zusammenzuarbeiten. Die intrinsische Lernmotivation lässt sich fördern, z. B. durch das Einbeziehen der Lernenden in die Planung einer Unterrichtseinheit oder indem man sie an der Ausarbeitung von Aufgabenstellungen mitwirken lässt (▶ Kap. 4.5, Gruppenrecherche). Positive Interdependenz innerhalb einer Lerngruppe wird in erster Linie durch Aufgabenspezialisierungen oder durch Rollenzuweisungen geschaffen (▶ Tab. 3.2).

Entwicklungsperspektive

Kognitionspsychologische Erklärungsmuster – wie die Entwicklungsperspektive und die Perspektive der kognitiven Elaboration – erklären die Wirksamkeit des kooperativen Lernens weder über die von außen gesetzten Anreize noch über die Gruppenkohäsion. Vielmehr gehen sie davon aus, dass es die Art und Qualität der sprachlichen Interaktionen zwischen den Lernenden sind, die zu besseren Lernergebnissen führen. Dass also die lerngegenstandsbezogenen Interaktionen die mentale Verarbeitung der neuen Informationen anregen und bereichern.

Theoretischer Hintergrund

Die Entwicklungsperspektive geht auf die soziogenetisch-kognitive Entwicklungstheorie Piagets und auf die soziokulturell verankerte Entwicklungstheorie Wygotskis zurück (vgl. Slavin et al., 2003). Die beiden Traditionen fokussieren unterschiedliche Aspekte des Lernens. Wygotski geht davon aus, dass Kinder im Rahmen sozialer Interaktion mit anderen Personen in ihrem jeweiligen kulturellen Kontext neues Wissen zunächst gemeinsam ko-konstruieren und erst anschließend individuell internalisieren. Bei Piaget spielt die soziale Interaktion nur in seinen frühen Schriften die entscheidende Rolle, sieht man einmal davon ab, dass Unklarheiten und Konflikte, die sich durch unterschiedliche Sichtweisen auf einen Gegenstand ergeben, in aller Regel auf Interaktionen zwischen Personen zurückgehen. Piagets Interesse gilt den Entwicklungsprozessen des Denkens im Individuum selbst. Beim Lernen, so Piaget, kommt es fortlaufend zu kognitiven Konflikten, vor allem, weil die neuen Informationen nicht so recht in das bereits vorhandene Wissensschema passen. Gelöst werden die Konflikte durch eine Neuorganisation und Adaptation individueller Verhaltens- und Denkstrukturen an das Neue und durch eine Reinterpretation des Neuartigen aufgrund des bereits Bekannten.

Die unterschiedlichen Ansatzpunkte von Piaget und Wygotski lassen sich am besten durch zwei Beispiele erläutern: Ein kleines Kind, das nach dem Wasserstrahl mit der Hand greifen möchte wie nach einer Rassel, kommt mit seiner Umwelt in Konflikt. Es scheitert, weil es den Wasserstrahl nicht fassen und festhalten kann, und ist mit seinem Handlungsergebnis unzufrieden. Durch wiederholtes Ausprobieren lernt es, dass man Wasser zwar schöpfen, nicht aber greifen kann. Nach Piaget ist es die konflikthafte Interaktion eines aktiv mit seiner Umwelt interagierenden Kindes, die das Lernen – hier verstanden als Modifikation des vorhandenen Greif- zu einem Schöpf-Schema – auslöst. Der erlebte Konflikt führt zu einer Störung des kognitiven Gleichgewichts. In seinen Bemühungen, das Gleichgewicht wiederherzustellen (Äquilibration), reorganisiert das Kind sein Wissen neu – und erweitert es auf diese Weise.

Auch beim gemeinsamen Lernen sind die eigenen Kenntnisse und Überzeugungen durch die unterschiedlichen Ansichten, die Lernpartner über einen Lerngegenstand oder zu einer Problemlösung vortragen, »bedroht«. Das individuelle kognitive Gleichgewicht ist gefährdet. Um das Gleichgewicht wiederherzustellen, bedarf es einer Abwägung und Integration der verschiedenen Sichtweisen, aus der sich ein tieferes Verständnis des Lerngegenstandes entwickelt. Ungünstig wäre hingegen das schlichte Ignorieren oder die bloße Übernahme der neuen Informationen. In Piagets Konzeption ist das Lernen ein individueller Prozess der Wissenskonstruktion auf der Suche nach einem jeweils neuen Gleichgewicht zwischen dem, was ich schon weiß und kann, und einer neuartigen Herausforderung. Durch geeignete soziale Interaktionen kann dieser Prozess gezielt stimuliert werden.

Während der soziale Lernpartner bei Piaget in erster Linie für das Auslösen bzw. Aufzeigen des kognitiven Ungleichgewichts steht, kommt ihm in Wygotskis Konzeption eine andere Rolle zu. Dazu ein Beispiel: Ein Kind möchte seine Schuhe selbst anziehen und imitiert das Schlaufenbinden der Erwachsenen. Es gelingt ihm nicht. Der etwas ältere Bruder hilft und macht mehrfach schrittweise vor, wie der Schnürsenkel gebunden werden muss. Das Kind probiert es erneut selbst und verinnerlicht nach und nach die einzelnen Schritte, bis es auf die Hilfe des Bruders nicht mehr angewiesen ist. In einer sogenannten Zone der proximalen Entwicklung können Lernende in Interaktion mit einem kompetenteren Lernpartner Verhaltensweisen einüben, die fortschrittlicher sind als jene, die sie alleine ausführen könnten. In der gemeinsamen Arbeit der Lernpartner wird Wissen zunächst external konstruiert, um in einem Prozess der Internalisierung »in das Niveau der aktuellen Entwicklung [des Individuums] überzugehen« (Wygotski, 1986, S. 240) und so einen Fortschritt des Wissens oder Könnens zu erreichen. Liegen die Anforderungen hingegen außerhalb der nächsten Entwicklungszone eines Kindes, kann nicht gelernt werden.

In den lehrerzentrierten Unterrichtsformen wird gemeinhin die Lehrperson als der kompetentere Interaktionspartner angesehen, in den kooperativ lernenden Gruppen Gleichaltriger der jeweils leistungsstärkere Lernpartner (vgl. Palincsar, 1998). Der besondere Vorteil kooperativer Lernformen wird in einem geringeren Autoritäts- und Wissensgefälle beim Lernen unter den Gleichaltrigen gesehen. Dies, so die Annahme, wird mit einer höheren Wahrscheinlichkeit dazu führen, dass Lösungsschritte ausprobiert und Hilfestellungen angenommen werden. Anders als die Lehrperson wird sich ein gleichaltriger Lerner leichter und unbefangener in der gemeinsamen (nächsten) Entwicklungszone bewegen können. Hilfreich ist, dass sich die gemeinsam Lernenden auf einem vergleichbaren sprachlichen Niveau bewegen und dass sie Kritik, Hilfen und Rückmeldungen untereinander eher akzeptieren können als von einer »Respektsperson« (Damon, 1984). Für Wygotski ist die Nachahmung von Handlungen in der sozialen Interaktion, das Modellieren, ein wichtiges Entwicklungsstadium des Lernens. Palincsar und Brown (1984) haben daraus ein zentrales Instruktionsmerkmal bei der Methode des *reziproken Lehrens* gemacht, einem erfolgreichen Programm zur Verbesserung der Lesekompetenz. Beim reziproken Lehren modelliert die Lehrperson als kompetentes Modell zunächst die Anwendung der zu vermittelnden Lesestrategien selbst. Die Lernenden übernehmen dann nach und nach diese Rolle, während sich die Lehrperson zunehmend aus der Interaktion zurückzieht (▶ Kap. 4.7).

Wenngleich sich die Konzeptionen von Piaget (in seinen späteren Schriften) und Wygotski in ihrem Ausgangspunkt unterscheiden, so sehr ähneln sich die beiden Positionen im Hinblick auf die Schlussfolgerungen, die für das kooperative Lernen zu ziehen sind. Schülerinnen und Schüler oder Studierende benötigen einen Unterricht, der sie weder langweilt noch überfordert. Sie bedürfen der Anleitung, um zu verstehen. Manchmal ist ein Gleichaltriger der bessere Lehrer, weil er sich mit seinen Lösungsversuchen gerade in der proximalen Entwicklungszone eines Lerners befindet. Durch Demonstrationen, Experimente und durch das Arbeiten mit anderen Lernenden kann man das fördern. Kooperative Lernmethoden scheinen dafür prädestiniert. In Gruppendiskussionen führen unterschiedliche Ansichten zu Kontroversen, die kognitive Konflikte auslösen. Im Idealfall führt dies zu einem gemeinsamen Klärungsprozess, in dem die einzelnen Lernenden ein tieferes Verständnis über den Lerngegenstand erzielen. In diesem interaktiven Prozess treiben sich die Lernenden wechselseitig in ihrer Entwicklung voran, wie beispielsweise bei der Methode der konstruktiven Kontroverse (▶ Kap. 4.6). Johnson, Johnson und Stanne (2000) belegen die Effektivität der konstruktiven Kontroverse im Hinblick auf den Wissenserwerb. Die mittlere Effektgröße über 16 Studien hinweg, bei denen die Methode der konstruktiven Kontroverse mit herkömmlicher Gruppenarbeit verglichen wurde, beträgt $ES = 0.59$ – sie liegt sogar bei $ES = 0.91$ in jenen 11 Studien, die als Vergleichsbedingung eine individuelle Erarbeitung der Lerninhalte realisierten.

Perspektive der kognitiven Elaboration

In der Gedächtnispsychologie spricht man von Elaborationen, wenn neue Informationen »tief« und nicht oberflächlich verarbeitet werden. Kinder und Erwachsene wissen in aller Regel bereits vorab etwas über die Sachverhalte, die im Unterricht neu durchgenommen werden (Vorwissen). Wird im Sachunterricht etwa das Thema »Haustiere« angekündigt, wird schon diese Ankündigung automatisch das bereits vorhandene (Vor-)Wissen über die eigenen oder anderer Leute Haustiere aktivieren. Das bereits vorhandene Wissen kann so genutzt werden, um neue Informationen über weitere Tiere besser zu verstehen und einzuordnen. Werden neue Informationen in dieser Weise mit dem bereits vorhandenen Wissen verknüpft, ist eine Form der elaborativen Verarbeitung gegeben, weil beim Verstehen und Behalten über das neu Dargebotene hinaus etwas Eigenes hinzugefügt wird. Das macht Lernen effektiver. Elaboriert Gelerntes ist später leichter wieder abzurufen. Einen theoretischen Rahmen bieten kognitionspsychologische Modelle der Informationsverarbeitung, wo von den Teilprozessen des Selegierens, Organisierens, Integrierens und Speicherns bei der Verarbeitung neuer Informationen gesprochen wird (Mayer, 2003).

Im Unterricht kann die elaborative Verarbeitung neuer Wissensinhalte durch bestimmte Aktivitäten gezielt gefördert werden, z. B. durch das Erarbeiten von Fragen, das Anbieten von Erklärungen oder durch die Verwendung von Beispielen, Argumenten und Gegenargumenten. Kooperative Unterrichtsmethoden bieten dafür eine gute Möglichkeit. Dabei müssen die Interaktionen unter den Lernenden jedoch so strukturiert werden, dass sie auch zu kognitiven Elaborationen führen können. Erreicht wird das durch die Zuweisung bestimmter Aufgaben oder Rollen (Wer erklärt? Wer hört zu? Wer schreibt auf?) oder durch das Einüben spezifischer elaborativer Strategien wie Fragen stellen, Erklärungen geben und Zusammenfassungen erstellen. Bei der Methode der Skriptkooperation (▶ Kap. 4.8) und beim kooperativen Lesen (▶ Kap. 4.10) lesen die Lernenden Texte in Partnerarbeit. Abschnittsweise fasst einer der Lernpartner das Gelesene aus dem Gedächtnis zusammen, während der andere diese Zusammenfassung prüft und gegebenenfalls durch Einfügungen ergänzt. Dann werden die Rollen getauscht. In vielen Untersuchungen, meist mit Studierenden, hat sich gezeigt, dass die Lernenden von der Methode der Skriptkooperation mehr profitieren als von der individuellen Erarbeitung der Textinhalte (O'Donnell & Dansereau, 1992).

Bei einer Methode zur Förderung des verstehenden Lesens, dem reziproken Lehren und Lernen (▶ Kap. 4.7), führt der stete Rollenwechsel der Schülerinnen und Schüler vom Lernen zum Lehren der Strategien zu einer reichhaltigeren mentalen Verarbeitung. Wenn die vier Lesestrategien – das wechselseitige Fragenstellen, das Zusammenfassen, das Diskutieren über ausgewählte Textabschnitte sowie das Voraussagen des zu erwartenden Fortgangs einer Geschichte – nicht nur selbst angewandt, sondern auch erklärt werden müssen, werden sie leichter internalisiert. Untersuchungen zum reziproken Lehren zeigen denn auch, dass die so erworbenen Lesestrategien das Textverstehen verbessern (Palincsar & Brown, 1984; Rosenshine & Meister, 1994; Hattie, 2009).

Aus der Perspektive der kognitiven Elaboration ist auch die Gruppenpuzzlemethode besonders gut zur vertieften Verarbeitung neuer Wissensinhalte geeignet (▶ Kap. 4.3 und ▶ Kap. 4.4). Beim Gruppenpuzzle werden die neuen Lerninhalte in Kleingruppen gemeinsam erarbeitet. Dabei werden Fragen und Verständnisschwierigkeiten geklärt und bereits vorhandene Wissensstrukturen neu überdacht. Bei unterschiedlichen Ansichten müssen Argumente und Gegenargumente formuliert und vertreten werden. Anschließend müssen die neuen Erkenntnisse zusammengefasst werden, um sie den Mitgliedern der eigenen Stammgruppe weiterzuvermitteln. Bei der wechselseitigen Vermittlung wird es wiederum Fragen geben, die beantwortet werden müssen.

> **Merke:** Die Lernerfolge beim kooperativen Lernen lassen sich aus ganz unterschiedlichen theoretischen Perspektiven erklären. Aus motivationspsychologischer Sicht können externe Anreize oder intrinsisch wirksame Faktoren eine Rolle spielen. Aus kognitionspsychologischer Sicht spielt eine elaborative Informationsverarbeitung eine wichtige Rolle und dass es zum Auslösen und Bewältigen kognitiver Konflikte kommt.

Die vier Erklärungsperspektiven schließen einander keineswegs aus, sondern ergänzen sich wechselseitig. Keine kann für sich beanspruchen, in allen möglichen kooperativen Lernsituationen als alleinige Erklärung ihrer Wirksamkeit zu dienen. Das Lernen im Gruppenpuzzle beispielsweise lässt sich sowohl aus der Perspektive der sozialen Kohäsion als auch aus der Perspektive der kognitiven Elaboration beschreiben. Bei der Modifikation der originalen Gruppenpuzzlemethode zum sogenannten Gruppenpuzzle II gehen zusätzlich zur sozial-kohäsiven Sichtweise extrinsisch-motivationale Begründungsmuster mit ein.

Im Folgenden werden Ergebnisse aus Metaanalysen berichtet, die zur Wirksamkeit kooperativen Lernens durchgeführt wurden.

Ergebnisse aus Metaanalysen

Slavin (1995) fasst 90 Studien in einer Metaanalyse zusammen und vergleicht unterschiedliche kooperative Methoden, z. B. die Gruppenrallye, das Gruppenturnier, das Gruppenpuzzle und die Gruppenrecherche mit herkömmlich unterrichteten Kontrollklassen im Hinblick auf die Lernleistungen der Schülerinnen und Schüler. Auswahl- und Qualitätskriterien für die Aufnahme der einzelnen Studien in seine Metaanalyse waren:

- gleiche Eingangsvoraussetzungen der Lerner in den Kooperativ- und Kontrollklassen,
- identisches Unterrichtsmaterial in den Kooperativ- und Kontrollklassen,
- eine Erstreckung der Unterrichtseinheit über mindestens vier Wochen und
- objektive und reliable Messinstrumente.

Für fast zwei Drittel der Vergleiche gilt, dass die Lernleistungen in den kooperativen Klassen signifikant besser ausfallen. Bei 31 Prozent der Vergleiche gibt es keine Unterschiede zwischen den beiden Bedingungen, und für fünf Prozent aller Vergleiche gilt, dass die Lernleistungen in den kooperativen Klassen signifikant schlechter ausfallen. Die mittlere Effektgröße über alle Vergleiche hinweg liegt bei $ES = 0.26$ und ist damit vergleichsweise klein, aber noch bedeutsam. Insgesamt lässt Slavins Analyse den Schluss zu, dass sich der Mehraufwand, der mit der Einführung kooperativen Unterrichts verbunden ist, durchaus lohnt, weil die Schülerinnen und Schüler mehr oder zumindest genauso viel lernen wie im herkömmlichen Unterricht. Die Effekte sind jedoch je nach kooperativer Methode unterschiedlich groß. Eine nach Methoden differenzierte Betrachtung der Ergebnisse erlaubt Tabelle 5.2. Kooperative Methoden, die die positive Interdependenz durch extrinsische Anreize realisieren, wie es bei der Gruppenrallye oder beim Gruppenturnier der Fall ist, scheinen besonders wirksam. Die Gruppenrecherche schneidet hingegen vergleichsweise schlechter ab, was aber auch an den besonderen Schwierigkeiten bei der Erfassung der Lernleistungen liegen kann. Weil bei der Gruppenrallye der Lerngegenstand klar umrissen ist, kann die Lernleistung in einem vorab konzipierten Wissenstest viel präziser erfasst werden als bei der Methode der Gruppenrecherche, wo die Lerninhalte letztlich durch die von den Schülerinnen und Schülern selbst konzipierten Fragen erst im Laufe der inhaltlichen Auseinandersetzung mit dem Thema präzisiert werden.

Tab. 5.2: Metaanalytische Ergebnisse (nach Slavin, 1995)

Perspektive	Methode	mittlere Effektstärke (Anzahl der Studien)
externe Anreize	Gruppenrallye	.32 (26)
	Gruppenturnier	.38 (7)
soziale Kohäsion	Gruppenpuzzle	.12 (8)
	Gruppenrecherche	.06 (6)
kognitive Elaboration	strukturierte Dyaden	.86 (4)

Gruppenbelohnungen, die auf den individuellen Leistungen bzw. Leistungsfortschritten der einzelnen Gruppenmitglieder beruhen, führen offenbar zu besonders guten Lernergebnissen beim kooperativen Lernen. Slavin prüfte diese These, indem er alle Untersuchungen seiner Metaanalyse systematisch ordnete, je nachdem, ob sie a) Gruppenbelohnungen zur Förderung positiver Interdependenz und b) die Gewährleistung und Sichtbarmachung individueller Verantwortlichkeit beinhalteten oder nicht. Dabei zeigte sich, dass kooperative Unterrichtsmethoden, in denen entweder nur die Gruppenbelohnungen oder nur die individuelle Verantwortlichkeit realisiert worden waren, nur zu geringen Effekten führten ($ES = 0.07$). In den 64 Studien aber, in denen sowohl Gruppenbelohnungen als auch individuelle Verantwortlichkeit Bestandteile des kooperativen Lernarrangements waren, wurde eine mittlere Effektgröße ($ES = 0.32$) erzielt. Slavin zieht daraus den Schluss, dass Gruppenbelohnungen auf der Basis individueller Verantwortlichkeit die wichtigsten (und unverzichtbaren) Voraussetzungen für die Wirksamkeit kooperativen Lernens sind. Nur in einigen wenigen Lernsituationen scheinen diese Voraussetzungen entbehrlich, z. B. dann, wenn sich Lerngruppen aus freien Stücken zusammenfinden oder wenn in Dyaden mit klar vorstrukturierten Rollenverteilungen gearbeitet wird (wie z. B. in den Lesetandems).

Die meisten Studien, in denen über die Wirksamkeit von Wettkämpfen zwischen Gruppen und den damit einhergehenden Gruppenbelohnungen geforscht wurde, wurden in Nordamerika durchgeführt. Deshalb stellt sich die Frage, ob der Wettbewerb zwischen Gruppen und das Motivieren durch gegenseitiges »Anfeuern«, wie es bei den amerikanischen Schülerinnen und Schülern beliebt und weit verbreitet ist (»Cheerleading«), auch in deutschen Schulen eine ähnliche Resonanz erwarten lässt. Dazu fehlen noch eindeutige systematische Forschungsergebnisse aus dem deutschen Sprachraum.

Ein weiteres Problem ist mehr methodischer Art und betrifft die Überprüfung der Lernleistungen: Outputorientierte Leistungsprüfungen, womöglich über Mehrfachwahlaufgaben, wie sie den Studien nicht selten zugrunde liegen, widersprechen eigentlich der kooperativen Philosophie. Gerade bei jenen kooperativen Methoden, die sich zur Bearbeitung komplexer Aufgabenstellungen eignen, wie z. B. die Gruppenrecherche, konstruieren die Lernenden qualitativ hochwertiges Wissen in einem fortlaufenden Prozess der Auseinandersetzung mit ihrem Thema. Der Lernprozess, weniger das Lernergebnis, ist hier das Entscheidende. Genau hierin liegt aber ein methodisches Problem: Es gibt keinen *a priori* genau definierbaren Lerngegenstand, dessen Beherrschung sich vorher und nachher durch einen Test erfassen lässt. Werden in einer solchen Situation vorab konstruierte Tests eingesetzt, besteht die Gefahr, dass nicht erfasst wird, was tatsächlich gelernt wurde. Dann aber ist ein Vergleich mit dem lehrergeleiteten Unterricht und seinen klar definierten und leicht überprüfbaren Lernzielen eigentlich nicht möglich. Auf diese Problematik wurde bereits in Kapitel 4.3 im Rahmen der Evaluation des Gruppenpuzzles in Hochschulseminaren hingewiesen.

> **Merke:** Metaanalysen bestätigen, dass kooperative Lehrmethoden im Vergleich mit herkömmlichem Unterricht zu vergleichbar guten oder besseren kognitiven Lernleistungen führen. Unterschiedliche kooperative Methoden sind dabei unterschiedlich gut geeignet. Gruppenbelohnungen und individuelle Verantwortlichkeiten sind wichtige Voraussetzungen des Lernerfolgs.

Eine weitere Metaanalyse wurde von Johnson, Johnson und Stanne (2000) durchgeführt. Die Autoren fassten 164 Studien zusammen und berechneten mittlere Effektgrößen für die Leistungsvergleiche von insgesamt acht verschiedenen kooperativen Unterrichtsmethoden mit herkömmlich bzw. individualistisch strukturiertem Unterricht. Die mittleren Effektgrößen für die Vergleiche liegen wie in der Metaanalyse von Slavin (1995) jeweils im positiven Bereich und variieren zwischen $ES = 0.18$ und $ES = 1.04$. Eine über alle kooperativen Unterrichtsmethoden hinweg gemittelte Effektgröße wird nicht berichtet.

Rohrbeck, Ginsburg-Block, Fantuzzo und Miller (2003) prüften in ihrer Metaanalyse zum Peer Assisted Learning (PAL) im Grundschulbereich den moderierenden Einfluss verschiedener Rahmenbedingungen: Wie wirken sich das Geschlecht, der sozioökonomische Status des Elternhauses, die Klassenstufe oder das Unterrichtsfach auf die Lernleistungen beim kooperativen Lernen aus? PAL steht als Sammelbegriff für verschiedene kooperative Gruppenlernmethoden, vornehmlich aber für dyadische Formen des partnerschaftlichen Lernens. Das Spektrum der untersuchten Methoden ist daher eher weit gefasst. Als besonders wichtig für die Leistungsentwicklung der Schülerinnen und Schüler erachten die Autoren die Schülerzentrierung des Unterrichts (student-centered instruction) und dass es unter den Schülerinnen und Schülern tatsächlich zu Interaktionen kommt (peer interactions) – beides sind charakteristische Instruktionsmerkmale der in Kapitel 4 beschriebenen Methoden kooperativen Lernens. Theoretische Grundlage für diese Annahmen ist zum einen die bereits erwähnte Theorie von Wygotski, wonach die Gleichaltrigen als »natürliche« Lehrer die kognitive Entwicklung in besonderer Weise stimulieren und damit zu einer intensiveren Auseinandersetzung mit dem Lerngegenstand beitragen. Zum anderen ist die Selbstbestimmungstheorie des Lernens nach Ryan und Deci (2000) eine wichtige Referenz. Dieser Theorie zufolge führt das Erleben von Kompetenz und Autonomie zu einem leistungsmotivierten Lernverhalten und damit zum erfolgreicheren Lernen.

Theoretischer Hintergrund

Die Selbstbestimmungstheorie (Ryan & Deci, 2000) geht davon aus, dass alle Menschen das natürliche Bedürfnis haben, autonome Entscheidungen über ihr Leben und Handeln zu treffen, sich kompetent im Umgang mit anderen Menschen zu fühlen und soziale Beziehungen zu anderen Menschen aufzubauen und aufrechtzuerhalten. Ryan und Deci gehen demzufolge von drei psychologischen Grundbedürfnissen aus:

- Autonomie,
- Kompetenz,
- Soziale Eingebundenheit.

Das Klassenzimmer oder das Seminar kann ein unterstützender Kontext für die Entwicklung des Autonomieerlebens sein. Hier können Lernende auch ihre Kompetenzen in einer sozialen Gemeinschaft unter Beweis stellen. Kooperative Unterrichtsformen bieten besonders gute Möglichkeiten, die eigene Kompetenz, Autonomie und soziale Eingebundenheit im Unterricht zu erleben. Beispielsweise können sich die Lernenden im Gruppenpuzzle selbstständig ein Teilthema auswählen. In der Erarbeitungsphase in der Expertengruppe erwerben die Lernenden fachliche Kompetenzen im »geschützten Raum«, um sie anschließend eigenverantwortlich an ihre Stammgruppenmitglieder zu vermitteln. Während des gesamten Lern- und Vermittlungsprozesses sind die Lernenden in Gruppen sozial eingebunden.

Es gibt unterschiedliche Möglichkeiten, die Eigenverantwortlichkeit und Autonomie der Lernenden zu unterstützen. Kooperatives Lernen ist eine davon. Durch folgende Maßnahmen können Sie Selbstbestimmung und Autonomie auch im Rahmen anderer Unterrichtsformen fördern:

- Beteiligen Sie die Lernenden an der Auswahl und Entwicklung von Fragestellungen.
- Lassen Sie die Lernenden möglichst oft zwischen verschiedenen Möglichkeiten selbst entscheiden, beispielsweise, welches Thema sie bearbeiten möchten oder welche Aufgabe oder Rolle sie übernehmen möchten.
- Helfen Sie den Lernenden, die Arbeit selbst zu strukturieren und sich eigene Ziele zu setzen.
- Beteiligen Sie die Lernenden an der Auswahl von Belohnungen.
- Machen Sie die Lernenden für die Folgen ihres Verhaltens individuell verantwortlich.
- Erklären Sie die Gründe und Vorteile kooperativer Regeln und Verhaltensweisen.
- Legen Sie individuelle Bezugsnormen bei den Leistungsrückmeldungen zugrunde (»Du hast dich im Vergleich zur letzten Woche sehr verbessert!«) und

vermeiden Sie soziale Leistungsvergleiche (»Wenn ich den Klassendurchschnitt betrachte, sind deine Leistungen immer noch im unteren Bereich!«).

Mehr Informationen zur Selbstbestimmungstheorie gibt es auf der Webseite: www.selfdeterminationtheory.org

Zurück zur Metaanalyse von Rohrbeck et al. (2003): Kriterien für die Auswahl der Studien waren a) eine Interventionsdauer von mindestens einer Woche und b) dass es sich bei der Untersuchungsanlage um ein experimentelles oder zumindest quasiexperimentelles Design handelte. Das mittlere Lebensalter der Kinder in den einzelnen Studien variierte zwischen fünf und zwölf Jahren. Die Mehrzahl der Interventionen fand in der dritten, vierten und fünften Klassenstufe statt.

Für 81 Studien konnten nach dieser Maßgabe Effektgrößen für den Vergleich zwischen PAL und Kontrollbedingungen berechnet werden. Sie variierten zwischen $ES = -0.61$ und $ES = 2.38$. Die mittlere Effektgröße über alle Studien hinweg lag bei $ES = 0.33$. Die große Variabilität der Effekte lenkt den Blick auf die Bedeutsamkeit moderierender Bedingungen beim kooperativen Lernen. Auch die Autoren haben die Wichtigkeit dieser Moderatorvariablen (das sind Variablen, welche die Höhe der in Frage stehenden Effekte beeinflussen) erkannt und deshalb die Originalarbeiten nach unterschiedlichen Gesichtspunkten gruppiert und erneut ausgewertet. Dabei zeigte sich ein interessantes Bild:

- Die Effekte sind in den Jahrgangsstufen eins bis drei größer ausgefallen ($ES = 0.45$) als bei den älteren Kindern ($ES = 0.25$).
- Bei PAL-Interventionen, die auf ein hohes Ausmaß an Autonomie besonderen Wert legen, werden höhere Effektgrößen erzielt.
- Besonders effektiv erweisen sich PAL-Interventionen, die mit interdependenten Belohnungssystemen arbeiten. Dieser Befund stimmt mit den Ergebnissen von Slavins (1995) Metaanalyse überein und unterstreicht nochmals die Bedeutung von Gruppenbelohnungen, wenn sie auf der Basis von Individualleistungen zustande kommen, wie beispielsweise bei der Gruppenrallye (▶ Kap. 4.1).
- Aufgeschlüsselt nach Unterrichtsfächern ist die Effektivität der PAL-Interventionen im naturwissenschaftlichen Unterricht am größten. Die mittlere Effektgröße in sechs Studien zum naturwissenschaftlichen Sachunterricht liegt bei $ES = 0.62$, für das Fach Mathematik (33 Studien) hingegen nur bei $ES = 0.22$ und im sprachlichen Bereich (35 Studien) bei $ES = 0.27$.
- Kinder aus städtischen Schulen und solche aus Familien mit einem niedrigen sozioökonomischen Status profitieren besonders von den PAL-Interventionen. Das gilt auch für Kinder mit Migrationshintergrund.

Der zuletzt aufgeführte Befund dürfte für die deutsche Bildungspolitik von besonderer Bedeutung sein, hängt doch die Leistungsentwicklung der Schülerinnen und Schüler hierzulande im Vergleich mit anderen OECD-Ländern besonders stark vom sozioökonomischen Status des Elternhauses ab. Eine Reanalyse der Daten aus PISA 2012 zeigte zwar, dass es zwischenzeitlich besser gelungen war, den Zusammenhang zwischen sozialer Herkunft und Leistung zu entkoppeln, er ist aber immer noch hoch (Müller & Ehmke, 2016). Das Ziel, eine ähnlich hohe Entkopplung wie in anderen OECD-Staaten zu erreichen und damit ein gerechteres Bildungssystem zu schaffen, bleibt weiterhin bestehen. Die Metaanalyse von Rohrbeck et al. (2003) zeigt, dass PAL-Interventionen geeignet sind, Kinder mit Risikofaktoren, sei es aufgrund der familiären Situation oder sei es aufgrund sprachlicher Defizite, besser zu fördern. Damit kann nicht früh genug begonnen werden.

Seit Palincsar und Brown (1984) das reziproke Lehren und Lernen erstmals erprobten, wurde die Effektivität in einer Vielzahl von Interventionsstudien unter verschiedensten Bedingungen erprobt. In einer der ersten Metaanalysen haben Rosenshine und Meister (1994) 16 dieser Studien zusammengefasst. Die Effekte liegen, bis auf zwei Studien, die von den Autoren hinsichtlich der Durchführungsqualität als eher fragwürdig eingeschätzt wurden, alle im mittleren bis hohen Bereich. Wenn standardisierte Testverfahren eingesetzt wurden, um die Lernleistungen zu erfassen, waren die Effekte geringer ($ES = 0.32$), als wenn die Forscher selbst konstruierte Verfahren einsetzten ($ES = 0.88$). Am günstigsten war es, wenn die vier Lesestrategien den Schülerinnen und Schülern vor der dialogischen Arbeit in den Kleingruppen Schritt für Schritt durch die Lehrperson erläutert und an Beispielen demonstriert wurden.

In der Metaanalyse von Kyndt et al. (2013) wurden nur Studien berücksichtigt, die nach dem Jahr 1995 erschienen sind. Die positiven Effekte des kooperativen Lernens auf die schulischen Leistungen konnten auch in dieser Analyse bestätigt werden ($ES = 0.54$). Auch hier zeigten sich höhere Effekte in den jüngeren Klassenstufen und in den mathematisch-naturwissenschaftlichen Fächern. Allerdings konnte, anders als in den früheren Metaanalysen, nicht bestätigt werden, dass Methoden mit interdependenten Belohnungsstrukturen effektiver waren als Methoden ohne solche Belohnungsstrukturen.

Hattie-Studie

Für eine gewisse Aufregung und Unruhe unter Pädagoginnen und Pädagogen sorgte die 2013 in deutscher Übersetzung erschienene Hattie-Studie, bei der die Datenaggregation noch einen Schritt weitergetrieben wurde als bei den oben vorgestellten Metaanalysen (Hattie, 2009; 2013). Die Aufregung gründete auf der mancherorts aufgestellten Behauptung, dass der neuseeländische Bildungsforscher John Hattie das finale Rezept für den erfolgreichen Unterricht gefunden hätte. Hat er das wirklich? Sicherlich nicht, das war auch gar nicht seine Absicht. Aber dennoch lässt sich sagen, dass seine Studie einen Meilenstein in der empirischen Bildungsforschung darstellt, an dem man nicht unbesehen vorbeigehen kann. Welche Absichten Hattie mit seiner Studie verfolgte und welche Schlussfolgerungen die Studie im Hinblick auf die Beurteilung der Effektivität kooperativen Lernens zulässt, wird im Folgenden erläutert. Zunächst werden die grundlegenden Annahmen und das Vorgehen John Hatties beschrieben und dann werden die im weitesten Sinne mit dem kooperativen Lernen im Zusammenhang stehenden Ergebnisse vorgestellt und erläutert.

Hattie ging der Frage nach, welche Einflussfaktoren des schulischen Lernens einen substanziellen Effekt auf die Lernleistungen der Schülerinnen und Schüler haben. Dabei ging es ihm weniger um den Effekt einer spezifischen Intervention im Vergleich mit einer Kontrollbedingung, sondern vielmehr um das große Ganze. Insgesamt 138 unterschiedliche Einflussfaktoren, die mit den Lernleistungen der Schülerinnen und Schüler im Zusammenhang stehen, gruppierte er zu sechs Merkmalsbereichen bzw. Domänen: (1) Lernende (z. B. ihr Vorwissen oder ihre Lernmotivation), (2) Elternhaus (z. B. der sozioökonomische Status oder die Familienstruktur), (3) Schule (z. B. die Klassengröße), (4) Lehrperson (z. B. die Fachkompetenz), (5) Curricula (z. B. Programme zur Leseförderung) und – als größte Faktorengruppe – (6) Merkmale des Unterrichtens (z. B. Feedback). Hattie hat untersucht, welchen Merkmalsbereichen und Einflussfaktoren die größte Bedeutung für die Leistungsentwicklung der Schülerinnen und Schüler zukommt (what works best?). Wer also bisher aufgrund der Vielzahl der vielen verschiedenen empirischen Befunde zur Wirksamkeit schulischen Unterricht zu Recht den Überblick verloren hat, aber wissen möchte, wie er seinen Unterricht gestalten soll, bekommt mit der Hattie-Studie eine gefällig aufbereitete Übersicht effektiver Wirkfaktoren auf die Lernleistungen der Schülerinnen und Schüler. Um die Ergebnisse der Hattie-Studie allerdings richtig interpretieren zu können und um die richtigen (praktischen) Schlussfolgerungen daraus zu ziehen, ist ein genaueres Verständnis der Studie hilfreich.

Bei der Hattie-Studie wurde in gewissem Sinne genauso vorgegangen wie bei der Datensammlung für eine Metaanalyse. Allerdings gingen nicht, wie bei einer Metaanalyse, die Ergebnisse einzelner Primärstudien in die Analyse ein, sondern gleich die Ergebnisse von über 700 Metaanalysen selbst, die auf rund 50 000 Studien mit ca. 250 Millionen Lernenden beruhen. Eine beeindruckende Zahl von Daten. Die Studie aufgrund des gewaltigen Umfangs an Daten als Mega-Metaanalyse oder als Meta-Metaanalyse zu bezeichnen, weil besonders viele Studien zusammengefasst wurden, ist aus methodischer Perspektive nicht ganz korrekt. Die Vorgehensweise ist hier eine andere als bei der zusammenfassenden Analyse von Primärstudien, z. B. hinsichtlich der Auswahlkriterien der Einzelstudien (sehr liberal), hinsichtlich der Gewichtung der einzelnen Studien (findet nicht statt) oder der Berücksichtigung von Moderatoreneffekten (bleiben unberücksichtigt). Es handelt sich bei der Hattie-Studie eher um eine Synthese, die auf den Ergebnissen vieler verschiedener Metaanalysen beruht. Das besondere Kennzeichen der Studie ist, dass auf Grundlage der metaanalytischen Ergebnisse über die sechs Domänen hinweg eine Rangreihe gebildet und eine Art Hitliste aufgestellt wurde, welche der 138 Einflussfaktoren sich am stärksten auf die Lernleistungen auswirken. Was in der Rangreihe ganz oben steht, so die Botschaft, funktioniert am besten und führt zu besonders guten Leistungen der Schülerinnen und Schüler.

Hattie definiert bei einer Effektstärke von $ES = 0.40$ einen sogenannten Umschlag- oder Wendepunkt, ab dem die Faktoren zu einer sichtbaren Verbesserung der Leistungsentwicklung führen. Sie haben vielleicht richtig bemerkt, dass Hattie damit ein anderes Kriterium anlegt, als das weiter oben genannte Kriterium der pädagogischen Bedeutsamkeit von Interventionen. Dort hatten wir bereits bei einer Effektstärke von $ES = 0.25$ von einem relevanten Effekt gesprochen. Die Argumente für die Festlegung des Kriteriums sind jedoch kaum vergleichbar. Das liegt vor allem an der gänzlich anderen Zielsetzung John Hatties und an den methodischen

Überlegungen, die seiner Analyse zugrunde liegen. Über die richtige Vorgehensweise bei der Durchführung von Metaanalysen, z. B. hinsichtlich der Auswahl der Studien, die in eine Analyse mit aufgenommen werden, der Berücksichtigung oder Ausklammerung von den Lernleistungen moderierenden Bedingungen, der Wahl der statistischen Methoden und nicht zuletzt der Interpretationen und Schlussfolgerungen der Ergebnisse, wird unter Bildungsforschern kontrovers diskutiert. Hatties Synthese hat die Diskussion neu befeuert. Eine interessante Debatte, die an dieser Stelle jedoch zu weit führt. Ewald Terhart (2014) hat zu dieser Debatte ein Buch mit Beiträgen verschiedener Autorinnen und Autoren herausgegeben. Festzuhalten bleibt, dass nach Hatties Argumentation von einer innovativen Veränderung des Lerngeschehens erst dann gesprochen wird, wenn der Effekt eines Einflussfaktors über der allgemeinen Effektivität von Erziehung, Schule und Unterricht anzusiedeln ist – bei ihm heißt das: *ES* > .40.

Hatties Rangreihe verleitet zu dem Glauben, dass die Ergebnisse seiner Studie einfach zu interpretieren seien. Dem ist aber nicht so (Pant, 2014; Gold, 2015). Selbst erfahrene Pädagoginnen und Pädagogen fühlen sich beim Blick auf die Rangliste nicht selten verunsichert und stellen sich zuweilen die Frage, was sie in der Vergangenheit alles falsch gemacht haben. Das ist genauso verkehrt, wie sich die Top Ten der Faktoren herauszugreifen und den Unterricht danach in der Hoffnung zu gestalten, nur noch erfolgreiche Schülerinnen und Schüler hervorzubringen.

Bei der Diskussion über »guten Unterricht« muss berücksichtigt werden, welche Schlüsse aus der Hattie-Studie überhaupt zulässig sind. Beispielsweise wird in der Hattie-Studie nur die (kognitive) Lernleistung der Schülerinnen und Schüler thematisiert. Lehrpersonen haben jedoch auch einen anderen Blick auf die Schülerinnen und Schüler und Schule hat noch andere Lernziele als nur den Wissenszuwachs. Es ist niemandem geholfen, wenn die Schülerinnen und Schüler zwar sehr gute Lernleistungen, z. B. in Physik, erbringen, nach der Schulzeit aber nichts mehr von diesem Fach wissen wollen, weil ihnen der Spaß am Lernen und das Interesse an der Sache verloren gegangen sind. Neben den motivationalen und emotionalen Zielkriterien dürfen auch die sozialen Aspekte und die Werteerziehung im schulischen Unterricht nicht vernachlässigt werden. So haben die Lehrpersonen auch dafür zu sorgen, dass in den Klassen ein angenehmes Lernklima herrscht und dass die Schülerinnen und Schüler gut miteinander klarkommen.

Fasst man die Ergebnisse der Hattie-Studie zusammen, ergibt sich eine relativ klare Botschaft. Lernförderlich ist demnach ein Unterricht:

1. der fachlich orientiert und dabei kognitiv aktivierend ist,
2. in dem die zur Verfügung stehende Zeit tatsächlich auch für unterrichtliche Zwecke genutzt wird,
3. in dem die Lehrperson die Schülerinnen und Schüler anleitet, anspruchsvolle, zugleich aber bewältigbare Aufgaben zu bearbeiten.

Kooperatives Lernen scheint bei sachgerechter Implementierung eine günstige Gelegenheit für die Erfüllung dieser Aspekte zu bieten. Bekommen die Lernenden für sie anregende und herausfordernde Aufgaben gestellt, haben sie in den kooperativen Arbeitsgruppen gute Gelegenheiten, diese in einem gemeinsamen Arbeitsprozess zu lösen. Dabei müssen Unklarheiten geklärt, Inhalte erläutert und Fragen beantwortet werden. Bei Schwierigkeiten stehen die anderen Gruppenmitglieder hilfreich zur Verfügung.

Wie wird jedoch die Wirkung kooperativen Lernens nach den Befunden der Hattie-Studie (2013) beurteilt? Das Hattie-Barometer gibt scheinbar eine einfache Antwort darauf: Alle Effektstärken aus der Domäne »Merkmale des Unterrichtens«, die zum erweiterten Themenbereich des kooperativen Lernens zu rechnen sind, liegen über dem von Hattie angelegten Wirksamkeitskriterium von $ES > .40$ und gehören somit in die Gruppe der Faktoren, die das schulische Lernen in erheblichem Maße fördern. In Tabelle 5.3 ist in der ersten Spalte der jeweilige Rangplatz des Einflussfaktors aufgeführt, in der letzten die Anzahl der berücksichtigten Meta-analysen und Einzelstudien.

Tab. 5.3: Kooperatives Lernen in der Hattie-Studie

Rang	Faktor	ES	Metaanalysen (Einzelstudien)
9	Reziprokes Lehren	.74	2 (38)
24	Kooperatives vs. individuelles Lernen	.59	4 (774)
36	Peer-Tutoring	.55	14 (767)
37	Kooperatives vs. kompetitives Lernen	.54	7 (1024)
63	Kooperatives Lernen (insgesamt)	.41	10 (306)

Das gute Abschneiden des kooperativen Lernens sollte man aber nicht überbewerten. Wichtig ist die richtige Einschätzung der Ergebnisse. So sollte man sich darüber im Klaren sein, dass mit jeder höheren Aggregationsstufe bei der Zusammenfassung der Studienergebnisse wichtige Informationen über moderierende Bedingungen der einzelnen Untersuchungen verloren gegangen sind. Deshalb erlauben die weiter oben dargestellten Metaanalysen von Rohrbeck et al. (2003) oder Slavin (1995) einen sehr viel differenzierteren Blick auf das partnerschaftliche Lernen als der Blick auf das Hattie-Barometer. Entscheidend für die Wirksamkeit einer kooperativen Lehrmethode ist letztlich, wie gut die Qualitätsdimensionen des Unterrichts insgesamt – also die kognitive Aktivierung, die konstruktive Unterstützung und eine effiziente Klassenführung – realisiert worden sind (▶ Kap. 3.3).

5.2   Soziale, motivationale und emotionale Lernziele

Kooperatives Lernen ist mit dem Anspruch verbunden, fachliche und soziale Lernziele im Unterricht gleichermaßen zu realisieren. Die Entstehungsgeschichte des Gruppenpuzzles macht dies besonders deutlich. Beide Zielsetzungen schließen sich nicht wechselseitig aus. Ganz im Gegenteil, sie können sich sogar wechselseitig bedingen. Slavin (1995) berichtet von mehreren Studien zum kooperativen Lernen, die unter verschiedenen Gesichtspunkten Effekte kooperativen Lernens auf soziale und emotionale Lernziele hin prüfen. Im Folgenden findet sich eine Übersicht der von Slavin (1995) zusammengestellten Studien zu sozialen und emotionalen Lernzielen kooperativen Lernens, die durch eine Untersuchung zur Qualität der kooperativen Zusammenarbeit ergänzt wird. Die Studien lassen sich zu sieben Themenfeldern zusammenfassen:

(1) Beziehungen zwischen den Schülerinnen und Schülern,
(2) Hilfsbereitschaft,
(3) Motivation,
(4) Lernfreude,
(5) Selbstwertgefühl,
(6) Aufmerksamkeit und
(7) kooperative Zusammenarbeit.

Beziehungen zwischen den Schülerinnen und Schülern

Kooperatives Lernen ermöglicht bei gemeinsamer Zielsetzung einen vielfältigen Kontakt unter den Lernenden und auch über die Grenzen nationaler sowie ethnischer Gruppierungen hinweg. Regeln der kooperativen Zusammenarbeit bestimmen die sozialen Verhaltensnormen. Somit bietet das kooperative Lernen aus sozialpsychologischer Perspektive gute Bedingungen für eine Verbesserung der sozialen Beziehungen. Intensität und Qualität der Sozialbeziehungen unter den Schülerinnen und Schülern können vor allem durch soziometrische Verfahren erfasst werden – durch Verhaltensbeobachtungen, Selbsteinschätzungen zur eigenen Beliebtheit in der Klasse oder Einschätzungen durch Peers. Meist hat sich gezeigt, dass sich die kooperativen Lernformen im Vergleich zum herkömmlichen Unterricht positiv auf die Beziehungen unter den Schülerinnen und Schülern auswirken (Slavin, 1995). Im kooperativen Unterricht entstehen auch mehr Freundschaftsbeziehungen unter den Lernenden. Nach Slavin trägt kooperatives Lernen auch dazu bei, Barrieren zwischen Kindern mit und ohne Behinderungen oder (Lern-)Schwierigkeiten zu überwinden. Ein wichtiger Aspekt, der bei der Gestaltung inklusiven Unterrichts berücksichtigt werden sollte. Der sozialintegrative Effekt ist größer als im herkömmlichen Unterricht. Dabei muss jedoch berücksichtigt werden, dass kooperatives Lernen für Kinder mit Lernstörungen oder -behinderungen, aber auch für die verantwortlichen Lehrkräfte eine besondere Herausforderung darstellt. Denn die Aufgabenschwierigkeiten müssen auf die jeweiligen Kompetenzen der Kinder abgestimmt sein und die Gliederung des Lernstoffs sowie die Planung und Überwachung von Arbeitsschritten bedürfen einer besonderen Sorgfalt (Souvignier, 2007a, 2007b).

Hilfsbereitschaft

Eine zentrale Annahme beim kooperativen Lernen ist, dass die Schülerinnen und Schüler lernen, miteinander zu kooperieren, sich gegenseitig zu helfen und sich in die Lage anderer Menschen hineinzuversetzen, um deren Perspektiven und Probleme besser verstehen zu können. So plausibel diese Annahme auch klingt, so schwer lässt sie sich operationalisieren. Deshalb verwundert es nicht, dass die Hilfsbereitschaft nur selten Gegenstand empirischer Untersuchungen ist. Um das Ausmaß hilfsbereiten Verhaltens zu prüfen, sollen Schülerinnen und Schüler beispielsweise realen oder vorgestellten Partnerinnen oder Partnern Belohnungen zuteilen. Sie haben dabei die Wahl, den Belohnungsempfängern eine höhere (Altruismus), eine vergleichbare (Gleichheit) oder geringere (Konkurrenz) Belohnung als sich selbst zukommen zu lassen. Unter kooperativen Lernbedingungen wurde vergleichsweise häufiger nach altruistischen Belohnungsstrategien verfahren als im herkömmlichen Unterricht (Slavin, 1995). Diese und andere bei Slavin aufgeführte Studien stützen die Annahme, dass kooperative Lernformen günstige Auswirkungen auf die Entwicklung von Hilfsbereitschaft und Kooperationsfähigkeit haben.

Hilfsbereitschaft setzt Empathie voraus, die Fähigkeit, sich in die Gefühle anderer Personen hineinversetzen zu können, um ihre Probleme zu verstehen. Ein Mindestmaß an Empathie ist somit eine wichtige Voraussetzung, um überhaupt erfolgreich kooperieren zu können. Empathie kann aber auch durch kooperatives Lernen gefördert werden. Diane Bridgeman (1981), eine Doktorandin von Aronson, untersuchte die Empathiefähigkeit zehnjähriger Kinder unter Verwendung einer Bildergeschichte. Auf den Bildern ist zunächst zu sehen, wie ein Junge sehr traurig ist, als er seinen Vater am Flughafen verabschiedet. Auf den weiteren Bildern ist dargestellt, wie ein Postbote dem Jungen ein Paket übergibt. Der Junge packt ein Spielzeugflugzeug aus und fängt an zu weinen. Die Zehnjährigen sollen nun erklären, warum der Junge beim Anblick des Spielzeugflugzeugs in Tränen ausbricht. Nahezu alle Kinder antworteten wie erwartet: weil der Junge durch das Flugzeug daran erinnert wird, wie sehr er seinen Vater vermisst. Dann wurden die Kinder gefragt, was sich der Postbote wohl denkt, wenn er den Jungen beim Öffnen des Paketes weinen sieht. Die meisten Kinder machen hier einen logischen Fehler, weil sie glauben, dass alle anderen (also auch der Postbote) wissen, was sie selbst wissen. Sie können sich nicht in die Lage (d.h. in das Nichtwissen) des Postboten hineinversetzen. Sie denken, auch der Postbote wüsste, dass der Junge traurig ist, weil ihn das Spielzeug an seinen Vater erinnert. Bridgeman konnte nun zeigen, dass Kindern, die zuvor kooperativ gelernt hatten, dieser logische Fehler seltener unterlief als den Kindern einer Kontrollgruppe.

Motivationale Überzeugungen

Die Überzeugung der Lernenden, dass ihre Lernleistungen von der eigenen Anstrengung abhängen, ist eine wichtige Bedingung für leistungsmotiviertes und erfolgreiches Lernhandeln. Entscheidend dabei ist, dass die Lernenden den Grad ihrer Anstrengung selbst beeinflussen können. Schreiben die Lernenden den Erfolg oder Misserfolg beim Lernen hingegen Umständen zu, die sie nicht selbst beeinflussen können, so sinkt ihre Lernbereitschaft. Kooperatives Lernen begünstigt die »Anstrengungserfahrungen«. Die kooperativen Lerner können leicht erfahren, dass ihre und die Leistungen der Gruppe vom eigenen Engagement abhängen. Slavin (1995) berichtet von mehreren Studien, die diese Auffassung belegen. Das Bewertungssystem bei der Gruppenrallye zielt in besonderer Weise darauf ab, dass alle Lernenden unabhängig von ihrem Fähigkeitsniveau ihren Leistungsfortschritt erfahren können, indem das Ausmaß des individuellen Lernzuwachses zur Grundlage von Gruppengratifikationen gemacht wird.

Lernfreude

Ein weiterer Indikator für Motivation beim schulischen Lernen ist neben der Anstrengungsbereitschaft die selbstempfundene Lernfreude. In vielen Untersuchungen zum kooperativen Lernen wird gefragt, ob die Schülerinnen und Schüler die Schule, ihre Klasse und das im Unterricht gerade behandelte Thema mögen. Kooperatives Lernen, so die Grundannahme, führe zu größerer Lernfreude. Die empirische Befundlage zur Lernfreude beim kooperativen Lernen ist aber inkonsistent (Slavin, 1995). In einigen Studien finden sich Hinweise auf eine höhere Lernfreude, in anderen wiederum sind keine Effekte festzustellen. Es gibt in diesem Zusammenhang auch ein methodisches Problem: Häufig, vor allem bei jungen Kindern, wird ein hohes Ausmaß an Lernfreude bereits vor der Unterrichtseinheit, also vor der kooperativen Intervention gemessen. Bis zur abschließenden Messung ist dann eine Zunahme der Lernfreude oft gar nicht mehr möglich.

Forschungsergebnisse

In einer auf ein Schuljahr angelegten Untersuchung (Borsch, 2004) wurden in einer dritten Grundschulklasse sechs jeweils sechsstündige Unterrichtseinheiten im Sachunterricht nach der Methode des Gruppenpuzzles durchgeführt. Erfasst wurde die Lernfreude (Wie gut hat dir der Unterricht zum Thema »Wasser« gefallen?), und zwar mit Hilfe einer fünfstufigen Bewertungsskala (▶ Abb. 5.1).

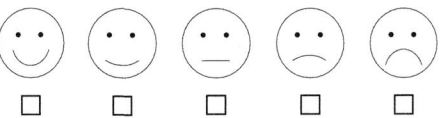

Abb. 5.1: Bewertung der Lernfreude

Die Hypothese, dass die Kinder im kooperativen Unterricht mehr Lernfreude empfinden, konnte nicht bestätigt werden. Das beruht auf der an sich erfreulichen Tatsache, dass den Kindern die Bearbeitung der Unterrichtseinheiten auch im herkömmlichen Unterricht viel Freude bereitete. Die Ergebnisse stimmen überein mit den Rückmeldungen der Lehrkräfte in beiden Unterrichtsformen. Die Kinder hatten großen Spaß an den naturwissenschaftlichen Unterrichtseinheiten des Sachunterrichts. Vor allem wurde von einer großen Begeisterung der Kinder bei der Durchführung der Experimente berichtet.

Aufmerksamkeit

Ein weiterer Indikator für das motivationale Engagement der Schülerinnen und Schüler ist der Anteil aufgabenbezogenen Verhaltens im Unterricht. Aufgabenbezogenes Verhalten kann durch Beobachtungen der Schülerinnen und Schüler oder durch Einschätzungen der Lehrpersonen erfasst werden. Die von Slavin (1995) berichteten Ergebnisse sprechen insgesamt nicht dafür, dass die kooperativ lernenden Schülerinnen und Schüler die Lernsituation ausnutzen, um nichts zu tun. In den meisten Studien ist das aufgabenbezogene Verhalten der Lernenden in den kooperativen Klassen größer als in den Kontrollklassen. Dass Lehrerinnen und Lehrer in Deutschland dennoch befürchten, in kooperativer Gruppenarbeit werde »nichts getan«, wird in Befragungen deutlich (Rotering-Steinberg, 2000; Rotering-Steinberg & Kügelgen von, 1986). Hierzu ist zu sagen, dass die Befragten offenbar nicht zwischen nicht-kooperativer und kooperativer Gruppenarbeit zu differenzieren wussten. In einer eigenen Studie haben wir die Skepsis der Lehrerinnen und Lehrer untersucht (Borsch, 2004).

Forschungsergebnisse

In der oben bereits erwähnten Studie (Borsch, 2004) wurde in der Erarbeitungs- und Vermittlungsphase des Gruppenpuzzles das Arbeitsverhalten der Kinder systematisch beobachtet, um Aufschluss über das Ausmaß förderlicher kooperativer Verhaltensweisen (anderen Gruppenmitgliedern Informationen geben, andere um Hilfe bitten, andere unterstützen, anderen zuhören, sich an Maßnahmen der Gruppenorganisation beteiligen) zu gewinnen. Abbildung 5.2 zeigt den relativen Anteil kooperativen Verhaltens am Gesamtverhalten für die sechs Unterrichtseinheiten und die beiden Phasen des Gruppenpuzzles.

Fasst man den Anteil der kooperativen Verhaltensweisen über alle Unterrichtseinheiten hinweg zusammen, so liegt der Anteil mit etwa 70 Prozent deutlich über den etwa von Helmke und Renkl (1993) berichteten Aufmerksamkeitsraten in der dritten Klassenstufe im herkömmlichen Unterricht. Die bei Rotering-Steinberg (2000) und Rotering-Steinberg und von Kügelgen (1986) berichteten Befürchtungen der Lehrkräfte, dass beim kooperativen Lernen Spannungen und Konflikte unter den Kindern auftreten und dass die Kinder die

Gruppensituation ausnutzen, um weniger zu arbeiten als im üblichen Unterricht, haben sich gerade nicht bestätigt.

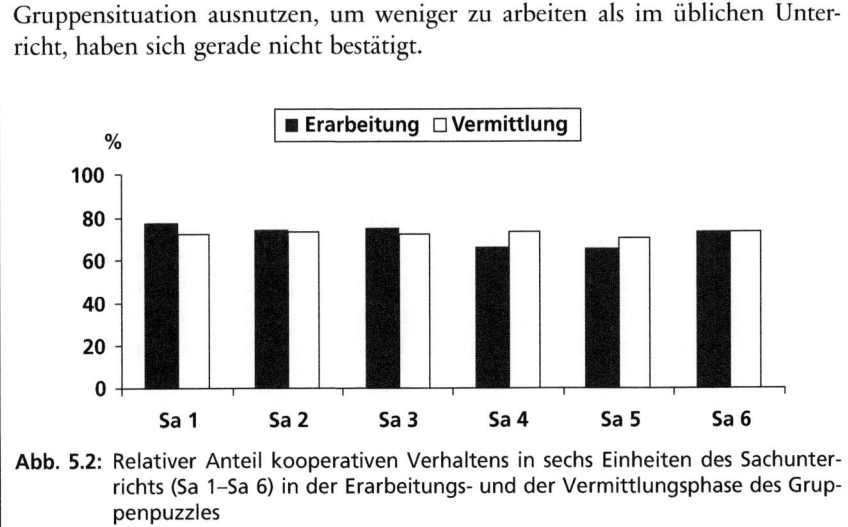

Abb. 5.2: Relativer Anteil kooperativen Verhaltens in sechs Einheiten des Sachunterrichts (Sa 1–Sa 6) in der Erarbeitungs- und der Vermittlungsphase des Gruppenpuzzles

Kooperative Zusammenarbeit

Beim kooperativen Lernen müssen die Schülerinnen und Schüler mehr leisten, als nur ihre Aufmerksamkeit auf die zu bearbeitenden Aufgaben zu richten. Sie müssen dabei gleichzeitig interagieren, um den kooperativen Arbeitsprozess in Gang zu halten. Das kommt einem grundlegenden Bedürfnis von Kindern entgegen: Sie wollen interagieren. Bietet man ihnen im schulischen Unterricht jedoch nicht die Möglichkeit, über fachliche Inhalte zu interagieren, suchen sie sich andere Themen außerhalb des Unterrichts, was dann berechtigterweise von den Lehrerinnen und Lehrern als störend empfunden wird.

> **Merke:** Es ist ein grundlegendes Bedürfnis von Kindern zu interagieren. Kooperatives Lernen ermöglicht es den Kindern, über fachliche Inhalte zu interagieren. Kooperatives Lernen ist gleichzeitig aufgabenbezogen und interaktiv.

Beim kooperativen Lernen sind die Interaktionsformen jedoch je nach Methode bzw. Arbeitsphase unterschiedlich komplex. Beispielsweise interagieren die Schülerinnen und Schüler über die Aufteilung von Arbeitsmaterialien, z. B. die gemeinsame Nutzung des Kartenmaterials. Oder sie interagieren beim Zusammenfügen einzelner Teile zu einem gemeinsamen Gruppenprodukt, z. B. wenn jedes Gruppenmitglied den Namen eines Grenzlandes von Frankreich aufschreibt. Wenn die Frage geklärt werden muss, was die Schülerinnen und Schüler über die Beziehungen zwischen Frankreich und seinen Nachbarländern wissen, ist die Interaktion wesentlich komplexer. Die Kenntnisse müssen in einem gemeinsamen Arbeitsprozess zusammengetragen und unterschiedliche Meinungen müssen reflektiert und bewertet werden. An diesem Punkt stellt sich die Frage, ob jüngere Kinder überhaupt schon zur kooperativen Zusammenarbeit in der Lage sind.

Forschungsergebnisse

In der oben bereits zitierten Studie (Borsch, 2004) wurde auch die Qualität der kooperativen Zusammenarbeit von Schülerinnen und Schülern der dritten Klassenstufe bei der Arbeit im Gruppenpuzzle systematisch untersucht. Anhand von fünf Dimensionen, *Diskussion und Beteiligung*, *Inhaltliche Arbeit*, *Klima*, *Strukturierung* und *Vermittlung* der Expertenthemen in der Vermittlungsphase, wurde die kooperative Zusammenarbeit der Kinder auf vierstufigen Ratingskalen von Beobachtern eingeschätzt, wobei höhere Werte eine positive Einschätzung bedeuten (▶ Abb. 5.3).

Bewertung der kooperativen Zusammenarbeit

Datum: __/__/__
Gruppe: _____

▶   **Beteiligung und Diskussion**

kaum Beteiligung   Diskussion mit Beteiligung
und Diskussion   ①   ②   ③   ④   aller Mitglieder

▶   **Inhaltliche Arbeit**

Inhaltliche   gute Meisterung
Schwierigkeiten   ①   ②   ③   ④   der Inhalte

▶   **Klima**

negativ   ①   ②   ③   ④   positiv

▶   **Strukturierung der Arbeit**

gelingt nicht   ①   ②   ③   ④   gelingt gut

nur für Vermittlungsphase:

▶   **Expertenvortrag**

Vermittlung   Vermittlung
gelingt nicht   ①   ②   ③   ④   gelingt gut

Abb. 5.3: Beobachtungsbogen der kooperativen Zusammenarbeit

Die Beobachtungsergebnisse zeigen, dass den Kindern von Beginn an die Strukturierung der kooperativen Arbeit gelang und sich alle an der inhaltlichen Erarbeitung der Inhalte und den Diskussionen beteiligten. Auch das Klima in den einzelnen Arbeitsgruppen war insgesamt gut. Die Ergebnisse stimmen insofern optimistisch, als die Kinder dazu angehalten waren, weitgehend selbstständig und ohne die inhaltliche Unterstützung der Lehrerin zu arbeiten. Vielleicht waren aber die Kinder mit der gemeinsamen Erarbeitung von Inhalten aus anderen Zusammenhängen schon vertraut, sodass sie auch im Gruppenpuzzle damit keine großen Schwierigkeiten hatten. Wesentlich spannender ist die Frage, ob den Kindern auch die kooperative Zusammenarbeit bei der wechselseitigen Vermittlung der Inhalte gelang. Hier dürften die Kinder noch die wenigsten Erfahrungen gehabt haben. Wie in Abbildung 5.4 zu erkennen ist, gelang den Kindern die wechselseitige Vermittlung der Themen von Unterrichtseinheit zu Unterrichtseinheit immer besser. Verbessert haben sich auch die inhaltliche Zusammenarbeit, das Klima und die Strukturierung in den Arbeitsgruppen. Alle Veränderungen sind signifikant. Keine signifikante Entwicklung von der ersten bis zur letzten Unterrichtseinheit konnte bei der Beteiligung an Diskussionen beobachtet werden. Das liegt aber vor allem daran, dass die Kinder sich von Beginn an viel an Diskussionen beteiligten.

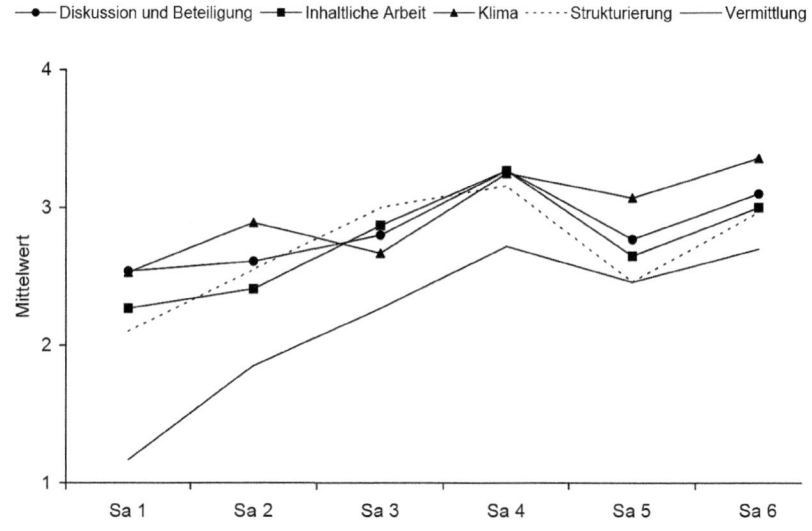

Abb. 5.4: Kooperative Zusammenarbeit der Schülerinnen und Schüler in der Vermittlungsphase des Gruppenpuzzles

Zusammenfassend lässt sich feststellen, dass kooperative Zusammenarbeit schon in der dritten Klassenstufe gelingen kann. Sicherlich benötigen die Grundschulkinder zu Beginn noch einige Hilfen; insbesondere die wechselseitige Vermittlung der Themen scheint den Kindern bei der ersten Erfahrung mit dem gemeinsamen Lernen große Schwierigkeiten zu bereiten. Hier brauchen die Kinder die Unterstützung durch die Lehrperson, nicht sachinhaltlich, sondern im Hinblick auf die Fähigkeit zur kooperativen Zusammenarbeit. Wie diese Unterstützung aussehen kann, ist in Kapitel 6 beschrieben. Dass sich die zusätzlichen Mühen der Lehrerinnen und Lehrer lohnen, belegen die empirischen Forschungsergebnisse.

Selbstwertgefühl

Die vielleicht wichtigste psychologische Wirkung kooperativen Lernens scheint der Effekt auf das Selbstwertgefühl der Schülerinnen und Schüler zu sein (Slavin, 1995): »Students' beliefs that they are valuable and important individuals are of critical importance for their ability to withstand the disappointments of life, to be confident decision-makers, and ultimately to be happy and productive individuals« (S. 60). Natürlich kann man nicht erwarten, dass sich nach einer kurzzeitigen kooperativen Intervention das Selbstwertgefühl der Lernenden fundamental verändert. Aber das Gefühl, von seinen Mitschülerinnen und Mitschülern akzeptiert und gemocht zu werden, und die Gelegenheit, eigene Kompetenzen unter Beweis stellen zu können, sind förderliche Aspekte bei der Entwicklung des Selbstwertgefühls. Kooperatives Lernen fördert beide Aspekte und kann so das Selbstwertgefühl steigern. Die empirischen Befunde sind allerdings je nach kooperativer Methode sehr uneinheitlich. Slavin (1995) berichtet, dass in 11 von 15 Studien, in denen der Einfluss kooperativen Lernens auf die Entwicklung des Selbstwertgefühls untersucht wurde, positive Effekte auftraten. Voraussetzung ist, dass die kooperativen Methoden über eine längere Zeit hinweg eingesetzt werden.

Ergebnisse aus Metaanalysen

Ginsburg-Block, Rohrbeck und Fantuzzo (2006) gingen bei der Auswertung sozialer, motivationaler und emotionaler Effekte kooperativen Lernens systematischer vor als Slavin (1995) und haben auf der Grundlage ihrer Literaturrecherche 36 Interventionsstudien zum PAL im Grundschulbereich zusammengefasst. Zielvariablen waren die sozialen Fähigkeiten, das Selbstkonzept und die kooperativen Verhaltensweisen von Grundschulkindern. Die Ergebnisse beruhen auf Selbstauskünften der Schülerinnen und Schüler, der Lehrkräfte und Eltern, auf Beobachtungen sowie der Verwendung standardisierter und nichtstandardisierter Fragebögen und Bewertungsskalen.

In Übereinstimmung mit den Ergebnissen von Slavin (1995) zeigten sich in der Metaanalyse von Ginsburg-Block et al. (2006) in 30 von 36 Studien moderate positive Effekte von PAL-Interventionen. Die Effektgrößen der einzelnen Studien variieren stark, und zwar zwischen $ES = -0.62$ und $ES = 2.26$. Mittlere Effektgrößen wurden für einen Zugewinn an sozialen Fähigkeiten mit $ES = 0.52$ (30 Studien), für ein verbessertes Selbstkonzept mit $ES = 0.40$ (15 Studien) und für eine Verbesserung kooperativer Verhaltensweisen mit $ES = 0.65$ (12 Studien) gefunden. Wie schon bei den leistungsbezogenen Effekten wirken sich insbesondere PAL-Interventionen mit interdependenten Belohnungssystemen und mit einem hohen Maß an Autonomie und Individualisierung des Unterrichts günstig aus. Hoffnungsvoll stimmt, dass wiederum Kinder mit Migrationshintergrund im Hinblick auf das Erreichen sozialer Lernziele in höherem Maße profitieren (Rohrbeck et al., 2003).

Zusammenfassung

Metaanalysen zum kooperativen Lernen liefern wertvolle Belege für die Wirksamkeit kooperativer Unterrichtsformen auf kognitive, soziale, motivationale und emotionale Lernziele der Schülerinnen und Schüler. Hatties Synthese bestätigt im Wesentlichen die Ergebnisse auf die Lernleistungen. Dabei sollte jedoch nicht übersehen werden, dass verschiedene Bedingungen das Ausmaß der Effekte moderieren. Wiederholt wurde festgestellt, dass Methoden, die sich interdependenter Belohnungssysteme bedienen, besonders effektiv sind. Die empirischen Befunde stützen damit vor allem die motivationale Begründungsperspektive kooperativen Lernens. Ob sich die vornehmlich in US-amerikanischen Untersuchungen gefundenen Ergebnisse auch auf die Situation an deutschen Schulen übertragen lassen, muss in weiteren Interventionsstudien geprüft werden.

6 Rolle und Aufgaben der Lehrenden beim kooperativen Lernen

Beim kooperativen Unterricht wird von den Schülerinnen und Schülern erwartet, dass sie eigene Verantwortung für ihr Lernen übernehmen. Damit haben sie im kooperativen eine andere Rolle als im herkömmlichen Unterricht. Aus dem häufig rezeptiv und passiv Lernenden wird ein eigenverantwortlich aktiver. Aber auch die Lehrerinnen und Lehrer in einer kooperativ lernenden Klasse müssen ihre Rolle neu definieren. Stehen sie im lehrergeleiteten Unterricht als Chef im Ring und als alleinige Verantwortliche und unerschöpfliche Wissensquelle meist im Mittelpunkt des Geschehens, können und müssen sie jetzt, beim kooperativen Lernen, Verantwortung abgeben. Die neue Rolle und die mit ihr verbundenen Aufgaben werden im Folgenden näher beschrieben und anhand von Beispielen veranschaulicht.

Die Rolle der Lehrpersonen

Welcher Fähigkeiten bedarf es? Beim kooperativen Lernen müssen die Schülerinnen und Schüler zur Eigentätigkeit ermutigt werden. Notwendig dafür ist, dass die Lehrerin zuhören kann, die Lernprozesse in den Gruppen beobachtet und den Lernenden – wo notwendig – beratend zur Seite steht. Sie muss sich aber zurücknehmen und lernen, nicht jedes auftauchende Problem selbst lösen zu wollen. Um- und Irrwege der Schülerinnen und Schüler müssen zugelassen werden – sie sind in ihrer Prozesshaftigkeit für den Lernerfolg genauso wichtig wie das Lernergebnis. Das bedeutet nicht, dass die Lehrerin ihre Autorität in der Klasse zur Disposition stellt. Im Gegenteil, sie ist nach wie vor diejenige, die für den Unterricht und für die Regeln der kooperativen Zusammenarbeit verantwortlich ist, die die kooperativen Fähigkeiten vermittelt, die Gruppen zusammensetzt und – je nach kooperativer Methode – den Schülerinnen und Schülern bestimmte Aufgaben oder Rollen zuweist. Sie achtet auch darauf, dass die Lerngruppen die Verantwortung für die Aufgabe und für den Lernprozess übernehmen (Cohen & Lotan, 2014).

Das alles geht nicht ohne ein effektives Management mit klaren Strukturvorgaben. Die Schülerinnen und Schüler müssen genau wissen, was ihre Aufgabe ist und an wen sie sich wenden können, wenn sie Hilfe benötigen. Im herkömmlichen Unterricht ist das auch der Fall. Der Unterschied ist nur, dass beim kooperativen Lernen die Schülerinnen und Schüler selbst die Verantwortung für ihr eigenes und für das Lernverhalten der anderen Gruppenmitglieder übernehmen müssen. Wenn Leitungsaufgaben an die Schülerinnen und Schüler übertragen werden, muss man ihnen dort helfen, wo sie steuernd und koordinierend tätig werden. Die Lehrerin steigt dafür aus der Rolle der »Belehrenden« in die Rolle eines beratenden Moderators, der das Lernen in erster Linie initialisiert, um dann den Lernprozess begleitend zu unterstützen.

Im Unterricht

Frau May unterrichtet ihre Klasse nach der Gruppenpuzzlemethode. Sie geht gerade von Gruppe zu Gruppe, beobachtet, wie die einzelnen Expertengruppen mit ihrer Aufgabe voranschreiten, und hält Augen und Ohren für potenzielle Probleme und Schwierigkeiten offen. Ein Schüler meldet sich verzweifelt bei ihr: »Frau May, Marie arbeitet nicht mit.« Es liegt nicht in der Verantwortung von Frau May, das Problem durch eine Anweisung zu lösen: »Marie, mach dich bitte an die Arbeit!« Stattdessen fragt sie Jan, den Gruppenleiter, was die Gruppe bereits unternommen habe, um Marie zum Arbeiten zu bringen. Hat man ihr geholfen, die Aufgabe zu verstehen? Weiß man überhaupt, warum sie nicht mitarbeitet? Auf diese Weise erinnert sie die Schülerinnen und Schüler an ihre Verantwortung, einander beim Lernen zu helfen. Der Gruppenleiter seinerseits kann Marie fragen, was genau ihr Problem ist. Vielleicht hat sie nicht mitgearbeitet, weil das neue Thema – die Teile einer Pflanze – zu schnell bearbeitet wurde und sie deshalb nicht mehr folgen konnte. In diesem Fall würde Frau May dem Gruppenleiter empfehlen, dass eines der Gruppenmitglieder die bislang erarbeiteten Sachverhalte nochmals für alle wiederholt. Denkbar wäre auch, dass Marie von der Art und Weise, wie der Stoff erarbeitet wird, gelangweilt ist. Vielleicht hat Felix einfach nur lustlos von einer Vorlage abgelesen. Wäre das der Fall, könnte Frau May den Gruppenleiter bitten, darauf zu achten, dass Felix die Inhalte nochmals mit eigenen Worten erklärt und dabei Beispiele aus seiner Lebensumwelt verwendet. So können auch die anderen Gruppenmitglieder die Inhalte besser verstehen. Frau May greift also nicht ein, um Sachinhalte zu vermitteln, sondern um auf Strategien hinzuweisen, wie man mit einer Problemlage umgehen kann. Eine andere Möglichkeit wäre, den Gruppenprozess zu fokussieren: »Was könnt ihr tun, um eine höhere Aufmerksamkeit zu erreichen?« Die Frage setzt den Impuls – die Lerngruppe hat nun selbst die Möglichkeit, kreative Lösungsvorschläge zu formulieren.

Wichtig ist, dass die Interventionen der Lehrkraft »minimal invasiv« und möglichst immer über den Gruppenleiter bzw. die Gruppenleiterin laufen. So wird die Autorität der Gruppenleitung nicht untergraben und die Gruppenmitglieder lernen, eine Mitschülerin oder einen Mitschüler in ihrer leitenden Funktion zu akzeptieren. Deshalb ist es am besten, wenn die Lehrperson ihre Vorschläge als Anregungen präsentiert: »Vielleicht kannst du Fragen stellen, um zu prüfen, ob alle die wichtigsten Inhalte verstanden haben.« Oder »Nur Marie bei mir anzuklagen, hilft ihr nicht, die Inhalte zu verstehen.« Die Lehrkraft fungiert so als Modell guter Gruppenleitung.

Die Lehrperson ist aber nicht nur beratender Moderator, sie weiß auch über die Lösung inhaltlicher Fragestellungen Bescheid. Sie gibt aber die Lösungen nicht ohne weiteres preis. Auf eine Frage wird sie mit einer Gegenfrage antworten: »Wo könntest du das nachschlagen?« Oder sie verweist auf die Expertise der Mitschülerinnen und Mitschüler: »Drei vor mir!«, was bedeutet, dass sie die Frage erst dann beantwortet, wenn das fragende Kind erfolglos drei andere Kinder bereits um Rat gefragt hat.

Merke: Schülerinnen und Schüler können nur dann Verantwortung für ihr Lernen übernehmen, wenn ihnen diese Verantwortung auch übertragen wird.

Das Unterrichtsbeispiel hat gezeigt, dass es beim kooperativen Lehren und Lernen zu den Aufgaben der Lehrerinnen und Lehrer gehört, Leitungsaufgaben an die Schülerinnen und Schüler zu übertragen und sie bei der Erfüllung dieser Aufgaben anzuleiten und zu unterstützen. Für Schülerinnen und Schüler, gerade für die Jüngeren, ist es jedoch nicht ganz einfach, die Rolle der Gruppenleitung zu übernehmen. Deshalb kann es sinnvoll sein, zunächst solche Schülerinnen und Schüler mit der Gruppenleitung zu beauftragen, die schon Erfahrungen mit dem kooperativen Lernen besitzen. Die erfahreneren Schülerinnen und Schüler können dann als Modell dienen, an dem sich andere orientieren können. Das Einüben von Leitungsaufgaben sollte in zwei Schritten erfolgen:

- Durch ein Brainstorming wird erarbeitet, welche Aspekte wichtig sind, wenn es um die Leitung einer Gruppe geht.
- In Rollenspielen wird der Umgang mit schwierigen oder konflikthaften Situationen eingeübt.

Warum braucht eine Lerngruppe überhaupt einen Leiter? Welche Aufgaben hat er oder sie? Wie sollte sich ein Gruppenleiter verhalten? Was hilft bei der Gruppenarbeit, was behindert möglicherweise die gemeinsame Arbeit? Was sind eigentlich problematische, konflikthafte Situationen? Fünf Beispiele:

- Einige Gruppenmitglieder beteiligen sich nicht.
- Ein Gruppenmitglied dominiert die Diskussion.
- Die Gruppenmitglieder unterbrechen einander in ihren Ausführungen.
- Ein Mitglied arbeitet allein.
- Alle reden auf einmal.

Beispielsweise könnten die drei beim Brainstorming am häufigsten genannten Themen in Rollenspielen mit wechselnder Gruppenleitung bearbeitet werden. Nach jedem Rollenspiel gibt es eine Rückmeldung über effektive und weniger effektive Verhaltensweisen, und es werden Vorschläge für weitere Verhaltensweisen erarbeitet. Eine ausführliche Beschreibung eines solchen Gruppenleitungstrainings geben Aronson und Patnoe (1997).

Die Aufgaben der Lehrpersonen

Die Lehrperson hat nicht nur eine andere Rolle, sondern auch andere Aufgaben als im herkömmlichen Unterricht zu übernehmen. Weidner, die selbst Lehrerin ist, hat diese Aufgaben vier Bereichen zugeordnet (Weidner, 2008).

1. Strukturelle Rahmenbedingungen festlegen,
2. Planen der Unterrichtseinheit,
3. Beobachten und Unterstützen während der Arbeitsphasen,
4. Bewertung des Arbeitsprodukts und der Arbeitsprozesse.

1.   Die strukturellen Rahmenbedingungen festlegen

Strukturelle Rahmenbedingungen müssen im Vorfeld des eigentlichen Unterrichts geplant und festgelegt werden. Die folgenden Aspekte gehören dazu:

- *Fachliche und soziale Zielsetzungen des Unterrichts festlegen:* Beim kooperativen Lernen sind beide Arten von Zielsetzungen wichtig. Man muss sie präzisieren: Was sollen die Schülerinnen und Schüler fachlich-inhaltlich lernen? Was sollen sie am Ende der Unterrichteinheit können und wissen? Aber auch: Welche kooperativen und sozialen Fähigkeiten sind für die Gruppenarbeit besonders wichtig? Wie können sie gefördert werden?
- *Gruppengröße und Gruppenzusammensetzung festlegen:* Ob in Partnerarbeit oder ob in Gruppen mit mehreren Mitgliedern gelernt werden soll, hängt von der Zielsetzung, von der Lernaufgabe, vom zur Verfügung stehenden Material, von der zur Verfügung stehenden Zeit und von den kooperativen Erfahrungen der Schülerinnen und Schüler ab. Am einfachsten ist es, wenn kooperatives Lernen über die dyadische Partnerarbeit in Gang gesetzt wird. Komplexere Aufgaben können sicherlich am besten von Teams aus drei bis vier Mitgliedern bearbeitet werden. Je weniger Arbeitszeit zur Verfügung steht, desto kleiner sollte die Gruppe sein. Die Arbeitsgruppen sollten nach Geschlecht, Leistungsvermögen und anderen lernrelevanten Merkmalen möglichst heterogen zusammengesetzt werden. Sie sollten mindestens so lange zusammenarbeiten, bis sie ein gemeinsames Erfolgserlebnis haben. Die Gruppen sollten nicht einfach aufgelöst werden, wenn Schwierigkeiten auftreten, vielmehr sollte die Lehrperson zusammen mit der Gruppe Konfliktlösungen erarbeiten.
- *Räumliche Gegebenheiten arrangieren:* Grundsätzlich gilt: Lerngruppen benötigen andere räumliche Bedingungen, als das im Frontalunterricht der Fall ist. Gruppenarbeitstische müssen in geeigneter Form im Klassenzimmer platziert werden. Die Schülerinnen und Schüler brauchen ausreichend Platz, um ungestört, aber auch eine größtmögliche Nähe (Face-to-face), um miteinander arbeiten zu können.
- *Material vorbereiten und auslegen:* Das Unterrichtsmaterial sollte vor Beginn der Unterrichtseinheit detailliert vorbereitet sein. Es empfiehlt sich, die vorgesehenen Experimente, z. B. für den Sach- oder Biologieunterricht, vorher auszuprobieren.

Im lehrergeleiteten Unterricht hat die Lehrperson jederzeit die Möglichkeit, zusätzliches Material im Unterrichtsprozess bereitzustellen. Das ist beim kooperativen Lernen weniger gut möglich, denn die Schülerinnen und Schüler sollen den Lernprozess weitgehend selbstständig gestalten. Inhaltliche Interventionen sollten möglichst vermieden werden, um die eigene Verantwortlichkeit der Schülerinnen und Schüler nicht zu unterlaufen.

2. Planen der Unterrichtseinheit

Das beinhaltet die wichtigen Überlegungen, wie positive Interdependenz und individuelle Verantwortlichkeit erzeugt werden können und wie in die kooperative Unterrichtseinheit eingeleitet wird. Im Einzelnen gehören dazu:

- *Positive Interdependenz und individuelle Verantwortlichkeit erzeugen*: Hier kommt es im Wesentlichen auf die Wahl der kooperativen Methode bzw. auf die Aufgabenstellung an. Nur wenn die Aufgabenstellung hinreichend komplex ist und wenn die Schülerinnen und Schüler »von sich aus« an den Inhalten interessiert sind, kann auf eine spezifische Vorstrukturierung der Gruppenarbeit verzichtet werden. In der Regel sind die Motivationslagen der Schülerinnen und Schüler jedoch sehr unterschiedlich. Deshalb sind klare Gruppenziele und eine Vorstrukturierung der Gruppenarbeit notwendig, um die Basiselemente kooperativen Lernens, die positive Interdependenz und individuelle Verantwortlichkeit aller Gruppenmitglieder, zu implementieren. Bei der Vorbereitung der Unterrichtsmaterialen ist auch darauf zu achten, dass schriftliche Tests oder mündliche Abfragen zu dem gesamten Themenbereich von vornherein mit eingeplant werden. Wenn Gruppenbelohnungen vorgesehen sind, müssen die Belohnungsstrukturen bedacht werden. Wie die Basiselemente im Einzelnen realisiert werden können, ist in Kapitel 3 beschrieben. Die in Kapitel 4 vorgestellten Methoden enthalten die beiden Basiselemente in idealtypischer Weise.
- *Instruktionen geben*: Die Instruktionen zur Lernaufgabe sollten klar, präzise und so strukturiert wie möglich erfolgen, damit die Schülerinnen und Schüler sie selbstständig verstehen können. Klärende Rückfragen und das Einfordern von Paraphrasierungen der Instruktionen durch die Schülerinnen und Schüler vor Arbeitsbeginn sind zur Absicherung des Instruktionsverstehens sehr zu empfehlen.
- *Erfolgskriterien festlegen*: Die Gruppen sollten zu Beginn der Arbeit genau darauf hingewiesen werden, was sie leisten müssen, um erfolgreich zu sein. Die Bewertungskriterien sollten allen Gruppenmitgliedern bekannt und leicht zu verstehen sein. Beispielsweise kann ein bestimmtes Ausmaß an richtigen Antworten gefordert werden (wenn es mindestens 90 Prozent richtige Lösungen gibt, wird die Gruppenleistung mit »sehr gut« benotet) oder es kann gefordert werden, möglichst viele und originelle Begründungen für ein Phänomen zu formulieren (»Denkt euch für diesen Sachverhalt mindestens drei Begründungen aus!«).
- *Kooperative Verhaltensweisen einfordern*: Kooperatives Verhalten sollte anhand von Positivbeispielen beschrieben werden: Woran erkenne ich kooperatives Verhal-

ten? Wie muss ich mich beim kooperativen Lernen verhalten? Der unten abgebildete Leitfaden aus dem Sachunterricht enthält konkrete Hinweise zu kooperativem Verhalten.

Im Unterricht

Zweckmäßig und hilfreich bei komplexen Aufgabenstellungen und vor allem bei der Arbeit mit jüngeren Kindern sind Checklisten, auf denen bereits bearbeitete Teilaufgaben abgehakt werden können. Nützlich sind auch Leitfäden, die dabei helfen, die Erarbeitung der Sachinhalte und das geplante Vorgehen zu strukturieren. Die Leitfäden können später auch, wie beispielsweise im Gruppenpuzzle, als Vorlage für die wechselseitige Vermittlung der Teilbereichsthemen genutzt werden. Das Illustrationsbeispiel (▶ Abb. 6.1) ist einer Untersuchung von Borsch (2004) entnommen und zeigt einen Leitfaden für die Erarbeitung und Vermittlung des Themas »Niederschläge« aus der Unterrichtseinheit »Wetter« für den Sachunterricht der dritten Klassenstufe. Der Leitfaden enthält auch Hinweise für die kooperative Zusammenarbeit und andere Hilfen.

Wir sind die Expertenkinder für das Thema 3

Niederschläge

Mein Name:_____

Namen der anderen Expertenkinder:

☺ _____
☺ _____
☺ _____
☺ _____
☺ _____

- Bitte bearbeitet die Fragen gemeinsam.
- Lest die Fragen laut in der Gruppe vor.
- Überlegt zusammen die richtige Antwort.
- Redet miteinander, wenn ihr etwas nicht versteht.
- Wenn ihr alle mit einer Antwort einverstanden seid, könnt ihr sie aufschreiben.
- So werdet ihr Expertenkinder für das Thema Niederschläge und könnt es den anderen Kindern erklären.

Woraus bestehen dicke Regentropfen, bevor sie auf die Erde fallen?
Wie ist es in den Wolken? Überlegt gemeinsam und schreibt dann auf!
_____
…

Wie entsteht Schnee? Beschreibt!
_____
…

Lest euch noch einmal alle Fragen und Antworten laut vor! Stellt euch gegenseitig Fragen! Was habt ihr noch nicht so gut verstanden! Jeder muss erklären können, wie Sprühregen und Schnee entstehen und wie sich dicke Regentropfen entwickeln!

Kein Eiskristall gleicht einem anderen! Aber was ist bei allen Eiskristallen gleich? Schreibt auf!
_____
…

Überlegt, wie Eiskristalle aussehen.
Zeichnet fünf Eiskristalle! Denkt daran, dass kein Eiskristall dem anderen gleicht!
…

Es gibt verschiedene Arten Niederschlag.
Schreibt vier Arten auf!
_____
…

Wie entsteht Sprühregen?
Erklärt euch gegenseitig, wie Sprühregen entsteht!

Lest genau den Lückentext und ergänzt die Sätze!

Wenn _____ von der Erde in den kalten Himmel steigt und abkühlt, verwandelt er sich in kleine _____. Die Wassertröpfchen bilden sich immer nur um winzig kleine_____, _____ oder _____. Viele dieser kleinen Tröpfchen bilden eine _____. Zuerst sind die Wassertröpfchen in einer Wolke ganz klein und schweben in der Wolke. Nach und nach fließen dann die Tröpfchen ineinander und fallen als Sprüh_____ herab.

Beschreibt, wie ein Hagelkorn entsteht!
_____
…

Warum können Hagelkörner gefährlich werden?
_____
…

Erklärt euch gegenseitig, wie ein Regenbogen entsteht! Malt ein Bild von einem Regenbogen!
….

Lest genau den Lückentext und ergänzt die Sätze!

Ein Regenbogen entsteht, wenn ein _____ _____ auf einen_____ trifft. Dabei wird der Sonnenstrahl ein bisschen von seiner Bahn abgelenkt. So kann ein Wassertropfen das Sonnenlicht in mehrere_____ zerteilen. Wenn nach dem Regen plötzlich die Sonne scheint, schweben noch Millionen von _____ in der Luft und teilen das Sonnenlicht in mehrere Farben.

Abb. 6.1: Leitfaden für die Erarbeitung und Vermittlung des Themas »Niederschläge«

3. Beobachten und Unterstützen während der Arbeitsphasen

Beim kooperativen Lernen sollen die Schülerinnen und Schüler die ihnen gestellten Aufgaben weitgehend selbstständig lösen. Die Lehrperson soll so wenig wie möglich inhaltlich intervenieren, sondern den kooperativen Arbeitsprozess in den Gruppen beobachten und anleiten. Folgendes sollte beachtet werden:

- *Beobachtung während der Arbeitsphasen:* Während die Gruppen arbeiten, wird die Lehrperson zum Beobachter. Sie geht durch den Raum und registriert die Art der Zusammenarbeit der Schülerinnen und Schüler. Durch ihre Präsenz bleiben die Lernenden bei der Aufgabe und bei Bedarf kann sie ihnen Hilfe zukommen lassen.
- *Intervention während der Gruppenarbeit:* Interventionen und Hilfen sollten zurückhaltend und nach dem Motto »Hilfe zur Selbsthilfe« erfolgen, um die eigene Verantwortlichkeit der Schülerinnen und Schüler nicht zu untergraben. Deshalb sollte die Problembewältigung Sache der Schülerinnen und Schüler bleiben. Der Verzicht auf direkte Unterstützung bei inhaltlichen Verständnisproblemen der Lernenden stellt jedoch oft ein Dilemma dar. Auf der einen Seite wollen die Schülerinnen und Schüler bestmöglich gefördert werden, auf der anderen Seite soll dies zurückhaltend geschehen. Wie kann die Lehrkraft dennoch unterstützen? Die Lehrkraft kann beispielsweise indirekt unterstützen, indem sie auf bestimmte Textstellen im Arbeitsmaterial verweist, die bei der Problemlösung nützlich sind. Oder Schülerinnen und Schüler können ermutigt werden, Vermutungen zur Lösung des Problems anzustellen. Die anderen Gruppenmitglieder reagieren wiederum auf die Vermutungen. So entsteht ein wechselseitiger Prozess, der zu der richtigen Lösung führen kann.
- *Evaluation und Bewertung:* Verständnisprobleme der Schülerinnen und Schüler sollten von der Lehrkraft genau evaluiert werden, um die Angemessenheit der Materialien zu prüfen. Dann können die Materialien ergänzt oder für den weiteren Einsatz überarbeitet werden.

Forschungsergebnisse

Dass Lehrkräfte bei der Intervention während der Gruppenarbeit äußerst sensibel vorgehen sollten, konnte eine Beobachtungsstudie von Fürst (1999) zeigen. Der Autor beobachtete die Interventionen bei der Gruppenarbeit von zehn Lehrkräften der fünften und sechsten Klassenstufe in Hauptschulen. In 70 Prozent der Fälle intervenierten die Lehrkräfte ohne Aufforderung durch die Schülerinnen und Schüler. Dabei fiel insbesondere ein hohes Kontroll- und Lenkungsbedürfnis der Lehrkräfte auf. Statistische Analysen zeigen einen negativen Zusammenhang zwischen den Lehrerinterventionen und den Arbeitsergebnissen. Häufig informierten sich die Lehrkräfte vor ihrer Intervention nicht über das Geschehen in der Gruppe, sondern unterbrachen das Gruppengespräch. Das führte zu einer Desorientierung bei den Lernenden.

4. Bewertung des Arbeitsproduktes und der Prozesse

Die Gruppen müssen ihren Lern- und Interaktionsprozess fortlaufend reflektieren. Die Lehrkraft muss hierfür die Möglichkeit schaffen und diesen Prozess in konstruktiver Weise initiieren. Die Reflexion kann durch die Schülerinnen und Schüler alleine, die Lehrkraft oder in einer gemeinsamen Evaluation von beiden Seiten erfolgen und umfasst im Wesentlichen zwei Aspekte. Erstens geht es um die Bewertung der Arbeitsergebnisse. Reflektiert werden soll, ob die Gruppe die Arbeitsaufgabe richtig und vollständig bearbeitet hat. Zweitens sollte der Interaktionsprozess der Schülerinnen und Schüler evaluiert werden. Reflektiert werden soll zum einen, wie gut die Mitglieder der Gruppen kooperiert und die sozialen Zielsetzungen erreicht haben, und zum anderen, was beim nächsten Mal verbessert werden kann.

Wege zum Team

Kooperation kann nicht auf die Ebene der Schülerinnen und Schüler beschränkt bleiben. Betrachtet man Schule als eine lernende Organisation, so sind mit dem kooperativen Lernen auch Implikationen auf der Organisationsebene verknüpft und man wird also auch über Formen der Kooperation zwischen den Lehrkräften und mit der Schulleitung nachdenken müssen (Shachar & Sharan, 1993). Insbesondere auch im Hinblick auf eine inklusive Unterrichtsgestaltung (Borsch, 2018). Eine neue Erfahrung für Lehrerinnen und Lehrer kann es sein, mit einem vertrauten Kollegen oder einer Kollegin gemeinsam eine kooperative Unterrichtseinheit zu planen und durchzuführen. So wie die Schülerinnen und Schüler einen Zugewinn erleben, wenn sie sich wechselseitig helfen, so kann das den Lehrpersonen bei der Vorbereitung und Durchführung kooperativer Unterrichtseinheiten ebenfalls geschehen. Auch wenn es um das Entwerfen kooperativer Aufgabenstellungen oder um das Festlegen geeigneter Bewertungskriterien geht, gilt, dass »zwei Köpfe besser sind als einer«.

Um ein Lehrerteam zu bilden, bedarf es nicht unbedingt eines zweiten Klassenlehrers oder einer zweiten Klassenlehrerin. Meist ist dies aufgrund der schulorganisatorischen Begrenzungen auch gar nicht möglich. Hier ist Kreativität gefragt. Kooperative Projekte können gemeinsam mit der Parallelklasse geplant werden. Auch jahrgangsübergreifende Projekte bieten sich an. »If the classes are from different grades or if you are including a group of students with special educational needs, you will be surprised to see how well students of different ages and levels of academic achievement can work together in this setting« (Cohen & Lotan, 2014, S. 141). Wenn Altersgruppen gemischt werden, ist es wichtig, solche Aufgaben zu wählen, die von den Älteren mit großer Wahrscheinlichkeit gelöst werden können. Die Jüngeren können die Aufgaben dann mit entsprechender Unterstützung durch die Älteren ebenfalls lösen. Die Aufgabenschwierigkeiten sollten sich jedenfalls innerhalb der Zone der proximalen Entwicklung der Schülerinnen und Schüler befinden (▶ Kap. 5.1, Entwicklungsperspektive).

Wenn Referendarinnen und Referendare, Studierende im Praktikum, Eltern oder andere Personen zur Unterstützung beim kooperativen Unterricht herangezogen werden, müssen sie genau angeleitet werden, wie sie sich verhalten sollen. Sie müssen lernen, die Lerngruppen nicht direkt zu unterweisen und wie sie bei Schwierigkeiten vorgehen sollen, um den Interaktionsprozess der Gruppe nicht zu stören.

Besteht die genannte Möglichkeit der unterrichtlichen Unterstützung nicht, ist es trotzdem sinnvoll, den kooperativen Unterricht zusammen mit anderen zu planen und im Anschluss gemeinsam zu reflektieren. Ein wechselseitiger Besuch im Unterricht mit anschließender konstruktiver Kritik ist meist lohnend und hilft dabei Handlungsalternativen zu finden, um den eigenen Unterricht zu optimieren und um die Lernleistungen der Schülerinnen und Schüler zu fördern.

Die Bewusstmachung der neuen Rolle und der konkreten Aufgaben, wie sie in diesem Kapitel beschrieben wurden, hilft sich auf die neue Rolle und die neuen Aufgaben einzustellen, also das Lernen der Schülerinnen und Schüler vorzubereiten und zu initiieren, zu unterstützen, statt zu belehren, zu vertrauen, statt zu kontrollieren, die Interaktionsprozesse zu beobachten, statt zu steuern. In einer solchen Situation haben die Schülerinnen und Schüler die Möglichkeit, aktiv und selbstständig zu lernen und sich dabei gegenseitig zu helfen.

Zusammenfassung

Kooperatives Lehren setzt ein effektives Management mit klaren Strukturvorgaben voraus. Die Lehrperson wechselt dafür von der Rolle des »Belehrenden« in die Rolle eines beratenden Moderators, der das Lernen initialisiert, begleitet und unterstützt. Die Lehrerinnen und Lehrer haben in einem kooperativen Unterricht die Aufgabe, die strukturellen Rahmenbedingungen festzulegen, Unterrichtseinheiten zu planen, die Schülerinnen und Schüler während der kooperativen Arbeit zu beobachten und zu unterstützen sowie das Arbeitsprodukt und den Arbeitsprozess zu bewerten. Hilfreich kann es sein, wenn auch Lehrerinnen und Lehrer untereinander bei der Unterrichtsvorbereitung und -durchführung kooperieren.

Literatur

Antil, L. R., Jenkins, J. R., Wayne, S. K. & Vadasy, P. F. (1998). Cooperative learning: Prevalence, conceptualizations, and the relation between research and practice. *American Educational Research Journal, 35*, 419–454.

Aronson, E., Blaney, N., Stephan, C., Sikes, J. & Snapp, M. (1978). *The jigsaw classroom.* Beverly Hills, CA: Sage.

Aronson, E. & Patnoe, S. (1997). *The jigsaw classroom: Building cooperation in the classroom.* New York: Longman.

Avci-Werning, M. & Lanphen, J. (2013). Inklusion und kooperatives Lernen. In R. Werning & A.-K. Arndt (Hrsg.), *Inklusion: Kooperation und Unterricht entwickeln* (S. 150–175). Bad Heilbrunn: Klinkhardt.

Borsch, F. (2004). *Der Einsatz des Gruppenpuzzles in der Grundschule.* Hamburg: Kovac.

Borsch, F. (2018). *Alle lernen gemeinsam! Pädagogisch-psychologisches Wissen für den inklusiven Unterricht.* Göttingen: Vandenhoeck & Ruprecht.

Borsch, F. & Gold, A. (2005). Führen kooperative Lehrmethoden in Seminaren der Pädagogischen Psychologie zu einem besseren Verständnis der fachlichen Inhalte? *Beiträge zur Lehrerbildung, 23*, 256–258.

Borsch, F., Gold, A., Kronenberger, J. & Souvignier, E. (2007). Der Experteneffekt: Grenzen kooperativen Lernens in der Primarstufe? *Unterrichtswissenschaft, 35*, 202–213.

Borsch, F., Jürgen-Lohmann, J. & Giesen, H. (2002). Kooperatives Lernen in Grundschulen: Leistungssteigerung durch den Einsatz des Gruppenpuzzles im Sachunterricht. *Psychologie in Erziehung und Unterricht, 49*, 172–183.

Bridgeman, D. (1981). Enhanced role-taking through cooperative interdependence: A field study. *Child Development, 52*, 1231–1238.

Büttner, G., Decristan, J. & Adl-Amini, K. (2015). Kooperatives Lernen in der Grundschule. In C. Huf & I. Schnell (Hrsg.), *Inklusive Bildung in Kita und Grundschule* (S. 207–220). Stuttgart: Kohlhammer.

Büttner, G., Warwas, J. & Adl-Amini, K. (2012). Kooperatives Lernen und Peer Tutoring in Inklusionsklassen. *Zeitschrift für Inklusion (1)* [Internet]. Verfügbar unter: http://www.inklusion-online.net/index.php/inklusion-online/article/view/61/61 [21.07.2014].

Cohen, E. G. (1994). Restructuring the classroom: Conditions for productive small groups. *Review of Educational Research, 64*, 1–35.

Cohen, E. G. & Lotan, R. A. (2014). *Designing Groupwork. Strategies for the Heterogeneous Classroom* (3rd. ed.). New York: Teachers College Press.

Damon, W. (1984). Peer education: The untapped potential. *Journal of Applied Developmental Psychology, 5*, 331–343.

Dansereau, D. F. (1988). Cooperative learning strategies. In C. E. Weinstein, E. T. Goetz & P. A. Alexander (Eds.), *Learning and study strategies: Issues in assessment, instruction, and evaluation* (pp. 103–120). San Diego, TX: Academic Press.

Fürst, C. (1999). Die Rolle der Lehrkraft im Gruppenunterricht. In H.-D. Dann, T. Diegritz & H. S. Rosenbusch (Hrsg.), *Gruppenunterricht im Schulalltag: Realität und Chancen* (S. 105–150). Erlangen: Universitätsbund Erlangen-Nürnberg.

Ginsburg-Block, M., Rohrbeck, C. & Fantuzzo, J. W. (2006). A meta-analytic review of social, self-concept, and behavioral outcomes of peer-assisted learning. *Journal of Educational Psychology, 98*, 732–749.

Gold, A. (2015). *Guter Unterricht – Was wir wirklich darüber wissen.* Göttingen: Vandenhoeck & Ruprecht.

Gold, A. (2018a). *Lernschwierigkeiten. Ursachen, Diagnostik, Intervention.* Stuttgart: Kohlhammer.

Gold, A. (2018b). *Lesen kann man lernen* (3. Aufl.) Göttingen: Vandenhoeck & Ruprecht.

Gold, A. & Borsch, F. (2015). Pädagogische Psychologie. In A. Schütz, M. Brand, H. Selg & S. Lautenbacher (Hrsg.), *Psychologie* (5. Aufl., S. 447–462). Stuttgart: Kohlhammer.

Gold, A., Behrendt, S., Lauer-Schmaltz, M. & Rosebrock, C. (2013). Förderung der Leseflüssigkeit in dritten Grundschulklassen. In C. Rosebrock & A. Bertschi-Kaufmann (Hrsg.), *Literalität erfassen: bildungspolitisch, kulturell, individuell* (S. 203–218). Weinheim: Beltz.

Hart, E. R. & Speece, D. L. (1998). Reciprocal teaching goes to college: Effects for postsecondary students at risk for academic failure. *Journal of Educational Psychology, 90,* 670–681.

Hasselhorn, M. & Gold, A. (2022). *Pädagogische Psychologie. Erfolgreiches Lernen und Lehren* (5. Aufl.). Stuttgart: Kohlhammer.

Hattie, J. (2013). *Lernen sichtbar machen.* (Deutschsprachige Ausgabe von »Visible Learning«, besorgt von W. Beywl und K. Zierer). Baltmannsweiler: Schneider.

Hattie, J. (2009). *Visible learning: A synthesis of over 800 meta-analyses relating to achievement.* New York: Routledge.

Hattie, J. & Timperley, H. (2007). The power of feedback. *Review of Educational Research, 77,* 81–112.

Helmke, A. & Renkl, A. (1993). Unaufmerksamkeit in Grundschulklassen: Problem der Klasse oder des Lehrers? *Zeitschrift für Entwicklungspsychologie und Pädagogische Psychologie, 25,* 185–205.

Johnson, D. W. (2003). Social interdependence: Interrelationships among theory, research, and practice. *American Psychologist, 58,* 934–945.

Johnson, D. W. & Johnson, R.-T. (1979). Conflict in the classroom: Controversy and learning. *Review of Educational Research, 49,* 51–70.

Johnson, D. W. & Johnson, R. T. (1987). *Learning together and alone: Cooperative, competitive, and individualistic learning.* (2 ed.). Englewood Cliffs, NJ: Prentice-Hall International.

Johnson, D. W. & Johnson, R. T. (1994). *Learning together and alone: Cooperative, competitive, and individualistic learning* (4 ed.). Boston, MA: Allyn and Bacon.

Johnson, D. W. & Johnson, R. T. (1999). *Learning together and alone: Cooperative, competitive, and individualistic learning* (5 ed.). Boston, MA: Allyn and Bacon.

Johnson, D. W., Johnson, R. T. & Stanne, M. B. (2000). *Cooperative learning methods: A meta-analysis* [Internet]. Verfügbar unter: https://de.scribd.com/document/36554686/Cooperative-Learning-Methods [06.02.2018].

Johnson, D. W., Johnson, R. T., Stanne, M. B. & Garibaldi, A. (1990). Impact of group processing on achievement in cooperative groups. *The Journal of Social Psychology, 130,* 507–516.

Jürgen-Lohmann, J., Borsch, F. & Giesen, H. (2001). Kooperatives Lernen an der Hochschule: Evaluation des Gruppenpuzzles in Seminaren der Pädagogischen Psychologie. *Zeitschrift für Pädagogische Psychologie, 15,* 74–84.

Kerr, N. L. (1983). Motivation losses in small groups: A social dilemma analysis. *Journal of Personality and Social Psychology, 45,* 819–828.

Kerr, N. L. & Bruun, S. E. (1983). Dispensability of member effort and group motivation losses: Free-rider effects. *Journal of Personality and Social Psychology, 44,* 78–94.

King, A. (1999). Discourse patterns for mediating peer learning. In A. M. O'Donnell & A. King (Eds.), *Cognitive perspectives on peer learning* (pp. 87–115). Mahwah, NJ: Erlbaum.

KMK (2011). Inklusive Bildung von Kindern und Jugendlichen mit Behinderungen in Schulen (Beschluss der Kultusministerkonferenz vom 20.10.2011). [Internet]. Verfügbar unter: http://www.kmk.org/fileadmin/veroeffentlichungen_beschluesse/2011/2011_10_20-Inklusive-Bildung.pdf [06.02.2018].

KMK (2016). *Sonderpädagogische Förderung in allgemeinen Schulen (ohne Förderschulen) 2015/2016* [Internet]. Verfügbar unter: https://www.kmk.org/dokumentation-statistik/statistik/schulstatistik/sonderpaedagogische-foerderung-an-schulen.html [06.02.2018].

Kocaj, A., Kuhl, P., Kroth, A. J., Pant, H. A. & Stanat, P. (2014). Wo lernen Kinder mit sonderpädagogischem Förderbedarf besser? Ein Vergleich schulischer Kompetenz zwischen

Regel- und Förderschulen in der Primarstufe. *Kölner Zeitschrift für Soziologie und Sozialpsychologie, 66*, 165–191.

Kronenberger, J. (2004). *Kooperatives Lernen im mathematisch-naturwissenschaftlichen Unterricht der Primarstufe.* Hamburg: Kovac.

Kunter, M. & Trautwein, U. (2013). *Psychologie des Unterrichts.* Paderborn: Schöningh.

Kunter, M. & Voss, T. (2011). Das Modell der Unterrichtsqualität in COACTIV: Eine multikriteriale Analyse. In M. Kunter, J. Baumert, W. Blum, U. Klusmann, S. Krauss & M. Neubrand (Hrsg.), *Professionelle Kompetenz von Lehrkräften – Ergebnisse des Forschungsprogramms COACTIV* (S. 85–113). Münster: Waxmann.

Kyndt, E., Raes, E., Lismont, B., Timmers, F., Cascallar, E. & Dochy, F. (2013). A meta-analysis of the effects of face-to-face cooperative learning. Do recent studies falsify or verify earlier findings? *Educational Research Review, 10 (1)*, 133–149.

Lauer-Schmaltz, M., Rosebrock, C. & Gold, A. (2014). Lautlesetandems in der Grundschule – Bedingungen und Grenzen ihrer Wirksamkeit. *Didaktik Deutsch, 37*, 44–61.

Lipowsky, F. (2015). Unterricht. In E. Wild & J. Möller (Hrsg.), *Pädagogische Psychologie* (2. Aufl., S. 69–105). Heidelberg: Springer.

Lou, Y., Abrami, C. A., Spence, J. C., Poulsen, C., Chambers, B., & d'Apollonia, S. (1996). Within-class grouping: A meta-analysis. *Review of Educational Research, 66*, 423–458.

Mayer, R. E. (2003). Memory and information processes. In W. M. Reynolds & G. E. Miller (Eds.), *Handbook of Psychology* (pp. 47–57). Hoboken: Wiley.

McCaslin, M. & Good, T. L. (1996). The informal curriculum. In D. Berliner & R. Calfee (Eds.), *Handbook of educational psychology* (pp. 622–670). New York: Macmillan.

McMaster, K. N. & Fuchs, D. (2002). Effects of cooperative learning on the academic achievement of students with learning disabilities: An update of Tateyama-Sniezek's review. *Learning Disabilities Research & Practice, 17*, 107–117.

Meyer, L., Seidel, T. & Prenzel, M. (2006). Wenn Lernsituationen zu Leistungssituationen werden: Untersuchung zur Fehlerkultur in einer Videostudie. *Schweizerische Zeitschrift für Bildungswissenschaften, 28*, 21–41.

Müller, K. & Ehmke, T. (2016). Soziale Herkunft und Kompetenzerwerb. In K. Reiss, C. Sälzer, A. Schiepe-Tiska, E. Klieme & O. Köller (Hrsg.), *PISA 2015. Eine Studie zwischen Kontinuität und Innovation* (S. 286–316). Münster: Waxmann.

O'Donnell, A. M. & Dansereau, D. F. (1992). Scripted cooperation in student dyads: A method for analyzing and enhancing academic learning and performance. In R. Hertz-Lazarowitz & N. Miller (Eds.), *Interaction in cooperative groups: The theoretical anatomy of group learning* (pp. 120–141). New York: Cambridge University Press.

Okilwa, N. S. A. & Shelby, L. (2010). The effects of peer tutoring on academic performance of students with disabilities in grades 6 through 12: A synthesis of the literature. *Remedial and Special Education, 31*, 450–463.

Oser, F. & Spychiger, M. (2005). *Lernen ist schmerzhaft.* Weinheim: Beltz.

Palincsar, A. S. (1998). Social constructivist perspectives on teaching and learning. *Annual Review of Psychology, 49*, 345–375.

Palincsar, A. S. & Brown, A. L. (1984). Reciprocal teaching of comprehension-fostering and comprehension-monitoring activities. *Cognition and Instruction, 1*, 117–175.

Pant, H. A. (2014). Aufbereitung von Evidenz für bildungspolitische und pädagogische Entscheidungen: Metaanalysen in der Bildungsforschung. *Zeitschrift für Erziehungswissenschaft, 17*, 79–99.

Philipp, M., Brändli, M. & Kirchhofer, K. C. (2014). *Kooperatives Lesen.* Seelze: Kallmeyer.

Reis, C., Weiss, M., Klieme, E. & Köller, O. (Hrsg.). (2019). PISA 2018. *Grundbildung im internationalen Vergleich.* Münster: Waxmann.

Robinson, D. R., Schofield, J. W. & Steers-Wentzell, K. L. (2005). Peer and cross-age tutoring in math: Outcomes and their design implications. *Educational Psychology Review, 17*, 327–362.

Rohrbeck, C. A., Ginsburg-Block, M. D., Fantuzzo, J. W. & Miller, T. R. (2003). Peer-assisted learning interventions with elementary school students: A meta-analytic review. *Journal of Educational Psychology, 95*, 240–257.

Rosebrock, C., Nix, D., Rieckmann, C. & Gold, A. (2021). *Leseflüssigkeit fördern. Lautleseverfahren für die Primar- und Sekundarstufe* (7. Aufl.). Seelze: Friedrich.

Rosebrock, C., Rieckmann, C., Nix, D. & Gold, A. (2010). Förderung der Leseflüssigkeit bei leseschwachen Zwölfjährigen. *Didaktik Deutsch, 15*, 33–58.

Rosenshine, B. & Meister, C. (1994). Reciprocal teaching: A review of the research. *Review of Educational Research, 64*, 479–530.

Rotering-Steinberg, S. (2000). Untersuchung zum Sozialen Lernen in Schulen. In C. Dalbert & E. J. Brunner (Hrsg.), *Handlungsleitende Kognitionen in der pädagogischen Praxis* (S. 119–138). Hohengehren: Schneider.

Rotering-Steinberg, S. & Kügelgen von, T. (1986). Ergebnisse einer schriftlichen Befragung zum Gruppenunterricht. *Erziehungswissenschaft – Erziehungspraxis (2)*, 26–29.

Ryan, M. & Deci, E. L. (2000). Self-determination theory and the facilitation of intrinsic motivation, social development, and well-being. *American Psychologist, 55*, 68–78.

Saleh, M., Lazonder, A. W. & de Jong, T. (2005). Effects of within-class ability grouping on social interaction, achievement, and motivation. *Instructional Science, 33*, 105–119.

Shachar, H. & Sharan, S. (1993). Schulorganisation und kooperatives Lernen im Klassenzimmer: Eine Interdependenz. In G. L. Huber (Hrsg.), *Neue Perspektiven der Kooperation* (S. 54–70). Hohengehren: Schneider.

Sharan, Y. & Sharan, S. (1994). Group investigation in the cooperative classroom. In S. Sharan (Ed.), *Handbook of cooperative learning methods* (pp. 97–114). Westport, CT: Greenwood Press.

Sherif, M., Harvey, O. J., White, J., Hood, W. & Sherif, C. W. (1961). *Intergroup conflict and cooperation: The robber's cave experiment.* Norman: University of Oklahoma, Institute of Intergroup Relations.

Slavin, R. E. (1994). *A practical guide to cooperative learning.* Boston, MA: Allyn and Bacon.

Slavin, R. E. (1995). *Cooperative learning: Theory, research, and practice* (2 ed.). Boston, MA: Allyn and Bacon.

Slavin, R., Hurley, E. A. & Chamberlain, A. (2003). Cooperative learning and achievement: Theory and research. In W. M. Reynolds & G. E. Miller (Eds.), *Handbook of Psychology*, Vol. 7 Educational Psychology (pp. 177–198). Hoboken: Wiley.

Smith, K. A., Johnson, D. W. & Johnson, R. T. (1981). Can conflict be constructive? Controversy versus concurrence seeking in learning groups. *Journal of Educational Psychology, 73*, 651–663.

Solomon, D., Watson, M., Delucchi, K. L., Schaps, E. & Battistich, V. (1988). Enhancing children's prosocial behaviour in the classroom. *American Educational Research Journal, 25*, 527–554.

Souvignier, E. (1999). Kooperatives Lernen in Sonderschulen für Lernbehinderte und Erziehungsschwierige. *Sonderpädagogik, 29*, 14–25.

Souvignier, E. (2007a). Kooperatives Lernen. In U. Heimlich & F. B. Wember (Hrsg.), *Didaktik des Unterrichts im Förderschwerpunkt Lernen* (S. 138–148). Stuttgart: Kohlhammer.

Souvignier, E. (2007b). Kooperatives Lernen. In J. Walter & F. B. Wember (Hrsg.), *Handbuch Sonderpädagogik, Band 2: Sonderpädagogik des Lernens* (S. 452–466). Göttingen: Hogrefe.

Souvignier, E., Trenk-Hinterberger, I., Adam-Schwebe, S. & Gold, A. (2008). *Frankfurter Leseverständnistest für 5. und 6. Klassen (FLVT 5-6).* Göttingen: Hogrefe.

Springer, L., Stanne, M. E. & Donovan, S. S. (1999). Effects of small-group learning on undergraduates in science, mathematics engineering, and technology: A meta-analysis. *Review of Educational Research, 69*, 21–51.

Stanat, P., Pant, H. A., Böhme, K. & Richter, D. (Hrsg.). (2012). *Kompetenzen von Schülerinnen und Schülern am Ende der vierten Jahrgangsstufe in den Fächern Deutsch und Mathematik: Ergebnisse des IQB-Ländervergleichs 2011.* Münster: Waxmann.

Terhart, E. (Hrsg.). (2014). *Die Hattie-Studie in der Diskussion.* Seelze: Klett.

Weidner, M. (2008). *Kooperatives Lernen im Unterricht.* Seelze-Velber: Kallmeyer.

Weinert, F. E. (1999). Aus Fehlern lernen und Fehler vermeiden lernen. In W. Althof (Hrsg.), *Fehlerwelten. Vom Fehlermachen und Lernen aus Fehlern* (S. 101–110). Opladen: Leske + Budrich.

Weinert, F. E. & Helmke, A. (1997). *Entwicklung im Grundschulalter.* Weinheim: Beltz.

Weis, M., Zehner, F., Sälzer, C. & Strohmaier, A. (2016). Lesekompetenz in PISA 2015: Ergebnisse, Veränderungen und Perspektiven. In K. Reiss, C. Sälzer, A. Schiepe-Tiska, E.

Klieme & O. Köller (Hrsg.), *PISA 2015. Eine Studie zwischen Kontinuität und Innovation* (S. 249–283). Münster: Waxmann.

Wigfield, A., Guthrie, J. T., Perencevich, K. C., Taboada, A., Klauda, S., McRae, A. & Barbosa, P. (2008). Role of reading engagement in mediating effects of reading comprehension instruction in reading outcomes. *Psychology in schools, 5*, 432–445.

Wygotski, L. S. (1986). *Denken und Sprechen.* Frankfurt am Main: Fischer.

Stichwortverzeichnis

R

Reflexion   35, 80
reziprokes Lehren und Lernen   95, 119
Rückmeldungen   45

S

Selbstbestimmungstheorie   122, 124
Selbstwertgefühl   24, 129
Skriptkooperation   59
Soziale Kohäsion   115

sozio-konstruktivistische Lernauffassung
26

T

Teamarbeit   59
Tempo   45, 47, 50
Tiefenstrukturen   52

U

Umgang mit Fehlern   47